Niklas Holzberg
ARISTOPHANES

Niklas Holzberg

ARISTOPHANES

Sex und Spott und Politik

Verlag C.H.Beck

Für Heike Tiefenbacher

© Verlag C.H.Beck oHG, München 2010
Satz: Fotosatz Amann, Aichstetten
Druck und Bindung: GGP Media GmbH, Pößneck
Gedruckt auf säurefreiem, alterungsbeständigem Papier
(hergestellt aus chlorfrei gebleichtem Zellstoff)
Printed in Germany
ISBN 978 3 406 60592 5

www.beck.de

Inhalt

Vorwort 7

Dichter und Polis:
Das Beispiel der *Acharner* 11
«Die Pfosten sind, die Bretter aufgeschlagen ...» 11
Agitprop-Theater oder *Spitting Image*? 15
Spiele mit der großen Schwester 20
«O Polis, o Polis!» 25
Der Große Plan 34
Kämpfe für und gegen das Kämpfen 39
Der Chor tritt daneben 45
Planerfüllung 50
Friede, Freude, Eierkuchen 55

Kleon-Schelte und (fast) kein Ende:
Ritter, Wespen, Frieden 61
Planspiel für fünf Personen und Chor 62
Duell mit dem Doppelgänger 66
Die nicht ganz überraschende Überraschung 70
Hausarrest für einen Kleonisten 75
Richtwut kommt auf den Hund 80
Der mißratene Vater 85
Ein Athener im Himmel 90
Panhellenisches Tauziehen 95
«Zu der Zeit, wenn die Zikade ...» 101

Der Bauer und der Philosoph:
Wolken 106
«Ein gewisser Sokrates» 107
Schlagkräftige und zündende Argumente 117

Auf nach Wolkenkuckucksheim:
Vögel 123
Hochfliegende Pläne 124
Stadtgründung mit Abfertigungsprogramm 129
Der neue Zeus 134

Frauen gegen Krieg und Euripides:
Lysistrate und *Thesmophoriazusen* 140
Großes Ding gegen das große Ding 141
«Der Krieg ist Sache der Frauen!» 145
Entspannung durch Frieden 151
Anklage wegen Frauenverleumdung 156
Telephos sticht zu 161
Intrige in Mythos und Wirklichkeit 167

Rekapitulation vor der Kapitulation:
Frösche 173
Der Gott mit der Maske 174
Thronstreit der toten Dichter 181

Große Pläne in einer neuen Zeit:
Ekklesiazusen und *Plutos* 190
Alle Macht den Frauen! 190
Kommunistisches Womanifest 195
Praxagorismus in praxi 200
Auf dem Weg zur Plutokratie 205
«Du wirst nicht überzeugen, auch wenn du überzeugst!» 210
Noch ein neuer Zeus 215

Anhang 221
Bibliographie 223
Zeittafel 230
Strukturelemente der Aristophanischen Komödie 232
Glossar 233
Personen- und Sachregister 237

Vorwort

Auf Deutsch verfaßte historische Monographien über das Athen des 5. Jahrhunderts v. Chr. pflegen, wenn sie resümierend die größten kulturellen Leistungen Revue passieren lassen, im Bereich der Poesie die Dramen der drei Tragiker Aischylos, Sophokles und Euripides hervorzuheben. Der vierte Dramatiker, der wie die drei genannten aus vollständig überlieferten Stücken zu uns redet, wird dagegen oft ignoriert: Aristophanes, Autor von Komödien. Dem entspricht, daß selbst die heutigen Absolventen eines deutschsprachigen Humanistischen Gymnasiums wenig über ihn wissen. Es ist in der Regel nicht mehr, als daß er in Platons *Apologie des Sokrates* erwähnt wird, im *Symposion* desselben Philosophen eine der Reden über den Eros hält und daß er ein Stück geschrieben hat – der Titel *Wolken* fällt nicht jedermann gleich ein –, in dem, wie man allgemein annimmt, Sokrates negativ dargestellt wird. Gut, Aristophanes kann denen, die in der Schule noch Griechisch gelernt haben, schwerlich ein Begriff sein, da er von der Autorenlektüre in der Regel ausgeschlossen ist. Doch warum ist er das? Weil er viele bei anderen hellenischen Autoren nicht vorkommende Wörter verwendet? Aber fast das gesamte Vokabular antiker Werke steht in modernen Schulausgaben zusammen mit ausführlichen Erläuterungen zu Namen und Sachen unter dem Text. Oder liegt es daran, daß alle Stücke des Aristophanes, insbesondere das wohl bekannteste, die *Lysistrate*, Obszönitäten aufzuweisen haben, die zum Teil sogar mehr als derb sind? Aber in unserer Zeit beschäftigen sich bereits Vierzehnjährige im Gymnasium mit Catull und Martial, bei denen es ebenfalls eine ganze Reihe von «Stellen» gibt, und diese werden keineswegs von der Mehrzahl der Lehrer ausgeklammert.

Es mag paradox klingen, aber vielen Freunden der altgriechischen Literatur, speziell in deutschsprachigen Ländern, bedeutet Aristophanes, wie ich meine, weit weniger als die anderen Autoren der Blütezeit hellenischer Poesie und Prosa. Das wohl deswegen, weil dieser Dichter in seiner Auseinandersetzung mit dem Menschen – ihm widmen Humanisten, wie das Wort schon sagt, ihr Hauptinteresse – nichts weiter tut, als daß er lacht. Ja, daß er nicht einfach nur lacht, sondern, wie Otto Seel, Autor eines vor einem halben Jahrhundert publizierten, nach wie vor unbedingt lesenswerten Aristophanes-Buches, es ausdrückt, «das unbändige, grenzenlos gelöste ... das dröhnende, das zum Himmel reichende, das göttliche, reinigende ... das gänzlich enthemmte und alle Schranken niederreißende Gelächter» ertönen läßt. Gewiß, der Dichter tritt vor uns nicht selber lachend in Erscheinung. Aber seine Komödien, soweit wir sie noch besitzen, wollen in erster Linie – davon bin ich überzeugt – als Lachen über alles und jeden interpretiert sein. Und vermutlich deshalb haben diejenigen, welche sich vornehmlich Homer, den Lyrikern, den Vorsokratikern, Tragikern, Thukydides und Platon widmen, also «Klassikern», die überwiegend zu ernsthafter Auseinandersetzung mit den Dingen des Lebens anregen, Probleme mit Aristophanes. Fällt es nicht sogar grundsätzlich manchen Gräzisten und Latinisten schwer, bei der Lektüre antiker Texte an Lachen überhaupt zu denken? Es kann kein Zufall sein, daß Autoren wie Ovid, Martial und Petron auf der römischen sowie Lukillios, Straton und Lukian auf der griechischen Seite, die wie Aristophanes vom Leser die Bereitschaft zum Lachen von vornherein erwarten, erst in jüngerer Zeit adäquat gewürdigt wurden, nachdem frühere Generationen von Altphilologen ihnen das beharrlich verweigert hatten.

Aristophanes erging es weniger schlecht als den Genannten. Seit den Tagen des einflußreichen Gräzisten Ulrich von Wilamowitz-Moellendorff und dann besonders ab dem Ende der fünfziger Jahre des 20. Jahrhunderts ist eine rege philologische Beschäftigung mit dem Komödiendichter zu verzeichnen. Aber bis heute sind die Gelehrten, welche sein Werk interpretieren – eine Ausnahme bildet Otto Seel –, auffallend darum bemüht, alles, was bei Aristophanes untersucht zu werden verdient, ausführlicher zu behandeln als eines: seine Kunst, zum Lachen zu bringen. So hat man lange überwiegend nach den kultischen und vorliterarischen Ursprüngen der Gattung «Komödie» geforscht und zugleich das System der Bauelemente in den erhaltenen Stücken sorgfältig beschrieben. Die siebziger und achtziger Jahre des 20. Jahrhunderts erlebten eine Welle der Abhandlungen zur Rezeptionsästhetik, wobei die Überzeugung vertreten wurde, Aristophanes sei eine Art politischer Erzieher seiner Zuschauer gewesen. Danach kamen verschiedene von der modernen Literaturwissenschaft inspirierte Deutungsansätze zur Geltung. Man wandte die Methoden der strukturellen Anthropologie an, entdeckte das karnevalistische Element oder schenkte Metatheater und Performance spezielle Aufmerksamkeit. All das und weiteres hat, wie hier gar nicht geleugnet werden soll, zu sehr nützlichen Resultaten geführt und uns gelehrt, den Komödiendichter weit besser zu begreifen, als es Philologengenerationen, die sich noch im wesentlichen mit Textkritik und Kommentierung der Realien begnügten, möglich gewesen wäre.

In einem Punkt sind sich viele Aristophanes-Erklärer einig: Der Dramatiker habe durch seine Komödien Mißfallen über die Politik der Athener geäußert. In der Tat präsentiert er den Stadtstaat immer wieder in einer Lage, die so schlecht ist, daß nur noch die Durchführung eines «Großen Plans» Rettung bringen kann. Aber die auf der Bühne gefundene Lösung ist mit der historischen Wirklichkeit absolut unvereinbar. So kommt etwa in der *Lysistrate* der Peloponnesische Krieg dadurch zu seinem Ende, daß die Frauen der daran beteiligten Poleis in einen Liebesstreik treten, bis die Männer Frieden schließen. Oder: Im *Plutos* gelangen alle Armen zu Wohlhabenheit, weil dem Gott des Reichtums, der wegen seiner Blindheit stets zu den falschen Menschen ging, das Augenlicht geschenkt wird. Dergleichen ist zweifellos denkbar realitätsfern, und daher scheint es mir eher abwegig, daß man die Inszenierung solcher Plots als Ausdruck von Systemkritik lesen sollte. Demgegenüber ist kaum zu leugnen, daß diese und die übrigen Stücke darauf angelegt sind, die zeitgenössischen Zuschauer das ganze Bühnengeschehen hindurch optimal zu erheitern. Also fragt Malcolm Heath (1987) mit Recht, wie Aristophanes, wenn er wahrhaftig immer wieder der Meinung gewesen wäre, Athen leide höchste Not, den Humor für so überaus witzige Komödien gehabt haben kann. Die Antwort, die Heath gibt, soll die Ausgangsbasis für das vorliegende Buch sein: Aristophanes sah die jeweilige Situation seiner Polis keineswegs als ausweglos an. Er stellte sie aber so dar, weil sein Publikum, welches sehr wohl wußte, daß er ein gänzlich verzerrtes Bild der Realität bot, sich über ebendieses Zerrbild amüsieren konnte. Hinzuzufügen ist: Gewiß, in den Komödien werden einzelne Athener für die Misere ihrer Polis verantwortlich gemacht und daher verspottet, ja verunglimpft. Aber Zielscheibe sind nicht die realen Personen, sondern Typen, die deren Namen tragen. Und über solche Typen konnte ebenso frei gelacht werden wie über die skurrilen Geschehensentwicklungen, die Aristophanes erfand.

In Übereinstimmung mit der gerade skizzierten Auffassung von der Wirkungsabsicht des Komödiendichters möchte ich in meinem Buch nichts weiter bieten als den Versuch einer Erklärung, warum das attische Publikum durch die Späße des Aristophanes erheitert werden konnte. Ich habe mir daher als Ziel gesteckt, meine Leser in die Lage zu versetzen, zusammen mit den Athenern des späten 5. und des frühen 4. Jahrhunderts zu lachen. Ich beginne mit einem längeren Kapitel, in dem ich anhand einer ausgiebigen Interpretation der *Acharner*, des ältesten unter den elf überlieferten Stücken, die wichtigsten Themen erörtere, die mit der Deutung aller Komödien verbunden werden müssen. Das geschieht in der Reihenfolge, wie sie sich aus der linearen Lektüre der *Acharner* ergibt: Bühnenpraxis, Personenspott, Parodie der Tragödie, historischer Hintergrund, Obszönität, Bauelemente der Handlung. In sechs weiteren Kapiteln bespreche ich chronologisch die zehn übrigen Texte, wobei ich drei während des Archidamischen Krieges entstandene Stücke (*Ritter, Wespen, Frieden*), die beiden Frauenkomödien des Jahres 411 (*Lysistrate* und *Thesmophoriazusen*) sowie die beiden jüngsten und thematisch eng verwandten Dramen (*Ekklesiazusen, Plutos*) in jeweils einem Kapitel zusammennehme, während ich *Wolken, Vögeln* und *Fröschen* eigene Kapitel widme. Den Interpretationen ist stets eine Einführung in den historischen Hintergrund des jeweiligen Stücks vorausgeschickt, so daß die Entwicklung Athens von 425 bis 388 v. Chr. synchron mit der Entwicklung der dramatischen Kunst des Aristophanes betrachtet wird. Als Textbasis dient die kommentierte Bilingue von Alan Sommerstein (1980–2002).

Die wichtigsten Anregungen verdanke ich den Büchern und Aufsätzen folgender Aristophanes-Forscher: Angus Bowie, Lowell Edmunds, Thomas Gelzer, Simon Goldhill, Stephen Halliwell, Malcolm Heath, Jeffrey Henderson, Gerrit Kloss, Peter von Möllendorff, Hans-Joachim Newiger, Peter Rau, Ralph Rosen, Otto Seel, Niall Slater, Alan Sommerstein, Isolde Stark und Bernhard Zimmermann. Mit einigen von ihnen stand ich während der Arbeit an meinem Buch in Kontakt, wobei ich zusätzlich mehrere sehr nützliche Hinweise bekam; besonderer Dank gebührt Bernhard Zimmermann, der mir seine für das Handbuch der griechischen Literatur verfaßten Komödien-Artikel vor deren Drucklegung großzügig zur Verfügung stellte. Ferner habe ich dem Reclam-Verlag und seinem Lektor Peter Csajkas zu danken, weil sie mir gestatteten, immer dann, wenn ich aus den drei Frauenkomödien zitiere, die entsprechenden Passagen aus den von mir beziehungsweise (im Falle der *Ekklesiazusen*) von Dieter Bremer und mir für die Universal-Bibliothek angefertigten Übersetzungen wörtlich oder leicht verändert zu übernehmen. Für die sorgfältige Durchsicht des Manuskripts und eine Fülle kritischer Bemerkungen, die ungemein hilfreich waren, bin ich Gerlinde Bretzigheimer, Regina Höschele, Margot Neger, Hans-Ulrich Wiemer und Daniela Ziegler zu größtem Dank verpflichtet. Gewidmet ist das Buch Heike Tiefenbacher, die als gute Seele der «Petronian Society Munich Section» stets entscheidend dazu beitrug, daß die Vortragsabende perfekt organisiert waren.

München, im April 2010   *Niklas Holzberg*

Dichter und Polis:
Das Beispiel der *Acharner*

«Die Pfosten sind, die Bretter aufgeschlagen ...»
Den elf erhaltenen Komödien des Aristophanes, die von 425 bis 388 v. Chr. in Athen dargeboten wurden und sich mehrheitlich bei den Zuschauern großer Beliebtheit erfreuten, gelingt es noch nach rund 2500 Jahren, das Publikum von Theatern in aller Welt zum Lachen zu bringen. Das wäre freilich kaum möglich, wenn die Regisseure nicht den Text überarbeiten würden, indem sie vor allem Anspielungen auf die Zeit der Erstaufführung beseitigen. Wer die Komik des antiken Dramatikers in ihrer ursprünglichen Wirkungskraft erfassen möchte, kommt also nicht umhin, sich mit den historischen Bedingungen für die Entstehung dieser Stücke vertraut zu machen. Dazu braucht man aber keineswegs Altertumskunde zu studieren oder auch nur Griechisch zu lernen. Denn man muß nicht über geschichtliche und philologische Spezialkenntnisse verfügen. Und moderne Übertragungen, die sich eng an den Wortlaut des Originals anlehnen, leisten eines durchaus: auch Laien einen nahezu authentischen Eindruck von der ästhetischen Erfahrung zu vermitteln, die Hegel offensichtlich meint, wenn er einmal über Aristophanes schreibt: «Ohne ihn gelesen zu haben, läßt sich kaum wissen, wie dem Menschen sauwohl sein kann.» Was die Vorbedingung für solches «Wissen» zu schaffen vermag, ist nichts weiter als eine an dem Dichter orientierte Einführung in Athens Geschichte und Kultur während der Epoche, in der er seine Dramen verfaßte. Eine solche versuche ich erst einmal zu geben.

Beginnen wir damit, daß wir uns im Geist in die Athener des späten 5. Jahrhunderts v. Chr. versetzen, die in das Dionysostheater gekommen sind, um eine Aristophanes-Komödie anzuschauen. Sie befinden sich in der Situation, über die zu Anfang von Goethes *Faust* I der Direktor sagt:

Ich wünschte sehr, der Menge zu behagen,
besonders weil sie lebt und leben läßt.
Die Pfosten sind, die Bretter aufgeschlagen,
und jedermann erwartet sich ein Fest.
Sie sitzen schon mit hohen Augenbrauen
gelassen da und möchten gern erstaunen.

Es ist sogar eine sehr große Menge, die wir uns vorzustellen haben. Rund 15 000 Menschen haben am südöstlichen Abhang der Akropolis auf der Erde und auf Bänken, die außer den Sitzen in einigen vorderen Reihen aus Holz sind, Platz genommen und blicken auf die am Fuß des Abhangs gelegene Spielfläche sowie das hinter ihr (jedesmal neu) errichtete Bühnenhaus, die Skene (von *skēnḗ* «Zelt, Hütte»). Das «Fest», das sie in Form einer Komödie erwarten, erleben sie im Rahmen eines wirklichen Festes, das die Polis («Stadtstaat») Athen zu Ehren des Gottes Dionysos veranstaltet; sein Tempelbezirk ist hinter der Skene zu erkennen. Wie Goethes Theaterdirektor wünscht Aristophanes, «der Menge zu behagen». Denn er beteiligt sich zusammen mit vier anderen Komödiendichtern an einem Wettbewerb, in dem er natürlich den ersten Preis gewinnen möchte. Und da für die Entscheidung der Kampfrichter wesentliche Bedeutung hat, wie die Zuschauer auf das Stück reagieren, ist es für Aristophanes wichtig, daß sie nicht nur «erstaunen», sondern vor allem immer wieder aus vollem Halse lachen. Sein Stück wird ja auch nur einmal dargeboten (Reprisen gab es also nicht; die *Frösche* sollen eine Ausnahme gewesen sein, aber das erscheint zweifelhaft: S. 189).

Zur Nummer eins gekürt wurde nachweislich bereits die dritte Komödie des Dichters, die zugleich die älteste der elf erhaltenen ist (die *Schmausbrüder* von 427 und die *Babylonier* von 426 sind nur in Bruchstücken überliefert). Sie trägt den Titel *Acharner*, man spielte sie Anfang des Jahres 425, und sie soll, wie im Vorwort angekündigt, der Text sein, anhand dessen ich einen ersten Zugang zur Welt des Aristophanes erschließen möchte. Die Athener sahen die *Acharner* an einem von zwei Dionysosfesten ihrer Polis, in die im 5. Jahrhundert v. Chr. ebenso Aufführungen von Komödien wie von Tragödien integriert wurden; in diesem Falle war es nicht das bekanntere von beiden, das der Großen Dionysien im März/April, sondern das der Lenäen (*Lḗnaia*) im Januar/Februar. Der Titel *Acharner* ließ die zeitgenössischen Zuschauer wahrscheinlich ahnen, daß Bewohner der Gemeinde Acharnai nördlich von Athen in dem Stück als Chorsänger auftreten würden. Wie zur Tragödie gehörte in Athen zur Komödie neben den Schauspielern ein aus 24 Männern bestehender Chor, der teils Lieder vortrug, teils sich im Wechselgesang oder Rezitativ mit den Akteuren unterhielt. Außer den *Acharnern* weisen die Titel von sieben der vollständig tradierten Aristophanes-Stücke auf einen Chor hin: den der *Ritter*, *Wolken*, *Wespen*, *Vögel*, *Frauen beim Thesmophorienfest*, *Frösche* und *Frauen in der Volksversammlung* (die drei übrigen Titel lauten *Frieden*, *Lysistrate* und *Plutos*). Bevor der Chor die Bühne betrat, eröffneten handelnde Personen, unter ihnen der Protagonist, das Geschehen in einer Szenenfolge, die, als Prolog bezeichnet, der Exposition diente. Sie führte mithin die Zuschauer in die Thematik des Stückes ein. Zugleich bot sie, um ihnen zu «behagen», eine Reihe witziger Überraschungen.

Am Anfang des Prologs zu den *Acharnern* agiert allein der Protagonist, der einen Monolog spricht (1–42). Zwar nennt er seinen Namen, Dikaiopolis, nicht vor V. 406, aber für die Zeitgenossen war er wohl an seiner Maske – eine solche trugen alle Schauspieler und Chorsänger – als älterer Mann und vielleicht auch als Bauer zu erkennen. Er betrat zunächst die vor der ersten Reihe der Zuschauerbänke liegende Spielfläche durch einen ihrer beiden Seiteneingänge oder – diese Möglichkeit wird noch zu begründen sein – von den Sitzreihen her. Wo er dann während seines Monologes stand, ist unter den Gelehrten umstritten. Denn eines läßt sich nicht klar entscheiden: Hielten die Schauspieler und der Chor sich gemeinsam auf der Spielfläche auf? Oder war sie in erster Linie für den Chor bestimmt, und die Akteure bewegten sich überwiegend auf einer schmalen Holzbühne, die, unmittelbar vor der Skene befindlich und gegenüber der Spielfläche leicht erhöht, über eine kleine Treppe betreten wurde? Wenn es eine derartige Plattform gab, vernahm man den Monolog des Dikaiopolis von dort. Eine erhöhte Bühne für die Akteure und eine Spielfläche für den Chor gehörten außer der Skene auf jeden Fall zu dem Neubau des Dionysostheaters in Athen, der, um 340 v. Chr. begonnen, unter dem Staatsmann Lykurg (338–324) vollendet wurde und (einschließlich der Zuschauersitze) komplett aus Stein war. Darin bildete die Ebene, auf welcher der Chor agierte, sang und tanzte, einen Kreis; so kennt man sie allgemein unter der Bezeichnung «Orchestra» (von *orcheîsthai* «tanzen»). Zur Zeit des Aristophanes dürfte sie jedoch, wie zumindest der archäologische Befund nahelegt, annähernd rechteckig oder trapezförmig und mehr breit als tief gewesen sein. Ich bevorzuge daher den Begriff «Spielfläche», meide also bewußt «Orchestra».

Wie man sieht, ist heute nicht mehr eindeutig nachvollziehbar, unter welchen Voraussetzungen die *Acharner* im Januar/Februar 425 v. Chr. inszeniert wurden. Aber wir wissen, was Dikaiopolis zu Beginn des Stücks sagte. Versuchen wir daher nun, seinen Monolog zu verstehen, indem wir ihn Abschnitt für Abschnitt durchgehen und uns so allmählich in die Welt des Bauern hineintasten. Er redet im jambischen Trimeter, dem Sprechvers der Komödie; hier eine metrische Wiedergabe von Vers 1:

Wie heftig hab im Herzen Bisse ich gespürt, ...

Die Möglichkeiten, das Original, in dem nach bestimmten Regeln kurze und lange Silben rhythmisch verbunden sind, durch die (in der deutschen

Metrik als Norm geltende) sechsmalige Abfolge von Senkung und Hebung nachzuahmen, sind sehr beschränkt. Und meist ist das Ergebnis keine genaue Übertragung. Ich wähle daher im vorliegenden Buch eine denkbar eng an den Originaltext angelehnte Prosa, in der, wenn es irgend geht, die Wortstellung beibehalten ist. Als erstes seien die Verse 1–3 zitiert:

Wie sehr bin ich in meinem Herzen von Gram gebissen worden,
gefreut aber habe ich mich wenig, ja sehr wenig: viermal!
Was ich aber an Schmerzen erlitten habe – Sandhunderthaufen!

Was im Deutschen natürlich ganz und gar nicht imitiert werden kann, ist die für die Komödien des Aristophanes charakteristische Sprache der griechischen Verse, in der, wie noch am Beispiel von Textpassagen gezeigt werden soll, verschiedene Stilebenen auf komische Weise alternieren. In diesem Zusammenhang sei hervorgehoben, daß der Dichter immer wieder neue Wörter prägt. Um ein solches handelt es sich bei «Sandhunderthaufen» in V. 3 (griech. *psammakosiogárgara*). Linguisten nennen so etwas ein Dekompositum, und da kann das Deutsche durchaus «konkurrieren», wie spätestens der Wiener Komödiendichter Johann Nestroy (1801–1862) bewiesen hat. Er bildete unter anderem «Kannmirnixg'schehng'fühl» und «Mantelnachdemwinddrehung».

Konzentrieren wir uns jedoch erst einmal statt auf die Diktion auf den Inhalt! Dikaiopolis sagt, er habe sich sehr grämen müssen, und bereits daraus könnten die Zuschauer eine Folgerung gezogen haben. Denn in allen überlieferten Komödien des Aristophanes – und so war es vielleicht auch in manchen älteren Stücken seiner Kollegen, die verloren sind – nimmt jemand (meist ist es wie hier der Protagonist) seinen Verdruß über irgend etwas zum Anlaß, einen komischen «Großen Plan» zu entwickeln; die Durchführung soll ihm zur Beseitigung dessen verhelfen, was er als mißlich betrachtet. Worüber Dikaiopolis sich am meisten ärgert, ist, wie noch näher darzulegen sein wird, die mangelnde Bereitschaft der zur Zeit im Kriegszustand befindlichen Athener, mit ihren Feinden Frieden zu schließen. Aber bevor er darauf zu sprechen kommt, spielt er auf ein Ereignis an, das ihm Vergnügen gemacht hat (4–8):

Laß mich sehen, worüber ich mich gefreut habe, was des Frohlockens
    würdig war!
Ich weiß, worüber ich im Herzen vergnügt war, als ich es sah:
über die fünf Talente, die Kleon herauskotzte.
Wie ich mich daran ergötzte! Und ich liebe die Ritter
wegen dieser Tat. Denn so ist es Griechenlands würdig.

Bereits hier stoßen wir mit dem Bemühen, den Text aus der Sicht von Athenern des 5. Jahrhunderts v. Chr. zu lesen, an unsere Grenzen. Zwar weiß man, wer Kleon war – obwohl er als Gerber aus dem Mittelstand stammte, zählte er im Jahr der *Acharner*-Aufführung zu den einflußreichsten Politikern Athens –, und wir können davon ausgehen, daß die Ritter der Stadt, junge Angehörige der Oberschicht, aus denen sich die Kavallerie rekrutierte, eine oppositionelle Haltung gegenüber diesem Mann einnahmen. Aber warum er, wie der Text vermuten läßt, gerichtlich gezwungen wurde, fünf attische Talente – eines entsprach 36 Kilogramm Silber – zu zahlen, entzieht sich unserer Kenntnis; das kann tatsächlich erfolgt sein, oder es wurde in den ein Jahr zuvor gespielten *Babyloniern* des Aristophanes, die nicht überliefert sind, dargestellt. Freilich ist im Grunde nur eines wichtig: Wir sehen, daß eine prominente Persönlichkeit Athens in ein negatives Licht gerückt und zugleich dem Gelächter der Zuschauer preisgegeben wird. Und damit sind wir bei einem Element der Komödie des Aristophanes, das zu ihren wichtigsten Charakteristika gehört: der Verspottung von Mitbürgern. Sie bedarf in besonderem Maße der Erläuterung, und deshalb sei sie Thema des nächsten Abschnitts.

Agitprop-Theater oder *Spitting Image*?

Über Männer, die in der athenischen Öffentlichkeit zu Lebzeiten des Aristophanes eine Rolle spielten, machten sich nicht nur die Bühnenfiguren dieses Dichters, sondern auch diejenigen seiner Kollegen lustig. Das geschah besonders häufig zwischen dem Jahr 486 v. Chr., in dem an den Großen Dionysien mit der Darbietung von Komödien begonnen wurde, und dem Ende des 5. Jahrhunderts v. Chr. Dieser Zeitraum bildet die erste von drei Phasen in der Geschichte der Gattung. Seit der Antike unterscheidet man die Alte Komödie, deren führende Vertreter außer Aristophanes Kratinos und Eupolis sind, die Mittlere Komödie, von der wir wenig wissen, da sie nur noch in Bruchstücken greifbar ist, und die ab etwa 320 v. Chr. anzusetzende Neue Komödie, die für uns durch mehrere fast vollständig beziehungsweise in großen Teilen erhaltene Stücke Menanders (342/41–293/90) repräsentiert wird. Bei diesem Dramatiker ist anders als bei einzelnen Vertretern der Mittleren Komödie das Tagesgeschehen in Athen ganz ausgeblendet und somit die Bühnenaktion auf private Probleme der Bürger konzentriert. Die Dichter der Alten Komödie dagegen trugen, wenn man ihrem Leser Horaz (65–8 v. Chr.) Glauben schenken darf, mit ihrem Personenspott sogar dazu bei, daß Menschen, die rechtswidrig oder unmoralisch gehandelt hatten, vor den Ohren ihrer

Mitbürger förmlich angeklagt wurden; der römische Dichter schreibt zu Beginn von Satire 1.4 (1–5):

Die Dichter Eupolis, Kratinos und Aristophanes
und die anderen Männer, von denen die alte Komödie stammt, pflegten,
wenn einer abgeschildert zu werden verdiente, weil er schlecht und ein Dieb,
weil er ein Ehebrecher war oder ein Meuchelmörder oder sonstwie
berüchtigt, ihn mit großem Freimut zu brandmarken.

In diesen Versen erscheinen Aristophanes und seine Kollegen als Gesetzeshüter und Sittenwächter, die mit dem Finger auf Übeltäter zeigen, damit diese – so darf man wohl weiterdenken – ihre rechtmäßige Strafe erhalten. Nun ist ja in den zuletzt aus den *Acharnern* zitierten Versen offenbar davon die Rede, daß der Politiker Kleon aufgrund eines Gerichtsbeschlusses eine Geldsumme zu entrichten hatte. Wie gesagt, wir sind über die Angelegenheit nicht ausreichend informiert. Deswegen können wir nicht einmal zu vermuten wagen, daß Kleon sich einem öffentlichen Verfahren unterziehen mußte, weil Aristophanes ihn «gebrandmarkt» hatte. Aber es handelt sich hier um nur eine von zahlreichen abfälligen Äußerungen über den Politiker in den Komödien des Dichters, und bei den meisten von ihnen ist uns der zeitgeschichtliche Kontext bekannt. Aristophanes widmete sogar ein ganzes Stück, die *Ritter* von 424 v. Chr., der schonungslosen Verunglimpfung Kleons; er präsentiert ihn dort in der Rolle eines mit allen nur irgend möglichen Lastern behafteten Schurken, dem zur Erreichung seiner Ziele jedes Mittel und sogar das Vollbringen von Straftaten recht ist. Die Athener wiederum begrüßten offenbar, daß Aristophanes im Theater ein solches Porträt des Staatsmannes zeichnete. Denn die *Ritter* wurden mit dem ersten Preis im Komödienwettbewerb bedacht. Aber hatte das «Brandmarken» Kleons negative Folgen für ihn? Hat man ihn gleich nach der Aufführung des Stücks verhaftet? Nein, im Gegenteil: Ihm wurde noch in dem Jahr, in dem Aristophanes die *Ritter* auf die Bühne gebracht hatte, ein höchst wichtiges Amt anvertraut. Man wählte ihn zum Strategen, das heißt, zu einem der zehn Oberbefehlshaber des athenischen Heeres. Und die Polis zog nicht nur diesen Mann keineswegs zur Rechenschaft, nachdem Aristophanes ihn als Verbrecher dargestellt hatte, sondern auch sonst niemanden von den vielen anderen Bürgern Athens, welche die Komödiendichter zu Opfern von Spott und Beschimpfung machten.

Man darf somit bezweifeln, daß die Behauptung des Horaz zutrifft, die Dichter der Alten Komödie seien so etwas wie die römischen Zensoren und wie öffentliche Ankläger gewesen. Die Tatsache, daß ihre «Anzeige» keine Konsequenzen nach sich zog, spricht jedenfalls eher dagegen. Dennoch sind zahlreiche Altertumswissenschaftler unserer Zeit der Meinung, die Dichter der Alten Komödie hätten gezielt heftige Kritik an Personen geübt, die ihnen mißfielen. Durch deren Verunglimpfung hätten sie ihre politische und sittliche Überzeugung artikuliert und überdies das Verhältnis ihrer Mitbürger zum Stadtstaat zu beeinflussen versucht. Wenn es so war, könnte man in Aristophanes, weil er bei der Bloßstellung der von ihm aufs Korn genommenen Athener schonungslos vorgeht, einen Vorläufer von Repräsentanten des modernen Agitprop-Theaters sehen; man denke etwa an Erwin Piscator oder Bertolt Brecht, die in ihren Stücken eindeutig für die eigene politische Überzeugung werben. Es besteht aber auch die Möglichkeit, daß Personenspott in der Alten Komödie nichts weiter bezweckte, als die Zuschauer zum Lachen zu bringen. Dann hätten diese, wenn die übelsten Dinge über ihre Mitbürger gesagt wurden, sich deshalb, weil alles entweder heftig übertrieben oder ganz und gar erfunden war, einfach amüsieren sollen. Dafür, daß letzteres richtig sein könnte – das wird ebenso von manchem Erklärer des Aristophanes vertreten –, gäbe es ein gutes Argument: Die Beschimpfung von Zeitgenossen knüpfte in Griechenland an kultische und literarische Tradition an, erfolgte also nicht allein aus aktuellem Anlaß. Speziell der Komödie war sie ausdrücklich als Mittel zur Erzeugung von Heiterkeit gestattet.

Bevor wir entscheiden können, ob das Verunglimpfen athenischer Bürger durch Aristophanes und seine Kollegen als implizite politische und sittliche Meinungsäußerung oder als Spaß um des Spaßes willen zu interpretieren ist, haben wir zu fragen: Wie könnte es zu erklären sein, daß Horaz, der dem Athen des 5. Jahrhunderts v. Chr. zeitlich näher stand als wir, dem Personenspott die Funktion der in Szene gesetzten öffentlichen Anklage zuweist? Es ist daher nach Hintergründen für seine oben zitierte Behauptung zu forschen, und dabei stößt man denn auch auf Indizien, welche die von ihm vorgetragene Interpretation des «Brandmarkens» wenig glaubhaft erscheinen lassen.

Unter den auf der Bühne des Aristophanes Verhöhnten befinden sich neben prominenten Männern solche, über die wir außer durch antike Kommentatoren der überlieferten elf Komödien nirgendwo etwas erfahren; ihre Zahl ist sogar die weit größere. Nun führten historisch-kritische Analysen der Informationen über diese Personen in den Erläuterungen, die aus dem Altertum stammen – von den Experten «Scholien» genannt, sind sie am Rande der einzelnen Seiten in den Aristophanes-Kodizes aufgeschrieben –, zu folgendem Resultat: Schon die Gewährsmänner für die Marginalglossen wußten vermutlich über viele der von dem Komödiendichter attackierten Personen gar nichts und konstruierten aus den diesen

Leuten gemachten Vorwürfen Kurzbiographien, welche die Vorwürfe «bestätigten». Für Aristophanes-Leser wie Horaz, die nachweislich Kommentare benutzten, ergab sich daraus wohl die Vorstellung, Athen sei am Ende des 5. Jahrhunderts v. Chr. von Tunichtguten übervölkert gewesen. Und das habe seine Komödiendichter geradezu gezwungen, solche Zeitgenossen im Schutze der ihnen von der Gattungstradition zugestandenen Spott-Lizenz öffentlich anzuprangern. Doch die Grundlage für ein solches Bild vom «Sitz im Leben», den die Komödie eingenommen haben soll, ist offensichtlich die Phantasie antiker Philologen. Diese behaupten außerdem – so eine Handvoll Scholien –, die Athener hätten einige Male Gesetze erlassen, die den Personenspott auf der Bühne einschränkten oder untersagten. Auch daraus konnten im Altertum Leser, wenn sie den Kommentatoren Vertrauen schenkten, den Schluß ziehen, der Spott der Komödiendichter über einzelne Mitbürger sei eine Form öffentlicher Anklage gewesen. Es bot sich nämlich an zu vermuten, daß die vom Spott Betroffenen sich nicht nur angeprangert sahen, sondern überdies Strafverfolgung fürchteten; daher hätten sie die Polis dafür zu gewinnen versucht, sie vor Verunglimpfung zu bewahren, und das mehrfach mit Erfolg. Aber warum sollten wir davon ausgehen, daß die in den Scholien erwähnten Gesetze tatsächlich verabschiedet wurden?

Wie die Kurzbiographien vieler vermeintlich zu Recht «Gebrandmarkter» wecken die wenigen und in einem Falle sogar unklar überlieferten Angaben der antiken Kommentatoren über Zensurmaßnahmen den begründeten Verdacht, daß sie fingiert sind; das konnte Stephen Halliwell überzeugend zeigen (1984a). Und sollte auch nur ein Kern von Wahrheit darin stecken, dann hätten jene Gesetze höchstens kurzzeitig gegolten und keinen nennenswerten Effekt gehabt. Denn Aristophanes attackiert Mitbürger in allen seinen Komödien, und wenn das in einigen von ihnen weniger häufig als in den anderen geschieht, kann es, wie wir noch sehen werden, einen speziellen Grund haben: Der Dichter reagierte vermutlich auf politische Krisensituationen, in denen es nicht angebracht gewesen wäre, zum Beispiel auf den für die Polis Verantwortlichen herumzuhakken. Im übrigen ist zu fragen, ob der Personenspott in der Form, in welcher er in der Alten Komödie vorgetragen wurde, überhaupt Anlaß dazu gab, daß diejenigen, gegen die er gerichtet war, sich ernsthaft darüber beklagen konnten. Das hat man schon mehrfach mit einem plausiblen Argument bestritten: Soweit wir einigermaßen zuverlässige historische Nachrichten über Männer besitzen, die Aristophanes von seinen Bühnenfiguren auslachen und beschimpfen läßt, stimmt das über sie Gesagte überwiegend nicht mit der Wirklichkeit überein; es rekapituliert vielmehr Klischees, die man in der komischen Literatur der Griechen mit den von diesen Männern vertretenen Typen verband. So steht etwa der Stratege Lamachos in den *Acharnern*, wie im laufenden Kapitel noch näher dargelegt werden soll, für die komische Figur des sich heldenhaft und patriotisch gebenden, aber in Wahrheit feigen und gewinnsüchtigen Offiziers. Der gleichnamige Zeitgenosse des Aristophanes hatte aber der geschichtlichen Überlieferung zufolge alle die Tugenden aufzuweisen, die man in Athen an einem Strategen schätzte (S. 44).

Wir haben es also bei der Alten Komödie mit Typenspott zu tun, und soweit dabei an die Tradition schriftlich fixierter Invektivenpoesie angeknüpft wurde, lassen sich intertextuelle Verbindungslinien aufzeigen. Sie reichen zurück bis in die Mitte des 7. Jahrhunderts v. Chr., welche die Genese der Gattung «Jambus» (griech. *iámbos*) erlebte. Begründet wurde diese damals durch Archilochos von Paros, der in zahlreichen Gedichten über alles und jeden schimpft und spottet. Mit seinen Jamben und denjenigen des Hipponax (um 540 v. Chr.) stimmen einzelne Passagen in den Komödien des Aristophanes motivisch und zum Teil sogar wörtlich überein. Dies lehrt, daß der Komödiendichter seine Invektiven gegen Mitbürger, obwohl sie situativ bedingt sind, inhaltlich und sprachlich der bereits existierenden Schimpf- und Spottdichtung anverwandelt hat, damit klar erkennbar wird: Der Angegriffene ist nicht als Individuum, sondern als Typ gemeint. Bei den Berührungen von Komödie und Jambus im Bereich des Personenspotts stehen wir auf sicherem Boden, nicht jedoch, wenn wir uns vorzustellen versuchen, aus welchen vorliterarischen Anfängen das komische Bühnenspiel sein Attackieren und Verlachen von Männern hergeleitet haben könnte. Natürlich gibt es seit der Antike zahlreiche Abhandlungen über den Ursprung der Gattung. Aber weil zu viel im Dunkel der Frühzeit liegt, konnte keine Einigung unter den Autoren solcher Forschungsarbeiten erzielt werden. Selbst ein nur skizzenhaftes Referat der wichtigsten Ursprungstheorien würde den Rahmen eines Buches sprengen, das ein möglichst breites Publikum mit der dramatischen Kunst des Aristophanes bekannt machen möchte. Deshalb sei hier nur eines gesagt: Das griechische Wort *kōmōdía* ist sehr wahrscheinlich eine Weiterbildung von *kṓmou ōdḗ*, was «Gesang eines *kômos*» bedeutet. Unter einem solchen verstanden die Griechen eine Schar von Nachtschwärmern, die bei ihren Umzügen – etwa im Rahmen von Dionysosfesten – Nicht-Angehörige ihrer Gruppe verhöhnten. Der Personenspott der Komödie setzt mithin auch diese Tradition fort.

Aus den bisher vorgetragenen Überlegungen resultiert meines Erachtens folgendes: Die Bühne des Aristophanes bot sehr wahrscheinlich kein Agitprop-Theater; vielmehr dürfte das Element des Beschimpfens und Auslachens von Mitbürgern als Mittel einer Komik eingesetzt worden sein, die, aus älteren Formen komischen Sprechens entwickelt, allein der Belustigung des Publikums dienen wollte. Das gilt etwa auch für eine britische TV-Serie mit dem Titel *Spitting Image*, die während der achtziger und neunziger Jahre in aller Welt populär war. Darin wurden prominente Persönlichkeiten, besonders Staatsmänner, als komisch agierende und redende Latex-Puppen präsentiert und der Lächerlichkeit preisgegeben. Die für die Show Verantwortlichen beabsichtigten ganz gewiß nicht, die politische Meinung und die Moral ihrer Zuschauer zu beeinflussen, sondern wollten satirischen Humor vermitteln, der vor nichts und niemandem haltmacht. Was Aristophanes betrifft, muß freilich noch anhand der einzelnen Komödien näher gezeigt werden, daß er mit dem Personenspott wirklich nur darauf aus war, seine Athener zu amüsieren. Doch da wir noch weitere Elemente seiner Komik vorzustellen haben, kehren wir erst einmal zu dem Eröffnungsmonolog des Dikaiopolis in den *Acharnern* zurück.

Spiele mit der großen Schwester

Nachdem er gesagt hat, er habe sich nur viermal gefreut, aber «Sandhunderthaufen» an Schmerzen erlitten, und kurz auf eine der vier Freuden zu sprechen gekommen ist, fährt Dikaiopolis mit folgenden Worten fort (9–16):

Aber dann erlitt ich wiederum einen anderen Schmerz, einen tragödienhaften,
als ich mit offenem Mund Aischylos erwartete,
der <Herold> jedoch verkündete: «Führ herein, o Theognis, deinen Chor!»
Wie glaubst du wohl, hat das mein Herz erschüttert?
Aber anders hab ich mich gefreut, als einmal nach Moschos
Dexitheos hereinkam, um eine böotische Weise zu singen.
Dieses Jahr aber wäre ich fast gestorben und litt Folterqualen beim Zuschauen,
als Chairis sich vorbeugte, um dann die orthische Weise zu spielen.

Für uns heute bedürfen die acht Verse, insbesondere 13–16, wie 4–8 über Kleon und die athenischen Ritter der Kommentierung. V. 9–12 ist zu entnehmen, Dikaiopolis habe wie eine Tragödienfigur Schmerz erleiden müssen, weil er einmal im Theater in Erwartung der Aufführung einer von Aischylos verfaßten Tragödie – Stücke des Altmeisters der Gattung (525/24–456/55 v. Chr.) wurden entgegen der Gepflogenheit nach seinem Tode erneut inszeniert – eine Tragödie des Theognis ansehen mußte; von diesem Zeitgenossen des Aristophanes heißt es, seine (uns nicht erhaltenen) Dramen seien frostig gewesen, und das erklärt den Verdruß des

Dikaiopolis. In V. 13–16 geht es dann um drei Kitharöden, also Sänger, die sich selbst auf der Lyra begleiteten, sowie um zwei Melodien, eine nicht weiter bekannte böotische und die von dem Lyriker Terpander (7. Jh. v. Chr.) komponierte orthische Weise. Wichtig für heutige Leser, die sich erstmals mit Aristophanes beschäftigen, ist hier allein dies: Der Bauer Dikaiopolis fällt ein Urteil über musische Darbietungen (wie er bevorzugen die Gewährsmänner der Scholien zu V. 13–16 Dexitheos gegenüber Chairis). Und vor allem: Von ihm als handelnder Figur in einem Stück der Gattung Komödie wird deren «große Schwester», die Tragödie, im wahrsten Sinne des Wortes «ins Spiel gebracht».

Tragödien führten die Athener zur Zeit des Aristophanes ebenso wie Komödien an den Lenäen und den Großen Dionysien auf. Das zweite der beiden Feste bot seit dem Jahre 486 v. Chr. ein besonders reichhaltiges Programm, das sich über fünf Tage hinzog. Am ersten Tag vernahm das Publikum des Dionysostheaters Dithyramben – das waren Kultlieder zu Ehren des Weingottes, die ein Chor vortrug –, am zweiten Tag wurden fünf Komödien und am dritten bis fünften je eine tragische Tetralogie, die aus drei Tragödien sowie einem Satyrspiel bestand, in Szene gesetzt. Wie man sieht, lag der Schwerpunkt auf dem ernsten Drama; daraus ergibt sich eine von mehreren Begründungen dafür, daß man diese Gattung als die «große Schwester» des komischen Dramas bezeichnen kann. Vielleicht beharren auch deshalb die Aristophanes-Erklärer mehrheitlich auf der (im frühen 20. Jahrhundert aufgekommenen) Meinung, die Athener hätten das Theaterprogramm im Zuge einer Sparmaßnahme vorübergehend auf Kosten der Komödie gekürzt: Während des Peloponnesischen Krieges (431–404 v. Chr.) sei die Anzahl der an den beiden Dionysosfesten aufgeführten Komödien – an den Lenäen waren es ebenfalls fünf – auf drei reduziert und je eine von ihnen jeweils am Nachmittag nach der Darbietung der tragischen Tetralogie auf die Bühne gebracht worden. Eines der Argumente für diese These (sie wurde von Wolfgang Luppe im Jahre 1972 überzeugend widerlegt) leiten deren Verfechter aus V. 785–797 in den *Vögeln* des Aristophanes ab; dort ertönt aus dem Mund des Anführers der Chorsänger, die als Vögel agieren:

Nichts ist besser und angenehmer, als sich Flügel wachsen zu lassen.
Wenn zum Beispiel einer von euch Zuschauern geflügelt wäre, könnte er,
wenn er dann hungrig und von den Chören der Tragödiendichter
                                                                                                        gelangweilt wäre,
davonfliegen, sich nach Hause begeben, Brotzeit machen
und dann gesättigt zu uns wieder zurückfliegen.
Und wenn irgendein Patrokleides unter euch zufällig scheißen muß,

würde er es nicht in seinen Mantel «schwitzen», sondern davonfliegen, sich ausfurzen, aufatmen und wieder zurückfliegen.

Und wenn einer von euch zufällig eine Affäre mit einer Verheirateten hat und nun den Mann der Frau auf einem der Sitze der Ratsherrn sieht, könnte dieser unter euch sich wiederum Flügel anlegen, davonfliegen und dann, nachdem er gefickt hat, von dort wieder zurückfliegen. Also ist geflügelt zu werden jeden Preis wert.

Wer «zu uns» auf den Chor der Vögel bezieht, stellt sich folgendes vor: Mit Flügeln versehene Zuschauer legen am Vormittag mitten in einer tragischen Tetralogie, die sie langweilt, eine Pause außerhalb des Theaters ein und begeben sich erst am Nachmittag zu dem Chor einer Komödie auf ihre Sitzbank zurück. Dies würde in der Tat voraussetzen, daß die Komödie im Anschluß an die tragische Tetralogie an ein und demselben Tag aufgeführt würde. Aber zum einen kann der wundersam Gefiederte nur dann «zu uns *zurück*fliegen», wenn er bereits bei «uns» war. Damit wiederum müssen die im Theater vereinten Schauspieler, Chorsänger und Zuschauer gemeint sein, und zwar diejenigen, die bei der Darbietung der Tetralogie anwesend sind. Zum anderen könnte man, wenn man, um am Nachmittag wiederzukommen, das Vormittagsprogramm abbräche, sich ebenso zu Fuß davonmachen, während nur Flügel optimal ein rasches Stillen von Hunger, einen Stuhlgang oder einen «Quickie» ermöglichen (Luppe 1999). Der Witz der Verse besteht mithin in der komischen Phantasie, daß Zuschauer, die mit Schwingen ausgestattet sind, bei einer Tragödie der von ihr ausgehenden Langeweile wenigstens kurzzeitig zum Zweck einer entspannenden Beschäftigung entfliehen können.

Die aus den *Vögeln* zitierten Verse sind auch im Zusammenhang mit V. 9–12 im Monolog des Dikaiopolis von Interesse. In beiden Fällen wird aus der Sicht von Komödienfiguren – und damit zugleich von deren Publikum, da, wie noch näher zu zeigen sein wird, Komödienbühne und Zuschauerraum einen sehr engen Verbund bilden (S. 27) – über die Schwestergattung ein ästhetisches Werturteil mindestens implizit abgegeben. Der Sprecher von *Vögel* 785–797 bevorzugt ja die in den Versen genannten drei Formen von Entspannung gegenüber der «Langeweile» einer Tragödie. Daraus sollte man freilich nicht generell folgern, die «große Schwester» werde von der «kleinen» als etwas Negatives betrachtet. Denn der Witz des Aristophanes lebt wie alle Komik vom Augenblick. Eines ist jedoch zu bedenken: Außer Trinken (was hier nicht direkt als Pausenvergnügen erwähnt wird) gehören Essen, der Fäkalbereich und Sex, wie wir immer wieder beobachten werden, zu den wichtigsten Quellen der Komik im Drama des Aristophanes. Daher kann man die Worte des Chorführers durchaus in dem Sinne interpretieren, daß er sich ein Publikum vorstellt, welches sich in der Welt der Komödie wohler fühlt als in derjenigen der Tragödie. Die in Athen populärere Gattung mag das komische Bühnenspiel mindestens insofern gewesen sein, als es seinen Stoff aus der realen Gegenwart der bei der Aufführung anwesenden Zuschauer bezog. Es ließ «Menschen wie du und ich» auftreten, während die Tragödie den wirklichkeitsfernen Mythos inszenierte. Weil in letzterer die Götter und Heroen des Epos agieren, hat die poetische Diktion dort ein hohes Niveau, steigt also anders als diejenige der Komödie niemals in die Niederungen der Umgangssprache herab. Zwar verwenden auch die Bühnenfiguren des Aristophanes ein dichterisches und somit künstliches Idiom, das man auf den Straßen Athens in dieser Form nicht hörte. Aber es erinnert an die Redeweise des Normalbürgers, und im Vergleich damit klingt das, was die Tragödienfiguren äußern, besonders pathetisch und pompös. Deshalb kann Aristophanes Wortwitz unter anderem erzeugen, indem er Stilelemente von Tragödie und Komödie miteinander vermischt. Am einfachsten geschieht das immer wieder folgendermaßen: Ein Wort oder eine kurze Wortsequenz werden aus dem Stück eines Tragödiendichters entweder wörtlich oder leicht verändert in einen Komödienvers integriert. Im Monolog des Dikaiopolis finden wir das bereits in V. 7b–8. Wenn der Bauer dort sagt:

Und ich liebe die Ritter
wegen dieser Tat. *Denn so ist es Griechenlands würdig,*

spielt er auf einen Vers in dem (uns nicht erhaltenen) *Telephos* des Euripides (485/80–406 v. Chr.) an (Kannicht 2004, 701, Fragment 720):

Übel wird er wohl zugrunde gehen. *Denn so ist es Griechenlands würdig.*

Hier handelt es sich nur um ein Versatzstück aus einer Tragödie. Doch deren Diktion kann bei Aristophanes auch in einer längeren Verspartie teils mit Hilfe von wörtlichen Zitaten, teils durch witzige Imitation evoziert und so zugleich parodiert werden. Es dürfte kein Zufall sein, daß der Dichter seine kurze «Anleihe» beim *Telephos* gleich zu Beginn der *Acharner* macht: In dieser Komödie gestaltet Aristophanes später eine ganze Szene mit Blick auf eine Szene jener Tragödie (S. 41 ff.). Das dient gewiß in erster Linie dem Zweck, das Publikum, dessen Bekanntschaft mit dem *Telephos* offenbar vorausgesetzt wird, durch die auf solche Art geschaffene Diskrepanz zu erheitern. Sie besteht zwischen einer in der erhabenen Welt der Heldensage spielenden Episode und einer solchen, die ein einfacher Bauer in Anlehnung an das große Vorbild konstruiert. Gewiß, dabei gibt es viel zu lachen. Doch es wäre verfehlt zu glauben, der Komödiendichter wolle das Stück des Tragödiendichters lächerlich machen, um so zum Ausdruck zu bringen, daß er von der Kunst des Kollegen im ernsten dramatischen Fach nichts hält. Nein, auch hier geht es nicht um einen persönlich gemeinten Angriff gegen einen Mitbürger. Das ist schon deshalb schwer vorstellbar, weil dramatische Struktur und Motivik der Komödien des Aristophanes erheblich davon profitiert haben, daß er sich unter anderem von Tragödien Anregungen holte, und zwar mit Vorliebe von denjenigen des Euripides. Dieser Dichter entwickelte in der Zeit, als Aristophanes seine Stücke schrieb, Formen der Dramatik, die dem Theater neue Möglichkeiten szenischer Aktion und der Präsentation von Charakteren erschlossen. Und das dürfte der Kollege im Bereich der Komödie kongenial erkannt haben – lange bevor sein berühmtester griechischer Nachfolger in der Gattung, Menander, sich inhaltlich und dramaturgisch an Stücken des Euripides orientierte, in denen ganz «untragödienhaft» eine Intrige auf ein Happy-End hinausläuft. Inwieweit Aristophanes sich von einem solchen Handlungsmuster beeinflussen ließ, werden wir anhand der *Lysistrate* und der *Thesmophoriazusen* studieren.

Wie bereits angedeutet, kann jede Art von Parodie der Tragödie durch die Komödie – im Fachjargon spricht man von «Paratragodie» – ihr Ziel, die Zuschauer zu amüsieren, nur erreichen, wenn diese in irgendeiner Weise mit den Texten, auf die angespielt wird, vertraut sind. Werfen wir also einen kurzen Blick auf das Publikum, wobei zu fragen ist, über welche Kenntnis auf dem Gebiet der Texte, die Aristophanes evoziert, es verfügt haben könnte. Leider sind wir gänzlich auf Vermutungen angewiesen, und das Problem erscheint besonders schwierig, weil es von den Spezialisten kontrovers diskutiert wird. Bis in jüngste Zeit ging man allgemein davon aus, die rund 15 000 Zuschauer im Dionysostheater hätten, wenn man von auswärtigen Gästen absieht, einen repräsentativen Querschnitt durch die Gesamtheit der etwa 40 000 freien Bürger Athens dargestellt. War es so, dann befanden sich im Publikum des Aristophanes einfache Leute wie Bauern und Handwerker. Doch das wurde von Alan Sommerstein (1998) bestritten. Er folgerte aus der Tatsache, daß jeder Zuschauer Eintritt zahlen mußte, nur die wohlhabenden und somit literarisch gebildeten Bürger hätten sich den Besuch des Dionysostheaters an allen Spieltagen leisten können. Doch Lenäen und Große Dionysien als die bedeutendsten Feste der Polis könnten – das ist zumindest denkbar – auch auf die Ärmeren unter den freien Athenern eine solche Anziehungskraft ausgeübt haben, daß sie alles dransetzten, wenigstens hier «dabei zu sein». Hinzu kommt die Überlegung, daß es immer wieder Bauern sind, an welche die Komödien des Aristophanes ein Identifikationsangebot richten – die Mehrzahl der Bevölkerung lebte ja von der Landwirtschaft –, und daraus darf man schließen, daß der Dichter mit Angehörigen dieser Berufsgruppe als seinen Zuschauern rechnete. Daß auch Frauen, die selbst als sozial Höhergestellte nicht über dieselbe Bildung verfügt haben dürften wie ihre Männer, im Theater saßen, kann nicht ausgeschlossen, jedoch von den Gelehrten, die es für möglich halten, nicht zweifelsfrei bewiesen werden (s. auch S. 102 f.). Nun ist es ja keineswegs so, daß das Publikum einer Aristophanes-Komödie unbedingt dazu fähig gewesen sein muß, Paratragodie in ihrer ganzen Bandbreite zu würdigen, also jedes wörtliche und versteckte Zitat wahrzunehmen. Es genügte schon die Vertrautheit mit dem Genre – und die war ja durch den Besuch von Tragödienaufführungen auf jeden Fall gewährleistet –, daß der Zuschauer es goutieren konnte, wenn der Komödienwitz auf das Pathos der Mythos-Inszenierung zielte. Aristophanes bemühte sich ohnehin darum, klar erkennbare Signale zu setzen und als Texte, die er direkt parodierte, solche zu wählen, die entweder speziellen Ruhm erlangt hatten – das galt vermutlich für den *Telephos* – oder dem Publikum von einer nicht lange zurückliegenden Aufführung her in Erinnerung waren. Wir können daher wohl dies als gegeben ansehen: Dikaiopolis, Liebhaber des Aischylos und Kritiker des Theognis, repräsentierte auf der Bühne Männer seines Standes im Zuschauerraum, deren Wissen über die «große Schwester» der Komödie dazu ausreichte, daß sie über die von Aristophanes mit ihr veranstalteten Spiele lachen konnten.

«O Polis, o Polis!»

Direkt im Anschluß an die Bemerkungen über seinen Ärger und seine Freude im Zusammenhang mit Darbietungen von Tragödien und Gesängen zur Lyra sagt Dikaiopolis, was ihn momentan verdrießt (17–27):

Aber niemals, seit ich mich wasche,
wurde ich so sehr von Seifenlauge an den Augenbrauen gebissen
wie jetzt, wo, obwohl regulär eine Volksversammlung sein soll
am frühen Morgen, die Pnyx hier leer ist,
die ‹Leute› jedoch auf der Agora schwätzen und auf und ab
laufend vor dem rot angestrichenen Seil fliehen.
Auch die Prytanen sind nicht da, sondern kommen
zu spät, und wenn sie da sind, dann drängeln sie sich – du glaubst nicht, wie –
gegenseitig wegen der vordersten Sitzplätze,

während sie dichtgedrängt herabströmen. Jedoch darum, daß es Frieden geben wird, kümmern sie sich überhaupt nicht. O Polis, o Polis!

Erst in diesen Versen erfahren wir, welchen Standort des Dikaiopolis wir uns jetzt vorzustellen haben. Der Bauer präsentiert ihn uns als «gesprochene Kulisse», wie die Theaterwissenschaftler sagen, indem er von der «Pnyx hier» redet, auf der eine Volksversammlung stattfinden soll. Da er noch weitere Namen und Begriffe nennt, die nur versteht, wer sich mit der Organisation des politischen Lebens in der Polis Athen auskennt, sei nun das Wichtigste zu diesem Thema referiert. Damit verbinde ich kurze Darlegungen zur Organisation des Theaterwesens, weil auch sie in die Verantwortung des Stadtstaates fiel.

Die Polis und ihre Institutionen

Im Jahre 425 v. Chr., in dem die *Acharner* gespielt wurden, war der oberste Souverän der Polis Athen der gesamte Demos («Volk»), Herrschaftsform also die Demokratie, die ab 462/61 datiert zu werden pflegt. Athen bildete das Zentrum der etwa 2500 Quadratkilometer umfassenden Landschaft Attika. Die Bürgerschaft der Polis war in zehn Phylen (von *phylḗ* «Stamm») gegliedert. Jede Phyle entsandte 50 Männer in den Rat (*boulḗ*), der immer nur für ein Jahr gewählt wurde. Er war die wichtigste Instanz innerhalb des Regierungsapparates der Polis. Denn jeden Antrag, der an die Volksversammlung (*ekklēsía*) gestellt wurde – als ihre Mitglieder, die Ekklesiasten, zählten alle Angehörigen des Demos, rund 40 000 Bürger, aber etwa 6000 genügten für eine gültige Beschlußfassung –, berieten zuerst die 500 Bouleuten («Ratsherren»). Unter ihnen übernahmen jeweils für ein Zehntel des Jahres die 50 Vertreter je einer der zehn Phylen als Prytanen (von *prýtanis* «Obmann») die Geschäftsführung (Prytanie). Wenn dann die Volksversammlung tagte, um die politischen Entscheidungen zu treffen, fungierte der Prytane, der gerade den Vorsitz unter seinen Kollegen hatte – der Inhaber dieses Amtes wurde täglich durch das Los neu bestimmt –, auch als Vorsitzender der Ekklesiasten. Neben Rat und Volksversammlung trugen die höchste Verantwortung für die Polis die Volksgerichte (*hēliaîai*), die jährlich aus einer Liste von 6000 Bürgern zusammengesetzt wurden, woraufhin man für die einzelnen Gerichtshöfe bis zu 501 Heliasten («Geschworene») erloste (im Bedarfsfall auch mehr). Spezielle Ämter bekleideten jeweils für zwölf Monate die neun Archonten (von *árchōn* «der erste seiend»), unter ihnen zum Beispiel der Archon Eponymos (von *epṓnymos* «benannt»), der dem athenischen Jahr seinen Namen gab, und der Archon Basileus, der für den sakralen Bereich zuständig war. Auch sie loste man aus, während die zehn Strategen – diese stellten die zehn Phylen zusammen mit zehn Regimentern Reiterei und Fußvolk – gewählt wurden. Alle Amtsträger bezogen Tagegeld, ebenso die Heliasten, denen der ihnen zukommende Betrag im Jahre 425 von zwei auf drei Obolen erhöht wurde. Bei der von Dikaiopolis erwähnten Pnyx (vorgriech. «Fels»), auf der in der Regel die Volksversammlung stattfand – sie konnte auch im Dionysostheater abgehalten werden –, handelt es sich um eine Felskuppe westlich der Akropolis, an deren Abhang die Volksmenge auf dem Steinboden saß (lediglich für die Prytanen gab es Holzbänke) und an deren unterem Ende auf einer Stützmauer die Rednertribüne stand. Einst hatten die Ekklesiasten auf der nordöstlich von der Pnyx gelegenen Agora, dem Marktplatz in der Stadtmitte, getagt. Zur Zeit des Aristophanes hielten sie sich dort vor der Versammlung zum Plaudern auf und wurden mit dem in Rötel getauchten Seil, von dem Dikaiopolis ebenfalls spricht, zur Pnyx getrieben; wer dabei von der Farbe beschmiert wurde, mußte Strafe bezahlen. Dikaiopolis, der zu der in den *Acharnern* fiktiv anberaumten Volksversammlung rechtzeitig erschienen ist und auf die anderen Ekklesiasten warten muß, befindet sich in einer ähnlichen Situation wie die ihm gegenübersitzenden Zuschauer, die, sonst ja auch Teilnehmer an der realen Volksversammlung, nunmehr auf den Anfang der eigentlichen Bühnenaktion gespannt sind. Schon jetzt kann sich also, weil Protagonist wie Publikum der Dinge harren, die da kommen sollen, jeder Zuschauer mit Dikaiopolis identifizieren. Deshalb scheint denkbar, daß der Darsteller des Bauern vor Beginn der Aufführung im Publikumsbereich saß und die Bühne von dort aus betrat (Slater 2002, 43 mit Anm. 2). Auf ihr wird er, wie noch zu zeigen ist, Akteur und Zuschauer zugleich sein, da er von der Eröffnung der Volksversammlung bis zu deren vorzeitiger Beendigung, die er selbst durch einen Trick bewirkt, das Geschehen fast die ganze Zeit nur beobachtet. Dabei kommentiert er es durch komische Bemerkungen, die ebenso der eine oder andere Zuschauer machen könnte.

Bevor ein Stück wie die *Acharner* auf die Bühne gebracht werden konnte, schuf die Polis durch die für das Theaterwesen zuständigen Beamten die Voraussetzungen. Etwa ein halbes Jahr vor den Lenäen und neun Monate vor den Großen Dionysien mußten die Dichter ihre für die Darbietung bei den beiden Komödienwettbewerben bestimmten Stücke beim Archon Basileus, der für das erste, und beim Archon Eponymos, der für das zweite Fest zuständig war, zur Begutachtung vorlegen. Hatten die Archonten aus der Schar der Bewerber um Teilnahme am Agon («Wettbewerb») fünf ausgewählt, wiesen sie den Dichtern ihren Chor, der sich aus freiwilligen Bürgern rekrutierte, und die Schauspieler zu;

diese übten ihre Tätigkeit berufsmäßig aus und wurden dafür von der Polis bezahlt. Die übrigen für die Aufführung anfallenden Kosten übernahm ein wohlhabender Bürger als Chorege («Chorführer»). Von ihm, der eine Art Produzent war, ist der Chorodidaskalos («Chorinstruktor») und Regisseur zu unterscheiden, der die Komödie inszenierte. Normalerweise fiel dem Dichter selbst diese Aufgabe zu. Doch mit der Regie der *Acharner* betraute Aristophanes, der sich vermutlich noch zu jung dafür fühlte – Mitte oder Ende der vierziger Jahre des 5. Jahrhunderts v. Chr. geboren, war er 425 v. Chr. höchstens zwanzig –, einen Chorodidaskalos namens Kallistratos; dieser hatte schon vorher zwei (nicht auf uns gekommene) Stücke des Dichters, 427 die *Schmausbrüder* und 426 die *Babylonier*, für die Bühne einstudiert. Aristophanes, der erstmals 424 bei den *Rittern* selbst Regie führte, griff in späteren Jahren gelegentlich wieder auf Helfer zurück; soweit dies die erhaltenen Stücke betrifft, ist überliefert, daß Kallistratos die *Vögel* von 414 sowie die *Lysistrate* von 411 und ein Philonides die *Frösche* von 405 inszenierte.

Es bietet sich an, in diesem Kontext kurz zusammenzutragen, was wir über das Leben des Aristophanes wissen; das ist sehr wenig und für das Verständnis seiner Stücke nur insofern bedeutend, als er, Bürger Athens wie Dikaiopolis, an der Volksversammlung teilnehmen durfte und (nachweislich) als Prytane fungierte. Er stammte als Sohn eines Philippos aus der Gemeinde Kydathenaion, die der Phyle Pandionis angehörte, verfaßte 44 oder 45 Komödien – die genaue Zahl läßt sich nicht mehr ermitteln –, von denen wir elf noch haben, errang im Agon mit mindestens drei von diesen elf den ersten Platz (*Acharner*, *Ritter*, *Frösche*), saß gegen Ende seines Lebens im Rat und starb vermutlich etwa Mitte der achtziger Jahre des 4. Jahrhunderts v. Chr. Drei Söhne, deren Namen uns überliefert sind – Araros, Philetairos (oder Nikostratos) und Philippos –, setzten die Tätigkeit des Vaters fort; für ihn inszenierte Araros den (verlorenen) *Kokalos* (387), mit dem er den Siegespreis gewann, und (386?) ein (ebenfalls verlorenes) Stück, für das Aristophanes zum zweiten Mal den Titel *Aiolosikon* gewählt hatte. Während uns dies alles durch historische Quellen außerhalb des Werkes bezeugt wird, sind weitere Informationen über die Person des Dichters lediglich aus seinen Stücken zu gewinnen; wir erfahren sie dort teils aus dem Munde des Dikaiopolis, der in den *Acharnern* an zwei Stellen spricht, als wäre er mit Aristophanes identisch (377–382. 497–508), teils vom Chorführer. Da solche «autobiographischen» Aussagen in das jeweilige komische Konzept integriert sind, tut man gut daran, sie als im wesentlichen fiktional zu betrachten.

Kehren wir nach den Darlegungen über die Polis und ihre Institutionen sowie über die Person des Aristophanes zu den Versen 17–27 der

Acharner zurück, von denen wir ausgegangen waren. Am Ende dieser Passage beklagt sich Dikaiopolis darüber, daß die Volksversammlung nicht an einem Friedensschluß interessiert sein werde, und ruft dabei aus: «O Polis, o Polis!» Das klingt sehr pathetisch und könnte auf V. 629 in der Tragödie *König Ödipus* des Sophokles (497/96–406/05 v. Chr.) anspielen. Dafür spricht, daß die Stadt des Ödipus, Theben, sich wie Athen im Jahre 425 v. Chr. in einer Krisensituation befindet: In der böotischen Polis grassiert die Pest – auch Athen hatte fünf Jahre zuvor eine pestartige Seuche heimgesucht –, und die Polis des Dikaiopolis führt seit 431 mit den Spartanern und deren Verbündeten einen Krieg, von dem speziell die Landbevölkerung schwer betroffen ist. Das muß, da es für das Verständnis der *Acharner* Bedeutung hat, näher betrachtet werden. Aber zunächst sei zitiert, was Dikaiopolis selbst über seine Situation sagt (28–36):

Ich jedoch komme immer als allererster in die
Volksversammlung und sitze da. Und dann, wenn ich allein bin,
stöhne, gähne, strecke ich mich, furze,
weiß nicht, was ich tun soll, schreibe, rauf mir die Haare aus, rechne,
wobei ich aufs Land schaue voller Verlangen nach Frieden,
die Stadt hasse und mich nach meinem Dorf sehne,
das niemals rief: «Kauf Kohle!»,
nicht «Kauf Essig!», nicht «Kauf Öl!», nicht «Kauf!» kannte,
sondern selbst alles hervorbrachte, und Herr Kauf war nicht da.

Wenn der Bauer hier schildert, wie verzweifelt er sich, solange er noch allein ist, die Zeit vertreibt, betrifft das nicht nur die Langeweile, die er beim Warten verspürt. Für ihn bedeutet auch jede Minute der Abwesenheit von seinem Dorf Zeitverschwendung. Er muß, statt dort als Bauer tätig sein zu können, länger in der Stadt wohnen, und daran ist der Krieg schuld. Verschaffen wir uns also einen Überblick über die 425 v. Chr. in Attika herrschende Lage und die vorausgegangenen Jahre militärischen Ringens, die den von Dikaiopolis beklagten Status quo verursacht haben.

Der Peloponnesische Krieg bis zum Jahre 425 v. Chr.

In den 30 Jahren zwischen dem endgültigen Durchbruch zur Volksherrschaft in Athen (462/61) und dem Beginn des Peloponnesischen Krieges (431) war die Politik des Stadtstaates wesentlich geprägt vom Wirken eines Mannes, der schon bei der Demokratisierung eine entscheidende Rolle gespielt hatte: Perikles (um 490–429). Als einer der zehn Strategen Athens – von 443 an hatte er das Amt 15 Jahre ohne Unterbrechung inne – gewann er so großen Einfluß, daß der Historiker Thukydides (um 455–um 400) in seinem Werk über den Peloponnesischen Krieg schreiben konnte, Athen sei «dem Namen nach eine Demokratie, tatsächlich aber eine Herrschaft unter dem ersten Mann gewesen» (2.65.9). Man spricht daher vom «Perikleischen Zeitalter», und das ist die Epoche, in der die Polis zur Großmacht im östlichen Mittelmeerraum aufstieg. Die Basis dafür schuf sie 478/77 durch die Gründung des Attischen Seebundes, einer Föderation Athens mit den Inseln in der Ägäis und vielen griechischen Stadtstaaten in Kleinasien; Zweck des Zusammenschlusses all der Poleis war es, die Supermacht Persien, die im zweiten Jahrzehnt des 5. Jahrhunderts durch eine Koalition griechischer Staaten an der Eroberung des Mutterlandes gehindert worden war, von weiteren Invasionsversuchen abzuhalten, was auch gelang. Nun nutzte aber Athen seine Führungsrolle im Bündnis dazu, sie zu imperialer Herrschaft über die übrigen Stadtstaaten auszubauen, also ein Seereich zu errichten. Deshalb kam es bald zu militärischen Konflikten mit Sparta, der größten Landmacht auf der Peloponnes, die mit fast allen anderen auf der Halbinsel gelegenen Poleis seit dem 6. Jahrhundert im Peloponnesischen Bund zusammengeschlossen war. Zwar vereinbarten beide Föderationen 446 einen dreißigjährigen Frieden, aber auch dadurch konnten mehrere Konflikte Athens mit zwei Attika eng benachbarten Verbündeten Spartas, Korinth und Megara, nicht verhindert werden. Und so brach 431 der Krieg aus.

Die direkten Ursachen des innergriechischen Ringens sind in der Geschichtsforschung umstritten. Es ist aber wohl davon auszugehen, daß man in Athen im Jahre 425, als die *Acharner* aufgeführt wurden, allgemein der Meinung war, der Hauptgrund seien die Folgen eines um 433 erlassenen Dekretes der Volksversammlung Athens gewesen, das den Bürgern des nur 40 Kilometer entfernten Megara verbot, mit der Polis und deren Verbündeten im Attischen Seebund Wirtschaftsbeziehungen zu unterhalten. Megara, das durch diesen Boykott hart getroffen wurde, übte daraufhin besonders energischen Druck auf Sparta aus, es solle auf alle bisher von Athen ausgegangenen Akte der Verletzung des 446 geschlossenen Friedens militärisch reagieren. Das geschah denn auch, obwohl der spartanische König Archidamos II. zögerte und seine Polis noch nach ihrer Kriegserklärung an die Athener mit ihnen verhandelte. Deren Bereitschaft zur militärischen Konfrontation war jedoch sehr groß, weswegen in den *Acharnern* Dikaiopolis, der, wie wir gesehen haben, den Frieden herbeisehnt, seine Landsleute geradezu als Kriegstreiber hinstellt. Freilich ist das Bild, das der Bauer in einer längeren Rede von den Ursachen des Krieges zeichnet (514–556), so komisch, daß man schwerlich von politischer Propaganda gegen das Athen des Perikles sprechen kann, zumal dieser 425 bereits vier Jahre tot war. Dikaiopolis sagt zum Thema «Kriegsschuld» erst einmal folgendes (514–522):

Warum geben wir alle Schuld daran den Lakedämoniern?
Denn Männer von uns – ich sage nicht «die Polis»,
denkt daran, daß ich nicht «die Polis» sage –,
nein, nichtswürdige Kerle, falsch geprägt,
wertlos und schlecht gemünzt und aus dem Ausland
denunzierten die kleinen Wollmäntel der Megarer.
Und wenn sie irgendwo eine Gurke sahen oder einen jungen Hasen
oder ein Ferkel oder Knoblauch oder Salzkörner,
das war dann aus Megara und wurde am selben Tag verkauft.

Die «Kerle», die sich hier als Denunzianten betätigen, nannte man in Athen Sykophanten. Ein *sykophántēs* – der erste Bestandteil des Wortes ist unerklärt (mit *sŷkon* «Feige» hat er sicher nichts zu tun), -*phantes* bedeutet «Anzeiger» – ist jemand, der das Denunzieren berufsmäßig betreibt, indem er als Kläger vor Gericht auftritt. Für die Bereitschaft, dies zu tun, waren in Athen, dessen Rechtssystem keinen Staatsanwalt kannte, Prämien ausgesetzt. Ein Sykophant betätigte sich mithin nicht im Dienst der Gerechtigkeit, sondern aus Profitgier, und deshalb wurde ein solcher auf der komischen Bühne sehr gerne als Negativfigur verspottet. Wie man sieht, zieht Aristophanes die hohe Politik bewußt herunter auf das Niveau seiner Typenkomödie. Als er in den Versen 523 ff. den unmittelbaren Anlaß für das über Megara verhängte Handelsembargo nennt, bringt er auch das bei ihm besonders beliebte Thema Sex ins Spiel und verrät so wieder einmal: Mit der Stimme einer der auf seiner Bühne agierenden Personen spricht er nicht etwa von einem klar bestimmbaren politischen Standort aus, in diesem Falle also keineswegs als ernsthaft engagierter Gegner von Kriegstreiberei. Nein, er gibt der Analyse von Haupt- und Staatsaktionen durch Dikaiopolis einen komischen Anstrich (523–539):

Und dies war von geringer Bedeutung und betraf nur unser Land.
Doch eine Hure namens Simaitha haben dann, nach Megara gegangen,
junge Männer, die sich beim Kottabos-Spiel berauscht hatten, gestohlen.
Da haben die Megarer, vom Schmerz wie von Knoblauch erhitzt,
im Gegenzug zwei Huren der Aspasia gestohlen,
und darauf brach der Anfang des Krieges aus
für alle Griechen, dreier Schwanzlutscherinnen wegen.
Darauf hat in seinem Zorn Perikles der Olympier
geblitzt, gedonnert, Griechenland durcheinandergemischt

und Gesetze erlassen, die wie Trinklieder formuliert waren,
daß die Megarer weder auf dem Land noch <in der Stadt> auf der Agora,
weder auf dem Meer noch auf dem Festland bleiben dürften.
Darauf haben die Megarer, als sie nun allmählich Hunger hatten,
die Lakedämonier gebeten <dafür zu sorgen>, daß der Beschluß
umgestoßen werde, der wegen der Schwanzlutscherinnen.
Wir wollten aber nicht, obwohl sie oft baten.
Und darauf gab es schon den Lärm der Schilde.

Soweit die auf gar keinen Fall ernst zu nehmende Darstellung der Kriegsursachen durch Dikaiopolis. Das von ihm am Schluß Gesagte stimmt freilich mit dem überein, was tatsächlich geschah: Die Verhandlungen zwischen Spartanern und Athenern bewirkten nicht das Nachgeben der letzteren, und somit begann der Peloponnesische Krieg.

Wie ging es nun in der Realität weiter? Da die Spartaner und ihre Verbündeten den Athenern auf dem Festland mit ihrer Armee weit überlegen und somit dort nicht zu besiegen waren, mußte Perikles vor allem auf den entscheidenden Vorteil bauen, den er Sparta gegenüber hatte: Seiner Polis und ihren Verbündeten war auf dem Meer kein feindliches Kontingent gewachsen. Deshalb entwickelte er folgende Strategie: Er gab den Peloponnesiern Attika preis, indem er die Landbevölkerung evakuieren und hinter den Langen Mauern, die Athen mit dem Hafen Piräus verbanden, Schutz suchen ließ. So kam es, daß die Spartaner in der Hoffnung, die Gegner zu einer Feldschlacht zu provozieren (was ihnen aber nicht gelang), von 431 bis 425 in jedem Sommer (außer 429 wegen der Seuche in Athen und 426 wegen eines Erdbebens) plündernd und alles verwüstend bis vor die Mauern zogen, die aber jedem Ansturm widerstanden. Währenddessen führte die Flotte des Attischen Seebundes jedesmal rings um die gesamte Peloponnes den Gegenschlag, indem sie ihrerseits plünderte und verwüstete und an den Küsten Stützpunkte als Operationsbasen für Einfälle ins Landesinnere errichtete. Welches Bild sich bot, wenn die wendigen, nur 34 Meter langen Schiffe mit drei Ruderreihen, Trieren genannt, zum Auslaufen aus dem Hafen fertiggemacht wurden, schildert Dikaiopolis am Ende seiner Rede über die Kriegsgründe. Nachdem er (in dem zuletzt zitierten Vers) implizit gesagt hat, die Spartaner hätten den Krieg eröffnet, fragt er ganz direkt die im Zuschauerraum sitzenden Athener, was sie wohl ihrerseits getan hätten, wenn ein Spartaner in einem Kahn ausgesegelt wäre und auch nur ein Hündchen von der winzigen Ägäis-Insel Seriphos verkauft hätte (540 ff.). Seiner Meinung nach hätten dann seine Landsleute noch eher als die Feinde militärische Maßnahmen eingeleitet, und das formuliert er so (543–554):

«O Polis, o Polis!» 33

Hättet ihr in euren Häusern gesessen? Wahrhaft, weit gefehlt!
Ihr hättet gewiß auf der Stelle <vom Land ins Meer> herabgezogen
dreihundert Schiffe, es wäre voll gewesen die Stadt
vom Lärm der Soldaten, von Geschrei um die Trierenkapitäne herum,
Auszahlung von Sold, Vergoldung von Emblemen der Pallas,
Stöhnen der Säulenhalle, Zumessen der Getreiderationen,
Kauf von Schläuchen, Ruderriemen, Krügen,
Knoblauch, Oliven, Zwiebeln in Netzen,
Kränzen, Sardinen, Flötenspielerinnen, blauen Augen.
Die Werft wiederum wäre voll gewesen von denen, die die Ruder platt
machten,
von denen, die Nägel einhämmerten, denen, die Löcher für die Ruder bohrten,
von Flöten, Bootsmännern, kleinen Flöten und ihrem Gepfeife.

In dieser amüsanten, von Spott auf die übereifrig mobil machenden Athener triefenden Schilderung mag auch ein wenig vom Stolz des Angehörigen eines Seefahrervolkes mitschwingen. Und doch spricht hier jemand, der genug hat von sechs Jahren der sich ständig wiederholenden Zerstörung seines Heimatdorfes und des unbequemen Aufenthaltes innerhalb der engen Mauern der ungeliebten Stadt zusammen mit wohl mehr als 100 000 Menschen. Wie er mußten diese, wenn sie nicht von Verwandten oder Freunden beherbergt wurden, in Notunterkünften zum Teil unter freiem Himmel wohnen und immer wieder auf den Mauern Wachdienst leisten. Währenddessen wurden ihre Häuser auf dem Land niedergerissen oder verbrannt, die Oliven- und Feigenbäume umgehauen und die Weingärten verwüstet. Dies ist der Grund dafür, daß Dikaiopolis den Frieden herbeisehnt. Was ihn an seiner derzeitigen Lage offenbar am meisten verdrießt, sagt er in den oben zitierten Versen 34–36: Er muß jetzt kaufen, was sein Land von selbst hervorzubringen pflegte. Anschließend verkündet er, auf welche Weise er versuchen möchte zu erreichen, daß die Voraussetzung für die Rückkehr in sein früheres Leben geschaffen werden kann, und leitet über zu der ersten der fünf Szenen, die im Prolog auf seinen Monolog folgen (37–42):

So, nun bin ich da, vollkommen gerüstet
zu schreien, zu unterbrechen, die Redner zu beschimpfen,
wenn einer über etwas anderes als den Frieden spricht.
Ah, hier sind die Prytanen – zur Mittagszeit.
Hab ich's nicht gesagt? Das ist genau, was ich sprach:
Hin zu einer Bank ganz vorne drängt sich jeder Mann.

Wie gesagt, die Protagonisten beziehungsweise andere Personen des Aristophanes nehmen ihren Ärger über irgend etwas zum Anlaß, einen komischen «Großen Plan» zu entwickeln, dessen Durchführung ihnen einen Ausweg aus der ihnen mißlich erscheinenden Lage verschaffen soll. Dikaiopolis hat nun erklärt, er wolle die Volksversammlung durch Randalieren stören, wenn jemand, der das Wort ergreift – dazu waren übrigens alle anwesenden Bürger berechtigt –, nicht über den Frieden spricht. Ist das sein «Großer Plan»? Kann er durch das angekündigte Verhalten erreichen, daß das ausschließlich von ihm gewünschte Thema erörtert wird? Sehen wir uns im nächsten Abschnitt den restlichen Prolog (43–203) an.

Der Große Plan

Gleich in der auf den Monolog des Dikaiopolis folgenden Szene (43–60) gibt es, nachdem die Volksversammlung eröffnet ist und der Herold die Frage gestellt hat, wer reden möchte, eine Wortmeldung. Sie kommt von einer skurrilen Figur namens Amphitheos, und das heißt auf deutsch: «einer, der von beiden Seiten, also von Vater und Mutter her, ein Gott ist». Amphitheos erklärt denn auch, er sei unsterblich, und die Götter hätten ihm allein aufgetragen, mit den Spartanern Frieden zu schließen; aber trotz seiner Unsterblichkeit benötige er Reisegeld, und das würden die Prytanen ihm verweigern. Natürlich wird er sofort von Bogenschützen, der athenischen Polizei, abgeführt. Aber Dikaiopolis protestiert dagegen, daß man so mit jemandem verfährt, der Frieden zu schließen bereit ist. Er wird zur Ordnung gerufen, und eine neue Szene (61–125a) beginnt mit dem Auftreten einer Gruppe von Gesandten, die vom Hof des Perserkönigs zurückgekehrt sind. Einer von ihnen erstattet Bericht: Er und die anderen, die bereits vor elf Jahren von Athen aufgebrochen waren und pro Tag zwei Drachmen Spesen kassierten, hätten eine bequeme Reise gehabt und seien mit den erlesensten Weinen und Speisen bewirtet worden. Was sie mit ihrer Mission erreicht hätten, läßt einer der Gesandten einen nun zusammen mit zwei Eunuchen erscheinenden Perser namens Pseudatarbas mit dem Titel «Auge des Königs» verkünden. Dieser sagt vier Worte in seiner Sprache, als aber einer der Gesandten behauptet, sie würden bedeuten, der Großkönig werde Gold senden, erklärt der Perser grob in gebrochenem Griechisch, das sei nicht der Fall. Darauf verhört Dikaiopolis den Mann, bekommt bestätigt, daß der Großkönig kein Gold senden werde, und entlarvt die beiden Eunuchen als die (offenbar verkleideten) Athener Kleisthenes und Straton. Dennoch wird «Auge des Königs», bevor er zusammen mit den vermeintlichen Eunuchen von der Bühne ab-

Der Große Plan 35

geht, vom Herold in den Amtssitz der Prytanen, das Prytaneion, eingeladen, und jeder weiß: Dort pflegen die Athener auswärtige Gesandte und verdienstvolle Männer der Polis durch Speisung zu ehren.
Dramaturgisch betrachtet hat die Szene – es ist schon die dritte des Prologs – vor allem zwei Funktionen: Zum einen stimmt sie durch bewegte «action» und viel Witz die Zuschauer auf die Komödie als ganze ein. Zum anderen wird demonstriert, daß die Athener, wie Dikaiopolis befürchtet hat, sich nicht nur nicht ernsthaft um einen Frieden bemühen, sondern sich auch noch von Diplomaten ausnehmen und an der Nase herumführen lassen. Hier ein kurzer Szenenausschnitt, der von beidem einen Eindruck gibt (73–84):

GESANDTER: Als wir bewirtet wurden, tranken wir gezwungenermaßen
aus gläsernen und goldenen Bechern
ungemischten süßen Wein –
DIKAIOPOLIS: O Stadt des Kranaos,
merkst du, daß die Gesandten dich auf den Arm nehmen?
GESANDTER: Die Barbaren halten nämlich für <richtige> Männer allein
die, die am meisten essen und trinken können.
DIKAIOPOLIS: Und wir die Schwanzlutscher und Arschfotzen.
GESANDTER: Im vierten Jahr kamen wir zum Palast des Königs.
Aber er war zu einem Abtritt fortgegangen – mit einem Heer! –,
und er schiß acht Monate auf den Goldenen Bergen –,
DIKAIOPOLIS: Wieviel Zeit brauchte er, um seinen Arsch zuzumachen?
War es während des Vollmondes?
GESANDTER: – und dann ging er nach Hause.

Die Verse präsentieren Dikaiopolis während der gesamten dritten Szene in einer Standardrolle der Alten Komödie: der des Spaßvogels, welcher die Worte einer anderen Figur kommentiert und dabei alles ohne Unterschied lächerlich macht. Die Griechen nannten diesen Typus Bomolochos; sie verstanden darunter ursprünglich jemanden, der am Altar lauert, um Opferstücke zu bekommen, dann einen Possenreißer, der sich durch seine Späße eine Mahlzeit verdient, und einem solchen ähnelt die Komödienfigur. Ihre Bemerkungen spiegeln wider, was die Zuschauer denken beziehungsweise denken sollen und ebenfalls sagen könnten; Gerrit Kloss hat ihn treffend mit Statler und Waldorf verglichen, die in der TV-Serie *Muppet Show* spottend und nörgelnd in der Zuschauerloge sitzen (2001, Anm. 352). Wenn nun Dikaiopolis in der Rolle des Kritikers einheimischer Politik in V. 79 behauptet, bei den Athenern würden als richtige Männer «Schwanzlutscher und Arschfotzen» gelten, also dem

Knabenalter entwachsene Männer, die nach wie vor zur oralen und analen Befriedigung anderer Männer bereit sind, empfinden wir das als geradezu ungeheuerliche Beleidigung der eigenen Landsleute. Doch es ist mit Sicherheit davon auszugehen, daß die Zuschauer des Aristophanes über die Bemerkung des Dikaiopolis, welche die ersten obszönen Wörter in den *Acharnern* enthält – in V. 81–84 folgt auch gleich ein Witz mit fäkalischer Thematik –, einfach gelacht und sich nicht geärgert haben.

Warum wir das voraussetzen dürfen, sei möglichst rasch erklärt. Zunächst einmal ist Obszönität als solche nicht nur ein im komischen Bühnenspiel der Athener selbstverständliches Element – das war bei den Aufführungen schon äußerlich daran erkennbar, daß die Schauspieler bewegliche Lederphalloi trugen –, sondern ebenso im realen Leben. Die Griechen betrachteten Sexualität als etwas ganz Natürliches, das nichts Schmutziges oder gar Verbotenes – solche Kategorien kamen ja bei uns (spätestens) in der Wilhelminischen Ära auf – an sich hatte. Sie redeten zwar nicht über ihr eigenes Intimleben, weil ihnen das die Scham verbot, aber durchaus über das anderer, speziell dann, wenn sie es mit Abweichungen von der Norm zu tun hatten. Was diese vorschrieb, versteht man besser, wenn man sich klarmacht, daß das antike Griechenland die beiden Geschlechter nicht nach biologischen Kriterien unterschied, sondern als männlich ansah, wer frei und selbständig war sowie über irgendeine Machtposition verfügte, mochte sie noch so gering sein. Als weiblich galten dagegen nicht nur Frauen, sondern auch Knaben, alte Männer und Sklaven, weil sie nicht in einer Position der Stärke waren. Alle Vertreter der zweiten Gruppe wurden bei sexuellen Handlungen von denen der ersten Gruppe penetriert, und das entsprach der Norm. Für normwidrig hielt man es, wenn ein erwachsener freier Mann sich von einem anderen penetrieren ließ oder ihn gar fellierte. Einen solchen stufte man als feminin ein, und somit bedeutet die Bemerkung des Dikaiopolis: «Wir in Athen erblicken in Weibern richtige Männer. Denn die, denen wir die Verantwortung für den Staat übertragen, sind unfähig, vernünftige Politik zu betreiben. Sonst würden sie zustande bringen, was meines Erachtens in der derzeitigen Situation das allein Richtige ist: den Frieden.»

So weit, so gut. Aber warum darf man davon ausgehen, daß die im Theater anwesenden Athener sich so etwas ins Gesicht sagen ließen und mit Gelächter reagierten (was wir ja wohl daraus folgern können, daß Aristophanes für die *Acharner* den ersten Preis bekam)? Im Bereich des Krieges galten diejenigen Männer als «Weiber», die sich eine Niederlage beibringen ließen. Um ihnen «Weiblichkeit» zu unterstellen, hatte man keine Probleme damit, sie als Männer zu verhöhnen, die gewaltsam von

Der Große Plan 37

anderen Männern penetriert wurden. Das belegt besonders anschaulich eine im Hamburger Museum für Kunst und Gewerbe aufbewahrte rotfigurige Vase, auf der man sieht, wie ein Perser nach der Besiegung seines Volkes durch den Attischen Seebund in der Schlacht am Eurymedon (ca. 465 v. Chr.) einem Athener, der, das erigierte Glied in der Hand haltend, auf ihn zuläuft, unterwürfig den After darbietet (Abb. bei Meier ²2004, 289). Gab es aber nun wirklich im Jahre 425 v. Chr. einen konkreten Anlaß, die Athener, wie Dikaiopolis es tut, als «Weiber» von der Art des Persers auf der Vase zu bezeichnen? Ganz und gar nicht gab es den. Die Polis war unbesiegt, ja hatte den Spartanern zur Vergeltung für deren Verwüstungen in Attika mit der Flotte ebenfalls schweren Schaden zugefügt. Also war die Behauptung des Dikaiopolis absolut unbegründet und deswegen einfach nur komisch, vor allem aufgrund der witzigen Pointierung und der Art der Formulierung. Man saß im Theater und wollte nichts weiter als lachen, lachen und nochmals lachen, sogar über sich selbst. Denn dem Protagonisten und erst recht dem Typ des Bomolochos gestand man ohne weiteres zu, auch das Publikum hemmungslos zu verspotten. Wäre man dazu nicht bereit gewesen, hätte man sich ja nicht eine Komödie des Aristophanes anzuschauen brauchen.

Dikaiopolis freilich darf aus seiner ganz persönlichen Sicht sehr wohl mit den Athenern unzufrieden sein. Und durch das, was er seit seinem Eintreffen auf der Pnyx erlebt hat, kann er sich in seiner negativen Einstellung gegenüber der athenischen Tagespolitik bestätigt fühlen. Da ist es nur zu verständlich, daß er nach dem Abgang der Gesandten, des Pseudatarbas und der Eunuchen von seinem ersten Plan abrückt, die Volksversammlung durch auffälliges Benehmen zu einer Beratung über den Frieden zu bewegen, und eine Strategie entwickelt, die wirklich einem «Großen Plan» entspricht. Was geschieht nämlich in der vierten Szene des Prologs (125b–133)? Dikaiopolis beschließt, eine «außerordentliche und große Tat zu tun» (V. 128), woraufhin er Amphitheos, der irgendwie in die Volksversammlung zurückgekommen ist, acht Drachmen mit der Bitte gibt, für ihn allein sowie für seine Kinder und seine Frau Frieden mit den Spartanern zu vereinbaren. Wie und ob das möglich sein wird, erfahren wir jetzt noch nicht, und wir werden überdies durch die fünfte Szene, die 40 Verse umfaßt (134–173), in Spannung gehalten. Sie bildet eine Variation der dritten Szene, da hier ein Athener namens Theoros auftritt, der, von einer diplomatischen Mission zu König Sitalkes von Thrakien zurückgekehrt, ebenso Bericht erstattet wie der aus Persien kommende Gesandte und auch wie er von den höhnischen Zwischenbemerkungen des Dikaiopolis unterbrochen wird. Die Rolle des Theoros wurde bei der Aufführung der *Acharner* von dem Schauspieler übernommen, der vorher über die Persienreise berichtet hatte. Denn den Dichtern der Alten Komödie standen maximal vier Akteure zur Verfügung – Pseudatarbas als ausnahmsweise fünfter neben Dikaiopolis, dem Herold, Amphitheos und dem Gesandten hatte nur zwei kurze Sätze zu sprechen –, und diese mußten zusammen mit der Rolle die Maske wechseln.

Theoros hat eine Gruppe thrakischer Söldner aus deren Heimat mitgebracht, und als Dikaiopolis bemerkt, daß sie ihm seinen Knoblauch gestohlen haben, sorgt der Bauer dafür, daß die Volksversammlung sofort aufgelöst wird. Er behauptet, es gebe ein Zeichen von Zeus und ein Tropfen habe ihn getroffen; denn er weiß: Die Ekklesie war dann zu beenden, wenn man glaubte, die Götter signalisierten auf irgendeine Weise ihre Unzufriedenheit mit den Tagenden, etwa dadurch, daß plötzlich Regen fiel. Kaum sind alle außer dem Bauern abgegangen, kommt Amphitheos gerannt. Er begründet seine Eile sogleich (178b–185); da das Wortspiel mit *spondaí*, das er in V. 178 und 183 macht, im Deutschen nicht nachgeahmt werden kann, lasse ich den Begriff erst einmal unübersetzt:

Ich bin hierher zu dir, die *spondaí* bringend,
geeilt. Die aber rochen einige alte Männer
aus Acharnai, zähe Greise, eichenharte,
unerweichliche, Marathonkämpfer, ahornhölzerne.
Da schrien sie alle auf: «Du Verruchtester,
spondaí bringst du, wo unsere Weinstöcke niedergehauen sind?»
Und in ihren Mänteln sammelten sie Steine,
ich aber rannte davon. Und die verfolgten mich und brüllten.

Aristophanes nutzt als Grundlage des «Großen Plans», den Dikaiopolis entwickelt, dies: *spondaí* bedeutet «Weinspenden, Trankopfer» und zugleich, da die Griechen einen Waffenstillstandsvertrag durch Weihegüsse ungemischten Weines zu heiligen pflegten, «Frieden». Amphitheos bringt dem Dikaiopolis drei auf verschiedene Zeiträume befristete «Friedensverträge» in Form von Schläuchen, die Weine mit drei verschiedenen Geschmäckern enthalten. Der Bauer entscheidet sich, noch bevor die den Amphitheos verfolgenden alten Männer – es handelt sich dabei um Kohlenbrenner – auf der Bühne erscheinen, gegen den fünf- und den zehnjährigen für den dreißigjährigen «Frieden», da dieser nach Ambrosia und Nektar riecht. Damit begibt er sich nun, um, wie er sagt, die Ländlichen Dionysien zu feiern, in das Bühnenhaus. So endet die «Prolog» genannte Szenensequenz – gewissermaßen der erste Akt (1–203). Der Teil der Komödie, den man als zweiten Akt bezeichnen könnte (204–625), wird mit dem Einzugslied des Chors der Acharner, der Parodos («Zu-, Auftritt») eröffnet. Die alten Männer sind über den von Dikaiopolis arrangierten Frieden empört, weil sie den Krieg fortsetzen wollen, um sich an ihren Feinden rächen zu können. Denn ihre Gemeinde als diejenige mit der höchsten Einwohnerzahl in Attika war von den alljährlichen Verwüstungen ihrer Äcker und Weinpflanzungen durch die Spartaner am stärksten betroffen. Auf dem Lande, wo Acharnai liegt, spielt mittlerweile das Stück, und zwar seit den letzten Worten des Dikaiopolis. Indem er in V. 202 sagt, er gehe «hinein» und wolle die Ländlichen Dionysien feiern, signalisiert er durch das Mittel der «gesprochenen Kulisse», daß die Skene jetzt mit seinem Haus in seinem Heimatdorf zu identifizieren ist. Es findet mithin ein blitzschneller Ortswechsel von der Pnyx aufs Land statt, aber das ist nichts Ungewöhnliches in der Alten Komödie – ebenso wie die in der Realität nicht zu erreichende Geschwindigkeit, mit der Amphitheos sich zu Fuß nach Sparta und wieder zurück nach Athen begibt. Die Gattungskonvention ermöglicht es ja gleichfalls, daß Dikaiopolis für sich und seine Familie Schluß macht mit dem Peloponnesischen Krieg.

Kämpfe für und gegen das Kämpfen

Auf den Prolog, in dem der Protagonist seinen Großen Plan entwickelt, folgt in den *Acharnern* und in den meisten anderen Komödien des Aristophanes ein größerer Szenenkomplex – hier umfaßt er 422 Verse (204–625) und ist damit ungefähr doppelt so lang wie der «erste Akt» –, in dem der Protagonist seinen Großen Plan vor dessen Gegnern verteidigen muß. Er hat sich regelrecht einem «Kampf» zu stellen, weshalb in den *Acharnern* eine paradoxe Situation entsteht: Ausgerechnet der Mann muß «kämpfen», der gerade für sich erreicht hat, daß das Kämpfen Athens mit den Spartanern für ihn zu Ende ist. Zu Beginn des «zweiten Aktes» sieht er sich sogar von Gewalt bedroht: Die Köhler aus Acharnai, die jetzt auf die Bühne stürmen, wollen ihn steinigen. Als er später vor ihnen eine Verteidigungsrede hält, legt er dabei seinen Kopf auf einen Hackblock – warum, wird noch zu zeigen sein –, bürgt also für das, was er sagt, mit seinem Leben. Anschließend sehen wir ihn in verbaler Konfrontation mit einem Strategen, der, Lamachos genannt, seine Bereitschaft zur Fortsetzung des Krieges durch seinen Namen verrät («großer Kämpfer»). Der Szenenkomplex endet damit, daß Dikaiopolis und Lamachos die Bühne verlassen und der Chor allein zurückbleibt. Aufgetreten ist dieser mit einem Rezitativ, das sein Anführer in dem bewegten Rhythmus des katalektischen trochäischen Tetrameters vorträgt, wobei er als erster der Akteure das Publikum direkt anspricht; ich gebe das Original metrisch wieder; im Deutschen haben wir siebenmal die Sequenz *betont/unbetont* und dann noch eine betonte Silbe (204–207):

Jeder folge hierher, jag ihn, und befrage nach dem Mann
alle Leute, die vorbeigehn. Denn die Polis hat's verdient,
daß wir diesen Mann hier fangen. Sagt mir doch, ob irgendwer
weiß, wohin im Land sich er, der Frieden bringt, begeben hat!

Darauf beginnt der übrige Chor eine durchgehend in Kretikern (im Deutschen *betont/unbetont/betont*) gehaltene Gesangsstrophe; die ersten drei Verse (wiederum im Versmaß des Originals übersetzt) lauten (208–210):

Er entfloh, ging davon,
fort ist er. Weh wie arm
bin ich, weil alt ich bin!

Wir begegnen zum ersten Mal einem aus unterschiedlichen Formen metrischen Sprechens und/oder Singens zusammengesetzten System, wie es sehr häufig in den Komödien des Aristophanes vorkommt, hier in sehr einfacher Form. Die Kombination eines Rezitativs in Langversen mit einem lyrischen Lied, die zusammen 15 Verse umfaßt (204–207 + 208–218), wird mit V. 219–222 + 223–233 wiederholt, so daß Strophe und Gegenstrophe einen Block bilden. Anschließend leitet ein Rezitativ des Chorführers in drei weiteren Langversen – so nennt man die katalektischen trochäischen Tetrameter (wie auch jambische und anapästische Tetrameter) – zur nächsten Szene über: Der Chorführer fordert die anderen alten Männer aus Acharnai zur weiteren Verfolgung und zur Steinigung des Dikaiopolis auf. Dann sieht er aber, daß der Bauer zusammen mit Frau, Tochter und Sklaven in einer feierlichen Prozession aus seinem Haus hervortritt, und nun beobachten Chorführer und Chorsänger in der traditionellen «Lauscher-Rolle», was geschieht.

Das Ritual, das Dikaiopolis gerade vollzieht, ist Teil der Ländlichen Dionysien, die er gemäß seiner Ankündigung im Prolog feiert; auf diese Weise präsentiert er uns – und das wird es in dem Stück noch ein zweites Mal geben – ein «Fest im Fest», weil ja die *Acharner* im Rahmen der Lenäen dargeboten werden. Es handelt sich dabei um eine Prozession zu Ehren des Phallos, weshalb zwei Sklaven die riesige Nachbildung eines solchen in die Höhe halten. Wir vernehmen jetzt außer der Stimme des Dikaiopolis, der am Ende der Szene einen (stellenweise obszönen) Hymnos auf den personifizierten Phallos, den «Gefährten des Bakchos», in jambischen Metren singt, kurz diejenige seiner Tochter, deren Rolle wie die aller Frauen im antiken Drama ein Mann spielt. Die Prozession wird dann dadurch, daß die Chorsänger drohend näher treten, jäh beendet, und es beginnt ein (in verschiedenen Metren abgefaßtes) Streitgespräch. Auf der einen Seite steht der Chor, der Dikaiopolis als Vaterlandsverräter beschimpft und ihn zu steinigen droht, auf der anderen der Bauer, dem die alten Köhler aus Acharnai zunächst nicht gestatten, seinen privaten Friedensschluß mit den Spartanern zu rechtfertigen – auch nicht, als er ihnen ein Angebot macht (317 f.):

> Wenn das, was ich sage, nicht gerecht ist und dem Volk nicht so erscheint, will ich reden, während ich meinen Kopf über einen Hackblock halte.

Wieder «zitiert» Aristophanes eine Stelle im *Telephos* des Euripides, und da der Rest des Szenenkomplexes besser verständlich ist, wenn man das Wichtigste über die Handlung der Tragödie weiß, sei, bevor die Anspielung erklärt wird, kurz der Inhalt referiert. Telephos, König über das kleinasiatische Mysien, wird von Achill verwundet, der ihn einem Orakel zufolge als einziger heilen kann. Daher begibt Telephos sich in das Lager der Griechen in Argos, wo diese ihren Feldzug gegen Troja und Mysien planen, und hält dort, als Bettler verkleidet, eine Verteidigungsrede für sich selbst. Er wird aber erkannt, packt deshalb den kleinen Orestes, Agamemnons Sohn, als Geisel, flüchtet sich an einen Altar, der ihm Schutz gewährt, und erreicht so einen Friedensschluß mit den Griechen. Es sind drei Verse aus der Rede des Telephos, die Dikaiopolis in *Ach.* 317 f. evoziert; sie lauten (Kannicht 2004, 694, Fragment 706):

> Agamemnon, auch dann nicht, wenn jemand mit einem Beil in der Hand im Begriff sein sollte, es mir auf den Nacken zu schlagen, werde ich schweigen, wo ich doch Rechtes zu entgegnen habe.

Was lediglich als rhetorische Formel zur Bekräftigung von Risikobereitschaft dient, wird von Dikaiopolis komisch beim Wort genommen. Diese Art Sprachwitz findet sich häufig in den Komödien des Aristophanes. Ein anderes Beispiel als das genannte liefert gleichfalls die Streitszene in den *Acharnern*, um die es gerade geht. Als die alten Köhler sich auch nach dem Angebot des Dikaiopolis weigern, ihn anzuhören, greift er sich einen Kohlenkorb und bedroht ihn mit einem Messer. Wie man einst von einem Gewehr sagen konnte, es sei die «Braut des Soldaten», wird hier vorausgesetzt, daß die alten Männer den Kohlenkorb als ihren «Freund» betrachten (V. 336; vgl. Newiger 1957, 124), und so erklären sie sich denn unter der Bedingung, daß der neue Telephos dem kleinen schwarzen «Orestes» nichts antut, dazu bereit, der Verteidigungsrede des Dikaiopolis ihr Ohr zu schenken. Der Bauer holt sofort einen Hackblock aus seinem Haus, begnügt sich aber nicht mit diesem Requisit für seinen Auftritt, sondern besucht, um ganz und gar in die Rolle des Telephos schlüpfen und möglichst theatralisch wirken zu können, Euripides, den Autor der Tragödie. Von ihm wird er, wie sich dann herausstellt, das Bettlerkostüm des Königs und weitere Requisiten erhalten. Doch wie kann man Euripides finden? Nichts einfacher als das: Man geht zum Nachbarhaus des Dikaiopolis, das durch eine zweite Tür der Skene repräsentiert wird. Zwar wohnte der Dichter sicherlich in der Stadt, also etwa zehn Kilometer von dem Dorf des Dikaiopolis entfernt, aber wir sahen ja, daß das blitzschnelle Überwinden von Wegstrecken in der Komödie kein Problem ist.

Es kann nicht im einzelnen gezeigt werden, wie Aristophanes in dem Dialog von Dichter und Bauer – jetzt hören wir endlich seinen Namen Dikaiopolis («der mit seiner Stadt gerecht Umgehende») und den seines Heimatortes, Cholleidai (V. 406) – teils die Sprache der Komödie mit derjenigen der «Großen Schwester» auf höchst witzige Weise konfrontiert, teils die beiden Männer reden läßt, als wären sie Tragödienfiguren, wobei er Versatzstücke aus mehreren Dramen des Euripides verwendet. Lediglich eines sei hervorgehoben, da ich damit einen weiteren wichtigen Nachtrag zu den bisherigen Darlegungen über die Aufführungspraxis liefern kann: Die Begegnung des Dikaiopolis mit Euripides kommt dadurch zustande, daß der Dichter aus seinem Haus herausgerollt wird, und zwar auf dem Ekkyklema (von griech. *ek* «heraus» und *kýklos* «Kreis, Rad»), einer hölzernen Plattform, unter der Räder angebracht waren. Aus folgendem Grunde tritt Euripides nicht zu Fuß vor die Tür: Als Dikaiopolis anklopft, erscheint zunächst ein Diener und antwortet auf die Frage, ob der Dichter drinnen sei (V. 396):

Nicht drinnen ist er drinnen, wenn du mich verstehst.

Dabei handelt es sich zum einen um Parodie einer Art von paradoxer Formulierung, wie sie bei Euripides mehrfach vorkommt; zum Beispiel in der *Alkestis* sagt der Mann der Titelheldin über seine Frau, die tot, aber noch nicht bestattet ist (V. 521):

Sie ist und ist nicht mehr, bereitet mir aber Schmerz.

Zum anderen bedeutet die Äußerung des Dieners, wie er Dikaiopolis erklärt, dies: Euripides sei nicht drinnen im Haus, weil er «Verschen» sammle, aber dennoch auch drinnen, weil er eine Tragödie verfasse. Daher hat der Dichter, doppelt beschäftigt, wie er ist, wenig Zeit für ein Gespräch, aber das Ekkyklema macht's möglich, daß er zugleich im Hause bleiben und vor der Tür erscheinen kann.

Ausgestattet mit den Lumpen des Telephos und weiterem Bettlerzubehör, was Euripides alles zur Verfügung zu stellen vermag – Aristophanes spielt höchst amüsant mit dem antiken Motiv, daß ein Dichter in der Welt seiner Poesie lebt –, hält Dikaiopolis mit dem Kopf auf dem Hackblock seine Rechtfertigungsrede (497–556), die schon teilweise besprochen wurde (S. 30–33); es verdient erwähnt zu werden, daß er, nachdem er ganz zu Anfang des Stückes gewissermaßen die Rolle des (auf den Beginn der Komödie wartenden) Theaterzuschauers übernommen hatte, jetzt diejenige eines (Tragödien-)Schauspielers mimt, er, in dessen Bauerngewand unter den Telephos-Lumpen ja bereits ein Akteur steckt.

Das ist Metatheater, wie es auch die Moderne liebt, und dazu paßt, daß Dikaiopolis die Worte der Rechtfertigung mit direkten und indirekten Zitaten aus dem *Telephos* durchmischt. Mit seinem wahrhaft theatralischen Auftritt kann er freilich nur zwölf der 24 Kohlenbrenner aus Acharnai für sich gewinnen, weshalb der Chor sich in zwei Hälften spaltet. Und diejenige Partei, die in dem Bauern immer noch einen Vaterlandsverräter sieht, ruft Lamachos zur Unterstützung ihrer Sache herbei. Dessen Haus, das man sich wie dasjenige des Euripides in der Stadt zu denken haben wird, war bei der Aufführung im Dionysostheater wohl durch eine dritte Tür in der Skene markiert, und so wechseln wir in der letzten Szene des zweiten Aktes (566–625) wieder nach Athen über. Der besonders kampflüsterne Stratege der Polis kommt vollständig gerüstet und bewaffnet auf die Bühne, weswegen Dikaiopolis, der ihn während des ganzen Dialogs verhöhnen wird, so tut, als ob er erschrecke. So ergibt sich folgender Wortwechsel (581–586):

DIKAIOPOLIS: Wegen meiner Furcht vor deiner Rüstung ist mir schwindlig. Also, ich bitte dich, nimm das Schreckensding [= den Helm] weg von mir!
LAMACHOS: Da!
DIKAIOPOLIS: Stelle es nun verkehrt herum vor mich hin.
LAMACHOS: Da liegt es.
DIKAIOPOLIS: Nimm mir nun vom Helm den Federbusch weg.
LAMACHOS: Hier ist eine Feder für dich.
DIKAIOPOLIS: Halte nun meinen Kopf, damit ich kotzen kann. Mir wird von deinem Helmbusch schlecht.

Offensichtlich nimmt Dikaiopolis die metaphorische Wendung, daß einer etwas «zum Kotzen» findet, beim Wort (Newiger 1957, 125). Aber da ist noch mehr, worüber – das hob bereits Otto Seel hervor (1960, 31–33) – die Zeitgenossen lachen konnten. Aristophanes spielt auf eine berühmte Passage in Homers *Ilias* an: Hektors Abschied. Der Held hat gerade zu seiner Frau Andromache gesprochen; dann heißt es weiter (6.466–473; Übertragung von Wolfgang Schadewaldt, Frankfurt a. M. 1975, 108 f.):

So sprach er und langte nach seinem Sohn, der strahlende Hektor.
Zurück aber bog sich das Kind an die Brust der schöngegürteten Amme,
schreiend, erschreckt vom Anblick des eigenen Vaters.
Es fürchtete sich vor dem Erz und dem Busch von Roßhaar,
den es sah, wie er furchtbar oben vom Helm hernieder nickte.
Da lachte sein Vater heraus und auch die hehre Mutter.
Sogleich nahm herab vom Haupt den Helm der strahlende Hektor
und setzte ihn nieder zu Boden, den hellschimmernden.

Das Lachen übernahmen beim Anblick der entsprechenden Szene mit Dikaiopolis und Lamachos die Zuschauer im Dionysostheater, die ihren Homer mit Sicherheit bestens kannten. Köstlich amüsiert haben sie sich sehr wahrscheinlich auch über alles, was der Bauer sonst noch an Spott und Schimpf für den Strategen bereit hat.

Lamachos trug offenbar bei der Aufführung, damit sein betont militaristisches Auftreten unterstrichen wurde, einen auffallend großen Phallos. Denn als er Dikaiopolis kurz nach dem gerade zitierten Wortwechsel zu töten droht, fragt dieser ihn, warum er, wenn er schon so stark sei, ihm nicht die Vorhaut entblößen wolle; er sei ja gut ausgerüstet. Und damit fordert der Bauer den Strategen vermutlich (im Scherz) dazu auf, ihn zu penetrieren und gleichzeitig manuell zu befriedigen (Sommerstein 1980 ff., Bd. 1, 185). Scheinbar wird Lamachos also ganz im Sinne der griechischen Auffassung von der Rolle der Geschlechter besondere Manneskraft und damit hohe militärische Leistungsfähigkeit zugestanden. Das will aber angesichts der Tatsache, daß der Mann als Bramarbas auftritt – als solcher ist er der älteste Repräsentant dieses Typs in der europäischen Komödie, den wir kennen –, nicht ernst genommen sein. So behauptet Dikaiopolis denn auch, Lamachos sei ein profitgieriger Söldner, und später im Stück wird der Stratege als Feigling hingestellt. Dazu bot jedoch der «echte» Träger desselben Namens, der in früheren Jahren Stratege gewesen, Anfang 425 v. Chr. aber noch nicht wiedergewählt worden war, keinen Anlaß: Glaubwürdige Quellen (z. B. Platon, *Laches* 197c) beschreiben ihn als sehr tapfer und tüchtig. Es kann daher nicht anders sein, als daß Aristophanes dem Typus des säbelrasselnden Maulhelden, den er als Gegenfigur zu Dikaiopolis benötigte, den Namen des athenischen

Kriegsmannes einfach wegen der Bedeutung «großer Kämpfer» gab und durch die sichtliche Diskrepanz zwischen der Bühnenfigur und der realen Person die Zuschauer, unter denen der «echte» Lamachos sich vermutlich befand, zum Lachen brachte. Wie in dem bereits erwähnten Fall des Staatsmannes Kleon, der trotz der Verunglimpfung seines Alter ego in den *Rittern* nach der Aufführung dieser Komödie zum Strategen gewählt wurde, erfreute sich Lamachos auch nach dem Auftreten des gleichnamigen Söldners in den *Acharnern* eines so großen Ansehens bei den Athenern, daß er erneut sein früheres Amt erhielt.

Man darf natürlich fragen: Was war das damals für ein Lachen, welches sich daran entzündete, daß die fiktive Entsprechung einer realen Person auf einer Bühne denkbar negativ dargestellt wurde? Heute fände man es wohl nicht amüsant, wenn etwa in einer kabarettistischen Fernsehshow jemand in der Rolle eines durch und durch korrupten Politikers aufträte und den Namen eines als integer bekannten Staatsmannes trüge. Auf dieses Problem werde ich gegen Ende des Kapitels zurückkommen.

Am Schluß des Dialogs mit Dikaiopolis verkündet Lamachos (620–622):

Doch nun will ich mit allen Peloponnesiern
immer Krieg führen und sie in Unruhe versetzen überall
mit Schiffen und Landstreitkräften bis zum Äußersten meiner Stärke.

Dem entgegnet Dikaiopolis (623–625):

Und ich verkünde den Peloponnesiern
allen und den Megarern und Böotiern,
daß sie an mich verkaufen und von mir kaufen können, dem Lamachos aber nicht.

Die unverkennbare Konfrontation bei gleichzeitiger Parallelisierung läßt ahnen, daß die beiden wieder aufeinanderstoßen werden. Jetzt verlassen sie aber erst einmal die Bühne, damit der Chor, allein auf der Spielfläche verblieben, nunmehr zum Publikum sprechen kann.

Der Chor tritt daneben

Als Dikaiopolis nach der Streitszene mit dem Chor den Hackblock aus seinem Haus geholt hat, verkündet er (369 ff.), er werde in Verteidigung der Spartaner sagen, was er denke, aber er habe große Angst dabei. Denn er kenne die Art der Landleute, die man allein durch Lobreden über sie und die Polis gewinnen könne, und die Gesinnung der Geschworenen, die mit ihrem Votum nur zu «beißen» bestrebt seien. Außerdem fürchtet er einen Politiker, den er bereits in V. 6 genannt hat (377–382):

Ich weiß über mich selbst, was ich von Kleon erleiden
mußte wegen der Komödie letztes Jahr,
als er mich nämlich in das Rathaus hineinzerrte,
verleumdete, Lügen über mich geiferte,
wie der Kykloboros brüllte und mir den Kopf wusch, so daß ich wirklich
                      beinahe
zugrunde ging in einer Gerberlauge von Schwierigkeiten.

Plötzlich vernehmen wir Dikaiopolis als «Doppelgänger» des Aristophanes – mit der «Komödie letztes Jahr» sind eindeutig die *Babylonier* gemeint –, und das wiederholt sich zu Beginn der Hackblockrede (502–506):

Nicht wird mich diesmal Kleon verleumden,
ich würde in Gegenwart von Fremden schlecht von der Polis reden.
Denn wir sind unter uns, es ist der lenäische <Komödien->Wettbewerb
und es sind noch keine Fremden anwesend. Denn weder sind die Abgaben
da noch die Bundesgenossen aus den Poleis.

Die zitierten Stellen sind die einzigen in den erhaltenen Komödien des Aristophanes, an denen der Protagonist mit der Stimme des Dichters spricht. Sonst finden wir das nur in Rezitativen des Chorführers, und dann allein in dem Abschnitt seiner Komödien, den man Parabase nennt, weil der Chor hier «daneben tritt» (*parabaínei*), das heißt, außerhalb des Bühnengeschehens das Wort ergreift. Es handelt sich um eine mehrteilige Verspartie. In Abschnitt 2 (628–664) kann der Chorführer sich im Namen des Dichters an das Publikum wenden, und so geschieht es in den *Acharnern*. Nachdem er viel Gutes über Aristophanes berichtet hat, sagt er in den letzten sechs Versen, in den Dichter «verwandelt» (659–664):

Dagegen soll Kleon ankämpfen,
und er soll alle Ränke gegen mich schmieden;
denn das Gute und das Gerechte werden mit mir
als Bundesgenossen sein, und niemals werde ich dessen überführt,
daß ich der Polis gegenüber mich verhalte wie er,
als Feigling und Riesenarschfotze.

In den Szenen der *Acharner* vor der Parabase, die, wie wir gesehen haben, einiges an Metatheater präsentieren, erscheint es nicht ungewöhnlich, daß der Protagonist, der ja auch jeweils kurz in die Rolle des Zuschauers und des Schauspielers schlüpfte, nun zweimal für einen Moment diejenige des Dichters übernimmt. Aristophanes steht erst am Anfang seiner Karriere als Autor von Komödien und hat daher offensichtlich den nur allzu begreiflichen Wunsch, für seine Kunst nicht allein implizit durch ebendiese, sondern auch explizit zu werben. Da das «Gesetz» der attischen Komödie ihm gestattet, jederzeit die Bühnenillusion zu durchbrechen, braucht er sich mit Äußerungen in eigener Sache nicht auf die Parabase zu beschränken. Seine «autobiographischen» Einlagen sind mithin von der Gattungstradition her ganz unproblematisch. Aber was ist mit ihrer Aussage? Dürfen wir sie als authentische Information über seine Person interpretieren? Wer darauf antworten will, hat zu bedenken, daß jeder Autor von Tragödien oder Komödien in Athen sicherlich sehr daran interessiert war, im dramatischen Wettbewerb den ersten Preis zu erringen. Wenn er das komische Fach vertrat, wird er natürlich alle ihm von seinem Genre gegebenen Möglichkeiten, auf Kampfrichter und Publikum einzuwirken und deren Gunst zu gewinnen, nach Kräften genutzt haben. Da er damit rechnen durfte, daß zum Beispiel heftig gelacht wurde, wenn er bei seinem Personenspott schamlos übertrieb und, soweit es ging, von der Realität abwich, konnte er dieses Verfahren auch ohne weiteres im Zusammenhang mit der eigenen Person anwenden. Ich meine, er hat es bei den oben zitierten Angaben über sein Verhältnis zu Kleon getan, und das sei im folgenden kurz aufgezeigt; anschließend will ich darlegen, daß für die Selbstdarstellung in der Parabase dasselbe gilt.

Was Dikaiopolis und der Chorführer in der Rolle des Aristophanes behaupten, ist dies: Der Dichter hatte in den *Babyloniern*, die 426 an den Großen Dionysien dargeboten wurden, persönlich oder durch den Mund einer oder mehrerer Bühnenfiguren und/oder des Chores Bemerkungen über die Polis gemacht, die man als negativ auffassen konnte, und das noch dazu an dem Fest, an dem im Theater neben den Athenern auswärtige Zuschauer saßen. Tatsächlich kamen an den Großen Dionysien zu den Aufführungen anders als an den Lenäen, wo man «unter sich» war, auch Nicht-Athener. Es ist davon auszugehen, daß sich darunter Delegierte von Mitgliedstaaten des Attischen Seebundes befanden, die mit ihrem Besuch die Tributzahlungen an Athen verknüpften, und daß das Geld im Theater in Säcken zur Schau gestellt wurde. Nun lesen wir in Pseudo-Xenophons vermutlich vor 424 v. Chr. entstandener Schrift *Über den Staat der Athener*, die Angehörigen des Demos würden es nicht gestatten, den Demos zu verspotten (*kōmōdeîn*) und schlecht von ihm zu reden (*kakôs légein* wie in *Ach.* 503), damit sie nicht selbst in schlechten Ruf gerieten (2.18). Wenn wir also wörtlich nehmen, was «Aristophanes» über sich und Kleon sagt, dann ist denkbar, daß der Politiker den Dichter vor dem Athener Rat unter Bezugnahme auf die *Babylonier* der Schmähung des Demos vor Fremden bezichtigte. Immerhin dürfen wir daraus, daß «Aristophanes» nur von einer Verleumdung durch Kleon spricht (*Ach.* 380 und 502), aber keine daraus entstandenen Konsequenzen erwähnt, eines erschließen: Es kam nicht zu einem Prozeß. Nun besteht aber auch die Möglichkeit – und diese halte ich für sehr wahrscheinlich –, daß Aristophanes die ganze Angelegenheit erdichtete oder zumindest in übersteigerter Form darstellte, und zwar aus folgendem Grunde: Er wollte dem Publikum der *Acharner* einen «Beweis» dafür bieten, daß er die Aufgabe des Komödiendichters, kräftig zu spotten und zu schmähen, optimal gemeistert hatte – wen immer er dabei wirklich zur Zielscheibe wählte.

Wenn es so war, fingierte Aristophanes eine Zuschauerreaktion, machte gewissermaßen Reklame mit der Äußerung einer bekannten Persönlichkeit, die seine Fähigkeit zum *kōmōdeîn* «bescheinigte». Heute kennt man ja zum Beispiel von den Schutzumschlägen neu erschienener Bücher solche werbenden Statements, ja schon Aristophanes liefert uns eines im zweiten Teil der Parabase, wo der Chorführer einen besonders illustren «Fan» des Dramatikers nennt. Nachdem er behauptet hat, die Delegierten von den Poleis des Attischen Seebundes würden, wenn sie zur Entrichtung ihrer Tributzahlungen nach Athen kämen, begierig sein, den «hervorragenden Dichter» zu sehen, «der es gewagt hat, unter den Athenern Gerechtes zu sagen» (644 f.), fährt er fort (646–651):

So weit ist der Ruhm seines Wagemutes bereits gelangt,
daß sogar der Großkönig, als er die Gesandtschaft der Lakedämonier befragte,
sich zuerst bei ihnen erkundigte, welche von beiden Seiten mit ihren Schiffen
                                              überlegen sei,
und dann, über welche von beiden Seiten dieser Dichter viel Schlechtes sage.
Denn diese Leute, sprach er, seien die viel besseren Menschen geworden
und würden in dem Krieg gewaltig siegen, wenn sie ihn als Berater hätten.

Wir können mit Gewißheit voraussetzen, daß dieses «Statement» niemals artikuliert wurde, der Bericht in den zitierten Versen also auf keinen Fall der Wahrheit entspricht. Und deshalb haben wir meines Erachtens keinen Grund, mit dem Scholion zu *Ach.* 378 und vielen modernen Philologen zu glauben, das, was «Aristophanes» in den oben zitierten Versen über ein Vorgehen Kleons gegen ihn sagt, treffe genauso zu, wie er es formuliert. Die Verse über den «reader response» des mächtigen Perserkönigs stellen Aristophanes regelrecht als Erzieher und Berater der Nation dar, und genau dieses Bild vermittelt der Chorführer in Teil 2 der Parabase insgesamt von dem Dichter: Aristophanes verdiene eine reiche Belohnung von der Polis, weil er sie davon abgebracht habe, sich durch die von den Ausländern geäußerten Schmeicheleien täuschen zu lassen, an denen sie an sich ihre Freude hätten (633 ff.); er sage, was richtig ist, ja er werde die Athener viel Gutes lehren, so daß sie glückselig würden (655 f.). Sollen die zeitgenössischen Zuschauer es etwa wirklich ernst genommen haben, daß Aristophanes sich mit solchen Worten als weiser Präzeptor und Wohltäter seines Volkes präsentiert, er, der sich über alles und jeden lustig macht und den Staatsmann Kleon mit dem letzten Wort dieses Abschnitts der Parabase als «Riesenarschfotze» verunglimpft? Es liegt doch auf der Hand, daß man das Ganze als frech übertriebenes Selbstlob ansah und aus vollem Hals darüber lachte.

In der Parabase der *Acharner* geht Abschnitt 2 ein vom Chorführer gesprochenes Verspaar als Einleitung voraus (626 f.); man nennt diesen Teil Kommation («kleiner Abschnitt»). Er ist in katalektischen anapästischen Tetrametern verfaßt, die ich metrisch wiedergebe (im Deutschen siebenmal die Sequenz *unbetont/unbetont/betont*, was auch durch *unbetont/ betont* ersetzt werden kann, und einmal *unbetont* am Ende (zunächst ist von Dikaiopolis die Rede):

Der Mann hat mit seinen Worten gesiegt, und umgestimmt hat er den Demos hinsichtlich des Friedens. Doch legen wir ab und gehn an die Anapäste!

Teil 2 (628–664), der zunächst ebenso in katalektischen anapästischen Tetrametern geschrieben ist und als Hauptstück der gesamten Chorpartie ebenso wie sie Parabase heißt, endet mit einer kurzen Koda in anapästischen Dimetern. Eine solche kam offenbar in einem Atemzug aus dem Mund des Sprechenden und wurde daher als Pnigos («Ersticken») bezeichnet; sie kann aus einem einzigen Satz bestehen, wie hier der Fall ist (es sind die oben in einer Prosaübersetzung zitierten Verse 659–664). Darauf folgt ein System, in dem an eine vom Chor gesungene lyrische Strophe, die Ode («Gesang»), ein Rezitativ des Chorführers in katalektischen trochäischen Tetrametern anschließt – der dafür geprägte Begriff lautet Epirrhema («Dazugesagtes») –, und daran, mit Ode und Epirrhema korrespondierend, die Antode und das Antepirrhema.

Hatten sich die 24 Chorsänger in Kommation und «eigentlicher» Parabase einfach als solche geäußert, so lassen sie die in Kretikern verfaßte Ode (665–675) wieder in der Rolle der Kohlenbrenner ertönen. Sie rufen die Flamme herbei, «ihre acharnische Muse», die beim Grillen, Kochen und Backen hilft; das Lied spielt wie die Musenanrufe in den Oden anderer Parabasen mit der traditionellen Form des Gebetshymnos. Epirrhema, Antode und Antepirrhema lassen dann freilich nicht mehr erkennen, daß wir die Stimmen speziell von Acharnern vernehmen. Dort vertritt der Chor den Standpunkt alter Männer, die, nachdem sie sich einst gegen die Perser in Seegefechten und der Schlacht bei Marathon (490–480 v. Chr.) um den Stadtstaat verdient gemacht haben, sich jetzt schlecht von ihm behandelt fühlen. Was sie besonders verdrießt, ist, daß sie, wenn sie vor Gericht stehen müssen, der Argumentationskraft junger, rhetorisch versierter Ankläger erliegen. Ähnlich hat schon Dikaiopolis in seinem Wortwechsel mit Lamachos aus der Position eines alten Mannes Gegenwartskritik geübt: Der Stratege, den wir uns jünger zu denken haben als den Bauern, und seine Altersgenossen bekämen die finanziell ertragreichen militärischen Posten fern von Athen, nachdem die Senioren im Dienst am Stadtstaat diesen nie hatten verlassen können (599 ff.). In einer Szene nach der Parabase wird Dikaiopolis einen Sykophanten, also einen Typen, dem man das vom Chor beschriebene Verhalten gegenüber alten Männern vor Gericht zutrauen würde, verprügeln und einem Thebaner als «Fracht» übergeben (927 ff.). Die Klage der Greise dient daher wohl als Kontrastfolie für die (im nächsten Abschnitt zu betrachtenden) Szenen nach der Parabase. Denn dort gelingt es Dikaiopolis, in seiner «waffenfreien Zone» bestimmte Zustände, die im Athen des Peloponnesischen Krieges herrschen, auf komische Weise radikal zu verändern.

Planerfüllung

Die auf die Parabase der *Acharner* folgenden Szenen vor dem Finale (das man als letzten Akt bezeichnen könnte) zerfallen in zwei thematisch zusammengehörige Gruppen. In der ersten (719–999) führt Dikaiopolis aus, was er vor der Parabase angekündigt hat: Er treibt Handel mit Peloponnesiern, und zwar auf seinem privaten Markt, den zu eröffnen ihm sein Friedensschluß mit Athens Feinden ermöglicht. In den Szenen der zweiten Gruppe (1000–1173) reagiert er auf Bitten von Leuten, die an seinem neuen Wohlstand und seinem Frieden teilhaben wollen, negativ – nur einmal macht er eine Ausnahme – und verspottet erneut Lamachos. Wie bei der Tragödie, in der die «Akte», Epeisodion genannt (von *epeisódios* «dazukommend», weil ursprünglich zum Chor Schauspieler dazukamen), durch Chorlieder getrennt sind, alternieren nunmehr auch bei Aristophanes gesungene mit gesprochenen Partien. Diese nennt man hier «epeisodische Szenen», während für die Chordarbietung, die eine Art Aktpause schafft, bei beiden Dramentypen der Begriff «Stasimon»

(Standlied) verwendet wird. In den *Acharnern* besteht die Chorpartie, welche die letzte epeisodische Szene vom Finale trennt (V. 1143–1173), aus einem Kommation sowie einer Ode und einer Antode und gleicht inhaltlich einer Parabase; eine solche «Kurzform» heißt Nebenparabase. Der Komplex der epeisodischen Szenen bringt dem Geschehen, das der Große Plan in Gang setzt, in der Regel keinen Fortschritt mehr, da meist nur noch exemplarisch demonstriert wird, wie der Protagonist den Großen Plan verwirklicht und sich des von ihm errungenen Glückszustandes erfreut. Wenn er eine Person, die davon profitieren will, oder einen Störenfried wegschickt, spricht man von einer «Abfertigungsszene».

Als Handelspartner des Dikaiopolis tritt zunächst ein Mann aus Megara (719–835) auf, danach einer aus dem böotischen Theben (860–970). Beide benutzen ihre einheimische Mundart, die sich jeweils von der des attischen Bauern nicht unerheblich unterscheidet. Das kann eine Verdeutschung natürlich nicht adäquat wiedergeben. Ludwig Seeger, dessen 1844–1848 erschienene Versübertragung bis heute am häufigsten nachgedruckt wurde, läßt den Megarer den schwäbischen Dialekt des württembergischen Unterlands, den Thebaner denjenigen der Bodenseegegend reden, was dem Text zusätzliche Komik verleiht. Es ist aber keineswegs sicher, daß Aristophanes seine Zuschauer durch das fremdartige Idiom der beiden Männer (sowie der Spartaner in der *Lysistrate* und eines Skythen, der gebrochenes Griechisch spricht, in den *Thesmophoriazusen*) erheitern wollte; eher sollte der jeweilige «Originalton» zum (fiktiven) Realismus der auf die Gegenwart des Publikums bezogenen Komödien beitragen. Andererseits sind der Megarer und der Thebaner als agierende Personen durchaus komische Figuren. Den ersteren hat die Hungersnot in seiner Polis so hart getroffen, daß er seine beiden jungen Töchter, nachdem er sie mit Rüsseln und Hufen verkleidet in einen Sack gesteckt hat, als Ferkel ausgibt, für die er dann von Dikaiopolis Knoblauch und Salz eintauscht. Der besondere Witz dabei besteht darin, daß das griechische Wort für Ferkel, *choîros*, auch für die weibliche Scham, also als Äquivalent zu «Muschi» gebraucht werden konnte. Das liefert hier die Basis für eine Reihe derber obszöner Späße, über die wir heute nicht ohne weiteres lachen können; denn hier verkauft ein Vater seine Töchter in die Prostitution. Aber wieder dürfen wir voraussetzen, daß der Humor der Athener des 5. Jahrhunderts v. Chr. zumindest teilweise ein anderer war als derjenige der westlichen Welt im 21. Jahrhundert n. Chr. Darauf werde ich, wie gesagt, am Schluß dieses Kapitels zurückkommen.

Kurz vor dem Ende der Szene mit dem Megarer taucht der erste Störenfried auf: ein Sykophant, der die Ferkel als verbotene Handelsware anzeigen und konfiszieren will. Nun demonstriert Dikaiopolis erstmals, wie rigoros er den durch seinen Privatfrieden für sich selbst geschaffenen Zustand zu verteidigen bereit ist. Er treibt den Sykophanten durch Androhung von Prügeln mit einer Peitsche in die Flucht. Noch schlechter ergeht es einem Sykophanten namens Nikarchos, der den Thebaner anzeigen will. Nachdem dieser dem Dikaiopolis eine Fülle von Delikatessen offeriert hat, die in Attika wegen des Kriegszustandes nur sehr schwer zu bekommen sind, wünscht er sich von dem Bauern als Tauschgut etwas, was es in Athen, aber nicht in Böotien gibt. Und Dikaiopolis hat «etwas» zu bieten: Als er Nikarchos wie den anderen Sykophanten geschlagen hat, verpackt er ihn wie Tongeschirr und lädt ihn als eine exklusiv athenische «Ware» – darin äußert sich eindeutig Spott über Schwächen im politischen System des Stadtstaates um 425 v. Chr., worüber die Zuschauer aber gewiß lachten – dem Thebaner auf den Rücken. Jetzt tritt an die Stelle der Sprechverse ein Amoibaion («Wechselgesang») zwischen dem Chorführer, Dikaiopolis und dem Mann aus Böotien, wie man es auch in anderen Komödien des Aristophanes findet. Durch diese Art von lyrischer Einlage wird das Alternieren von epeisodischen Szenen und Stasima aufgelockert. Was die Lieder betrifft, artikulieren sie endgültig nicht mehr die Sichtweise der Acharner, sondern die des Chors als einer Gruppe von loyalen Beobachtern der Aktionen des Dikaiopolis; teils werden diese in den Stasima kommentiert, teils vernehmen wir dort Negatives über Personen, die zur Gegenwelt des Bauern gehören. So beginnt das Lied, das Megarer- und Thebanerszene voneinander trennt (836–859), mit einem Lob des Dikaiopolis und setzt sich fort mit der Verunglimpfung mehrerer Zeitgenossen, vor denen der Bauer nun sicher sei: Hyperbolos (S. 106) etwa verwickle ihn nicht in Prozesse, und wir wissen ja aus der Parabase, daß dies für einen alten Mann schlecht ausgehen würde.

Die köstlichste Delikatesse, die der Thebaner im Angebot hat, sind Aale vom Kopaïssee in Böotien. Dikaiopolis begrüßt einen von ihnen mit demselben Pathos wie ein Tragödienheld in einer Wiedererkennungsszene eine ihm liebe Person, die er für tot gehalten hat. Und als der Bauer den Aal ins Haus bringen läßt, spricht er Worte, die zwei Verse der Euripideischen *Alkestis* evozieren. Zu der gleichnamigen Protagonistin, die als einzige bereit ist, für ihren Mann den Tod zu erleiden, sagt dieser dort am Ende einer längeren Rede, kurz bevor sie stirbt (367b–368):

> Auch wenn ich tot bin, möchte ich niemals
> getrennt sein von dir, die allein mir treu war.

Daraus wird bei Aristophanes – und hier sieht man klar das Nebeneinander von zwei Stilebenen – dies (893b–894):

Auch wenn ich tot bin, möchte ich niemals
getrennt sein von dir, wenn du in Mangold eingewickelt serviert wirst.

Aale schmecken auch Lamachos gut, wie wir nach dem Abgang des Thebaners erfahren (959 ff.). Ein Sklave des Strategen tritt auf und möchte in dessen Namen für das Kannenfest – zu Ehren des Dionysos im Februar veranstaltet, wurde es durch ein Wettrinken begangen – Drosseln und einen kopaïschen Aal kaufen. Doch Dikaiopolis läßt Lamachos ausrichten, dieser möge sich durch Schütteln seines Helmbusches, also eine Drohgebärde, gepökelten Fisch verschaffen und, sollte er laut protestieren, mit Prügeln rechnen. Dann geht der Bauer ins Haus. Im zweiten Stasimon (971–999) preist ihn der Chor erneut und erklärt mit der Stimme eines Winzers, er werde den Kriegsgott nie wieder bei sich aufnehmen, weil dieser ihm die Weinstöcke verbrannt und den Wein verschüttet habe. Und er verheißt für den Fall, daß die personifizierte Eintracht sich mit ihm vereint, junge Weinstöcke, Feigenschößlinge, einen jungen Rebensproß und Ölbäume anzubauen. Wie nicht selten in griechischer Poesie der leichten Muse sind die hier aufgezählten Tätigkeiten eines Pflanzers als Metaphern für sexuelle Handlungen zu lesen.

Die zweite Gruppe epeisodischer Szenen beginnt damit, daß Dikaiopolis, nachdem ein Herold zur Teilnahme am Wettrinken aufgerufen hat, auf dem Ekkyklema zusammen mit Sklaven, verschiedenen Speisen und Utensilien zum Kochen, Braten und Grillen vor die Tür gerollt wird. Er gibt sofort Anweisungen zur Zubereitung der Leckereien. Das liefert die Kontrastfolie zu den nun folgenden zwei Abfertigungsszenen (1018 ff.). Die erste wird von zwei miteinander korrespondierenden Passagen in kurzen jambischen Versen gerahmt, in denen Dikaiopolis und der Chor singen, wobei der Bauer seine Anweisungen fortsetzt und der Chor wieder das Geschehen kommentiert (1008–1017 und 1037–1046). Die Fachleute nennen so etwas eine jambische Syzygie («Zweigespann»), und als solche «umspannt» sie einen Dialog zwischen dem Bauern Derketes und Dikaiopolis. Darin bittet Derketes um ein bißchen *spondaí* (S. 38), weil ihm von den Böotiern seine zwei Ochsen gestohlen wurden, er sich die Augen ausgeweint habe und diese jetzt mit «Frieden» salben wolle. Doch er wird von Dikaiopolis barsch zurückgewiesen. Einen negativen Bescheid erhält auch ein Bräutigam, der durch seinen Sklaven Fleisch schickt, um dafür einen Schluck «Frieden» zu bekommen. Er will nämlich nicht in den Krieg ziehen, sondern daheim bleiben und «ficken». Daß er das darf, hofft auch seine Braut, und als die ebenfalls erschienene Brautführerin dem Dikaiopolis das zugeflüstert hat, zeigt er auf einmal Verständnis, gießt etwas *spondaí* in eine Flasche und sagt dabei zu der Frau (1064–1066):

Weißt du, wie's gemacht wird? Sage der Braut dies:
Wenn sie die Listen der Soldaten machen, soll sie mit dem hier
in der Nacht den Schwanz ihres Bräutigams einsalben.

Wie man sieht, hat der Mann, der einen privaten Frieden schloß, mit der Braut eines Soldaten Mitleid. Schon hier kündigt sich in gewisser Weise die *Lysistrate* an: Die gleichnamige Protagonistin handelt nach der Devise *make love, not war*, indem sie einen Liebesstreik der Athenerinnen organisiert und so die Männer zur Beendigung des Krieges zwingt.

Der wenigstens einmal weich gewordene Dikaiopolis kennt Lamachos gegenüber nach wie vor kein Erbarmen. Bevor der Stratege in der letzten der epeisodischen Szenen (1069 ff.) zum zweiten Mal verspottet wird, erhält er von Bote Nummer 1 die Meldung, er habe den Befehl, mit seinen Soldaten die verschneiten Bergpässe zu besetzen, da es heiße, böotische Räuber würden während der Zeit des Kannenfestes ins Land einfallen. Er kann daher nicht an Schmaus und Trinkwettbewerb teilnehmen. Gleichzeitig erfährt Dikaiopolis von Bote Nummer 2, er werde mit Speisenkorb und Kanne vom Dionysospriester beim Fest erwartet, zu dem alles bereit sei. Auch er zieht ja zu einem Kampf aus – dem Sieger winkt dort ein Weinschlauch –, aber der Kontrast zwischen dem, was er, und dem, was der Stratege leisten soll, könnte nicht größer sein. Aristophanes hat das durch eine sehr amüsante Szene veranschaulicht: Lamachos rüstet sich, indem er sich von seinen Sklaven mit den einzelnen Teilen seines Marschgepäcks, seiner Rüstung und seinen Waffen ausstatten läßt, während Dikaiopolis sich nur im übertragenen Sinne rüstet, indem er sich eine Delikatesse nach der anderen in seinen Korb legen läßt und zur Kanne greift. Die beiden Männer begleiten die einzelnen Vorgänge überwiegend mit je einem Vers. Dabei äfft Dikaiopolis meist das, was Lamachos gerade gesagt hat, dadurch nach, daß er pointiert hervorhebt, wieviel angenehmer die Vorbereitung auf Schmaus und Trinkgelage ist als diejenige auf eine militärische Expedition; gleich die ersten Verse geben einen guten Eindruck von der Komik der gesamten Szene (1097–1108):

LAMACHOS: Junge, Junge, bring mir die Provianttasche hier heraus!
DIKAIOPOLIS: Junge, Junge, bring mir die Kiste hier heraus!
LAMACHOS: Salz, gewürzt mit Thymian bring, Junge, und Zwiebeln!
DIKAIOPOLIS: Mir Fischstücke! Denn Zwiebeln mag ich nicht.
LAMACHOS: Ein Feigenblatt mit faulem Pökelfisch bring hierher, Junge!
DIKAIOPOLIS: Und mir ein Feigenblatt mit Fett! Ich werde es dort kochen.
LAMACHOS: Bring hierher die beiden Federn meines Helmes!
DIKAIOPOLIS: Mir bring die Tauben und die Drosseln!

LAMACHOS: Schön und weiß ist die Feder des Straußes.
DIKAIOPOLIS: Schön und goldgelb ist das Fleisch der Taube.
LAMACHOS: Mensch, hör auf, über meine Ausrüstung zu spotten!
DIKAIOPOLIS: Mensch, willst du nicht auf meine Drosseln schauen?

So geht das noch 34 Verse weiter, bis beide die Bühne verlassen, Lamachos, um seine militärische Expedition in die schneebedeckten Berge zu unternehmen, Dikaiopolis, um beim Kannenfest mitzufeiern. Der Chorführer ruft ihnen zu Beginn der Nebenparabase (1143 ff.) ein Lebwohl nach, vergleicht noch einmal kurz, was ihnen jeweils bevorsteht, und der gesamte Chor äußert sich in eigener Sache: Er verwünscht den Dichter Antimachos, weil dieser als Chorege die Sänger entließ, ohne sie durch ein Mahl bewirtet zu haben. Danach beginnt das Finale.

Viele heutige Leser dürften mit dem von Dikaiopolis verhöhnten Lamachos eher Mitleid empfinden, als daß sie lachen, weil er sich nicht am Wettrinken beteiligen kann, sondern Räuber abwehren und frieren muß. Der Mann erfüllt ja schließlich seine Pflicht für den Stadtstaat. Man stelle sich etwa vor, ein Soldat der Bundeswehr wird überraschend mit seiner Einheit in eine Krisenregion des Nahen Ostens verlegt und deshalb von einem Freund, der zu Hause bleiben darf, mit Spott überhäuft, ja bekommt beim Abschied zu hören, der Freund werde jetzt dann gleich etwas Besseres tun, nämlich sich zu einer fröhlichen Party begeben. Nur wenige dürften ein solches Verhalten gutheißen, geschweige denn sich darüber amüsieren. Doch Dikaiopolis hatte im Athen des Jahres 425 v. Chr. sicherlich die Lacher auf seiner Seite, und das erst recht im Finale der *Acharner*, in dem er sich erneut über Lamachos lustig macht, obwohl dieser inzwischen während der Durchführung seines Auftrages einen Unfall erlitten hat. Nach der Betrachtung der Szene wird kurz zu erörtern sein, warum Aristophanes damit rechnen konnte, daß sein Publikum sich mit Dikaiopolis und nicht mit Lamachos identifizierte.

Friede, Freude, Eierkuchen

Der Szenenkomplex, der im attischen Drama des 5. Jahrhunderts v. Chr. auf das letzte in der Reihe der Chorlieder folgt, heißt Exodos («Auszug»). Denn er endet damit, daß der Chor die Spielfläche verläßt. Die Exodos der *Acharner* (1174 ff.) wird durch den Auftritt des Boten Nummer 3 eröffnet und erinnert so an die Exodos mancher Tragödie, da dort oft ein Bote eine Katastrophe meldet. Von einer solchen kann man in der Komödienszene nicht unbedingt sprechen. Wir erfahren, daß Lamachos beim Überspingen eines Grabens durch einen Pfahl verwundet wurde, sich einen Knöchel ausrenkte und beim Sturz auf einen Stein einen Schädelbruch erlitt. Er hat die militärische Expedition also immerhin überlebt. Dennoch verhält er sich wie ein Tragödienheld, der nach der Katastrophenmeldung auf die Bühne gebracht wird und im Angesicht des Todes einen Threnos («Klagegesang») anstimmt; man denke etwa an Hippolytos in der gleichnamigen Tragödie des Euripides, der, mit seinem Pferdegespann schwer verunglückt, am Schluß des Stücks auf einer Bahre liegend sein Schicksal bejammert. Im Vergleich mit ihm erscheint Lamachos deutlich als komische Figur. Denn ihn schafft man, nachdem er, von zwei Soldaten gestützt, aufgetreten ist und wir zum dritten Mal einen Wortwechsel zwischen ihm und Dikaiopolis vernommen haben, ganz untragödienhaft zu einem Arzt. Ähnlich wie in der Szene vor der Nebenparabase wird er von dem Bauern, der, betrunken und von zwei Tänzerinnen gestützt, ihm gegenübertritt, nachgeäfft und verspottet. Somit sehen wir den Strategen nun endgültig aufs tiefste gedemütigt. Er ist nach einem erfolglosen Kampf gegen die böotischen Räuber schwer angeschlagen zurückgekehrt und muß auch noch dies erleben: Dikaiopolis, Sieger in dem «Kampf», an welchem er teilnahm, dem Wettrinken, feiert, seine Kanne schwingend und den Eros der beiden Mädchen genießend, einen Triumph.

Zwei Passagen in dem Dialog der beiden Männer bringen den Kontrast zwischen «Verlierer» und «Gewinner» besonders wirkungsvoll zum Ausdruck; hier zunächst der Anfang der (im griechischen Text) lyrischen, größtenteils in jambischen Metren verfaßten Verspartie (1190–1203):

LAMACHOS: O je, o je!
Diese abscheulichen, gräßlichen Qualen! Ich Armer,
dahin bin ich, vom feindlichen Speer getroffen.
Das aber wäre wahrhaft bejammernswert,
wenn Dikaiopolis mich verwundet sähe
und sich lustig machte über mein Mißgeschick.
DIKAIOPOLIS: O je, o je!
Was für Titten! Wie fest sie sind – wie Quitten!
Küßt mich sanft, ihr Goldstücke,
einen Kuß quer über die Lippen, einen tief in den Mund.
Ich habe nämlich meine Kanne als erster ausgetrunken.

Und hier V. 1214–1221:

LAMACHOS: Haltet mir, haltet mir das Bein! Au weh!
Haltet es fest, ihr Freunde!

DIKAIOPOLIS: Mir aber haltet ihr beide den Schwanz
in der Mitte fest, ihr Freundinnen!
LAMACHOS: Mir ist schwindlig, am Kopf von einem Stein getroffen,
und im Dunkeln dreht sich mir alles.
DIKAIOPOLIS: Und ich will schlafen, und ich hab einen Steifen,
und im Dunkeln möchte ich ficken.

In den jeweils letzten der zitierten Verse stehen im Original die Wörter *skotodiniô* und das von Aristophanes ad hoc geprägte *skotobiniô*. Sie unterscheiden sich nur durch einen einzigen Buchstaben, was man im Deutschen natürlich nicht genau nachahmen kann.

Als Lamachos von der Bühne geführt worden ist, rühmt sich Dikaiopolis nochmals als Sieger, der Chor preist ihn als solchen und marschiert mit ihm davon, wobei noch vier jambische Verse erklingen (1231–1234):

DIKAIOPOLIS: Folgt mir nun und singt: «Hurra dem Sieger!»
CHOR: Ja, wir wollen dir folgen und um deinetwillen
«Hurra dem Sieger!»
singen für dich und deinen Weinschlauch.

Wahrhaftig, gesiegt hat er auf der ganzen Linie, der pfiffige Alte aus dem Dorf Cholleidai bei Athen. Er hat es geschafft, einen privaten Frieden mit den Spartanern zu schließen, die acharnischen Köhler, die ihn wegen Verrats steinigen wollten, nicht nur davon abgebracht, sondern sogar als Befürworter seiner Aktion gewonnen; er hat ferner auf seinem privaten Markt Delikatessen erhandelt, Störenfriede abgewehrt, eine Einladung vom Dionysospriester zum Festschmaus bekommen und beim Wettrinken gewonnen – Friede, Freude, Eierkuchen wurden ihm im wahrsten Sinne der Redensart zuteil. Aber waren die zeitgenössischen Zuschauer am Ende der Komödie bereit, ohne jeden Vorbehalt in das «Hurra dem Sieger!» einzustimmen? Einige moderne Erklärer der *Acharner* bestreiten das. Sie nehmen Anstoß daran, daß Dikaiopolis die Bevölkerung Attikas nicht an seinem Frieden partizipieren läßt, zwei Landsleuten, die nur ein wenig *spondaí* erbitten, diese verweigert und den Strategen Lamachos geradezu grausam verhöhnt. Ein Mann, der einen derart krassen Egoismus an den Tag lege und der unter Frieden nichts weiter verstehe als die Lizenz zu hemmungslosem Essen, Trinken und Ausleben sexueller Bedürfnisse, habe, so meinen diese Gelehrten, keine Identifikationsfigur für die sich nach Beendigung des Krieges sehnenden Athener sein können; unsozial, wie er handle, strafe er seinen Namen «der mit seiner Stadt gerecht Umgehende» Lügen. Also sei Dikaiopolis von Aristophanes als

Negativfigur konzipiert oder entwickle sich zumindest zu einer solchen, nachdem er zu Beginn des Stückes durch sein oppositionelles Auftreten in der Volksversammlung immerhin die Hoffnung geweckt habe, er könne die Ekklesiasten für Friedensbemühungen gewinnen.

Trifft eine solche Interpretation das Richtige? Ich kann das nicht so recht glauben. Mir scheint vor allem fraglich, was viele Philologen als selbstverständlich voraussetzen: daß in dem Großen Plan des Dikaiopolis und seiner Durchführung ein Appell des Aristophanes an die Athener stecke, sie sollen endlich Frieden mit den Peloponnesiern schließen. Wenn der Dichter tatsächlich auch nur implizit als Mahner spräche, müßte das im Text irgendwie zu erkennen sein. Das ist jedoch nicht der Fall, ja gilt nicht einmal für die Parabase. Dort läßt Aristophanes sich zwar vom Chorführer zum Lehrer seines Volkes erklären, aber diese Aussage wird, wie gezeigt, durch ihre ironische Einfärbung so deutlich untergraben, daß der Spaßvogel sich vor den Erzieher der Nation schiebt. Und worin würde der implizite Appell denn überhaupt bestehen? Selbst wenn Dikaiopolis nicht eigennützig handeln würde, sind doch sein privater Frieden und die Errichtung seines privaten Marktes so wirklichkeitsfern und komisch zugleich, daß der Bauer nicht zu Überlegungen anregt, wie man analog in der Realität verfahren könnte, sondern ganz einfach Lachen hervorruft. Lachen wiederum ist, wie ich meine, primär das, was die Zuschauer einer Komödie im Athen des 5. Jahrhunderts wollten – Impulse, ernsthaft über die Probleme ihrer Existenz als Individuen und Bürger der Polis nachzudenken, gab ihnen im Theater die Tragödie. Zweifellos litten sie alle unter den Folgen des Krieges. Aber weshalb sollten sie sich ausgerechnet an einen Komödiendichter wenden, um von ihm Wege zur Beseitigung ihrer Schwierigkeiten gewiesen zu bekommen? Ein solcher entführte sie in eine Phantasiewelt, in der das Unmögliche machbar ist, die Freuden des Daseins in Form von kulinarischen Speisen, köstlichstem Wein und bequem zugänglichem Sex geboten werden und selbst ein gealterter Bauer, wenn er es nur richtig anstellt, sich alle seine Wünsche erfüllen kann. Und in dieser Welt wenigstens für die Dauer eines Theaterstücks zu leben sowie sich dabei bestens zu amüsieren, verschaffte den Athenern immerhin Gelegenheit, den grauen Alltag und den Krieg kurzzeitig zu verdrängen.

Wer sich in die Rolle des Protagonisten Dikaiopolis hineinversetzte, wünschte sich wie er Essen, Trinken und Erotik in optimaler Form, und warum sollte ihm da nicht wie dem Bauern jedes Mittel zur Erreichung eines solchen Ziels recht erscheinen? Dieses winkt nun einmal traditionell am Ende jeder Komödie, sogar bei dem braven Menander, und das ist bis heute in bürgerlichen Lustspielen, Bauernschwänken und Filmen mit Happy-End so geblieben. Ich kann mich doch gerade dann, ja nur dann mit dem Helden einer Aristophanes-Komödie identifizieren, wenn der wirklich konsequent «die Sau rausläßt». Und dazu gehörte im Athen des 5. Jahrhunderts v. Chr. ebenso ein selbstbewußtes, eigennütziges Vorgehen, über das auch wir durchaus lachen können – nicht zuletzt deswegen, weil es sich mit einer Frechheit verbindet, die jenseits von Gut und Böse ist –, wie die schonungslose Verspottung der «anderen». Mag es uns so vorkommen, daß bei Aristophanes Personen wie die Bühnenfigur Lamachos allzu brutal verunglimpft werden – die Zeitgenossen waren weder Christen noch in ihrer Ethik von der Charta der *Vereinten Nationen* und Verfassungen wie dem Grundgesetz beeinflußt. Sie lebten in einer Welt, die es zuließ, daß in die Sklaverei geratene Menschen wie Tiere behandelt, Verbrecher auf das grausamste gefoltert und hingerichtet und alle der Kategorie «weiblich» zugeordneten Mitglieder der Gesellschaft sich denen, die diese zu Männern erklärte, zu unterwerfen hatten. Zu der mangelnden Bereitschaft, derartige Zustände in Frage zu stellen – sie konnte durch eine sich ab und an äußernde *vox humana* schwerlich ernsthaft gefördert werden –, paßt nun aber sehr gut das Vergnügen an Beschimpfung und Verhöhnung des irgendwie als negativ eingeschätzten Mitmenschen durch jemanden, der ihm irgendwie überlegen zu sein scheint. Ja, das Publikum des Aristophanes konnte und mußte aus vollem Halse lachen, wenn die Identifikationsfigur auf der Bühne den Gegentyp nicht nur verhöhnte, sondern ihm sogar alles erdenkbar Schlechte an den Kopf warf – je derber, desto besser und desto lustiger.

Daß es so war, sehe ich, wie gesagt, allein schon darin bestätigt, daß ein Stück wie die *Acharner* im Komödienwettbewerb den ersten Preis errang. Und da Vergleiche zwischen den Bühnenfiguren, die zu Opfern des Komödienspotts werden, und den Personen, die ihnen in der Wirklichkeit entsprechen, den Schluß zulassen, daß die Bühnenfiguren Typen verkörpern, ihre Charaktere also mit Blick auf die Gattungstradition geformt und insofern frei erfunden sind, ergibt sich meines Erachtens zwangsläufig auch dies: Wem die Verunglimpfung nicht grob genug sein kann, der lacht gerade darüber, wenn die Diskrepanz zwischen Realität und Fiktion möglichst groß ist. «Schau, unser guter, tapferer Lamachos, ein profitgieriger Hasenfuß! Ist es nicht total zum Schießen?» – so etwa dürfte der Durchschnittsathener auf seiner Sitzbank gedacht haben, wenn er den in einen Bramarbas Verwandelten persönlich kannte. Wenn nicht – das galt sicherlich für manchen Zuschauer –, lachte er einfach über den Typus. Und mit ihm lachte, wie wir mit einiger Sicherheit vermuten dürfen, derjenige, den Aristophanes von einem komischen Schauspieler darstellen ließ, falls er bei der Aufführung anwesend war. Sokrates zum Beispiel, dessen zum Typus umfunktioniertes Alter ego in den *Wolken* als lächerlicher Sophist auftrat, saß dem kaiserzeitlichen Autor Älian zufolge bei der ersten Darbietung jenes Stückes im Jahre 423 v. Chr. im Dionysostheater (sogar auf einem guten Platz). Er soll damals, als Fremde fragten, wer denn jener Sokrates sei, sich erhoben und bis zum Ende des Stücks stehen geblieben sein, damit alle ihn sehen konnten (*Bunte Geschichten* 2.13). Warum er das getan haben soll, sagt Älian nicht. Wenn die Geschichte authentisch ist, halte ich für denkbar, daß Sokrates auf den Unterschied zwischen der Bühnenfigur und seiner Person aufmerksam machen wollte, um gleichzeitig zum Ausdruck zu bringen, daß man zwischen Fiktion und Realität differenzieren solle. Aber selbst wenn es sich nur um eine Anekdote handelt, belegt sie, daß man in der Antike einen Komödientyp von der Person, die er karikierte, zu trennen imstande war.

Wir sind am Ende des einführenden Kapitels, in dem ich anhand einer ausführlichen Analyse der *Acharner* das wichtigste Hintergrundwissen, das meines Erachtens für das Verständnis der elf erhaltenen Komödien des Aristophanes benötigt wird, zu liefern versucht habe. Gewiß, es ist eine sehr ferne und entsprechend fremde Welt, mit der wir uns vertraut machen müssen, wenn wir eine möglichst lebendige Vorstellung davon gewinnen wollen, welche Wirkung der Dichter mit seinen Stücken auf die zeitgenössischen Zuschauer ausübte. Aber wie sich gezeigt haben dürfte, ist doch das meiste von dem Witz, der das Publikum des Jahres 425 v. Chr. erheiterte, immer noch «herrlich wie am ersten Tag». Und selbst wenn in Athen Staatsverfassung, Sexualordnung und Theaterwesen von dem, was wir heute in diesen Bereichen kennen, sehr verschieden sind, fällt es doch relativ leicht, sich in das uns Fremde hineinzufinden. Auch mit der zunächst kompliziert erscheinenden Handlungsgliederung (dazu die Übersicht auf S. 232) kommt man, wie ich meine, gut zurecht, wenn man mit ihr mehrfach konfrontiert wird. Betrachten wir denn nun die außer den *Acharnern* überlieferten Aristophanes-Komödien und konzentrieren uns dabei nicht mehr ganz so stark wie bisher auf den politischen und kulturellen Background, sondern vor allem auf die Kunst ihres Autors, seine Zuschauer und Leser zu amüsieren.

Kleon-Schelte und (fast) kein Ende: *Ritter, Wespen, Frieden*

Als in dem Sommer, der auf die Darbietung der *Acharner* zu Anfang des Jahres 425 v. Chr. folgte, die Lakedämonier wieder das attische Land verwüsteten, sahen sie sich schon nach 15 Tagen genötigt, ihr Invasionsheer abzuziehen. Denn inzwischen hatte der athenische Stratege Demosthenes die nur 24 Wegstunden von Sparta entfernte Küstenstadt Pylos (heute Navarino) besetzt, woraufhin die vor dem Hafen von Pylos gelegene Insel Sphakteria offenbar übereilt von 420 spartanischen Hopliten eingenommen worden war und seitdem von den Athenern belagert wurde. Man schloß einen Waffenstillstand. Doch der attische Demos, dessen Politik nach dem Tode des Perikles (429 v. Chr.) stark unter den Einfluß Kleons geriet, wurde von dem auf Fortführung des Krieges drängenden Staatsmann dafür gewonnen, Sphakteria nicht nur weiterhin belagern zu lassen, sondern überdies ein Sonderkommando zu entsenden, das die Insel stürmen sollte. Da der Stratege Nikias, der auf Antrag Kleons die Aktion leiten sollte, nach einer Debatte in der Volksversammlung von seinem Amt zurücktrat, betraute man Kleon mit dem Oberbefehl, und ihm gelang es zusammen mit Demosthenes, Sphakteria zu erobern, 292 Spartaner – darunter 192 Spartiaten (Vollbürger Spartas) – gefangen zu setzen, nach Athen zu bringen und dort einzukerkern. Von jetzt an konnten die Spartaner durch die Drohung ihrer Gegner, sie würden die Gefangenen töten, an weiteren Feldzügen nach Attika gehindert werden. Daraus ergab sich, daß die Kämpfe nunmehr fern von dort stattfanden, und Athen besaß ein Druckmittel, was noch im April 421 nicht unwesentlich dazu beitrug, daß Nikias ein Friedensabkommen mit Sparta schließen konnte. Unmittelbarer Anlaß war, daß bei dem vergeblichen Versuch Kleons, das von Athen abgefallene Amphipolis am Nordrand der Ägäis im September 422 zurückzuerobern, sowohl er als auch der lakedämonische Stratege Brasidas ums Leben kamen und so die beiden Kriegsparteien je einen mächtigen Politiker verloren, der auf Weiterführung der Kämpfe besonders hartnäckig bestanden hatte.

Wie die Bühnenfiguren des Aristophanes auf die Kriegsereignisse der Zeit zwischen Sommer 425 und Herbst 422 reagieren, können wir jahrweise verfolgen, da uns die *Ritter* von 424 (Lenäen), die *Wolken* von 423 (Dionysien) – diese allerdings nur in einer später überarbeiteten Fassung –, die *Wespen* von 422 (Lenäen) und der *Frieden* von 421 (Dionysien) erhalten sind. Die Bevölkerung Attikas war, wie gesagt, von dieser Phase der Kämpfe zwischen Athen und Sparta nicht mehr unmittelbar betroffen, und deshalb wird, was auf anderen Kriegsschauplätzen geschah, außer in den *Rittern* kaum noch angesprochen. Somit bedarf es für das Verständnis der drei übrigen Komödien nicht der Bekanntschaft mit Einzelheiten des Kriegsverlaufs. Worauf Aristophanes allerdings in allen vier Stücken Bezug nimmt, ist die Politik Kleons. Da dieser Mann sich mit seinen Interessen immer wieder in der Volksversammlung durchsetzte – seine offenbar rhetorisch sehr wirkungsvollen Reden dürften dabei ebenso eine Rolle gespielt haben wie seine Herkunft aus der Mittelschicht und der Wohlstand, den er seiner Gerberei verdankte –, eignete er sich wohl besonders gut dafür, als Prototyp des skrupellosen und gewinnsüchtigen Demagogen karikiert zu werden. Eine solche Figur hat Aristophanes aus ihm gemacht, ja Kleon wird bei ihm speziell in den *Rittern*, wo er in Gestalt eines Paphlagoniers auftritt, aber auch an einzelnen Stellen in *Wolken* und *Wespen* sowie im *Frieden* zur Zielscheibe von Schimpf und Spott. In seiner Bühnenfunktion gleicht er Lykambes und Bupalos, das heißt, dem jeweils prominentesten Opfer der Jamben des Archilochos und des Hipponax. Der Komödiendichter steht also hier gleichfalls in einer literarischen Tradition, und dies ist ein wichtiges Argument, daß für Kleon gilt, was ich schon durch Überlegungen im ersten Kapitel begründet habe: Unter dem Namen des Staatsmannes wurde eine für das Theater konstruierte Figur, nicht er selbst vor dem Publikum verunglimpft.

Im vorliegenden Kapitel betrachte ich von den vier Stücken, die 424–421 auf die Bühne kamen, nur *Ritter*, *Wespen* und *Frieden*. Denn die revidierte Version der *Wolken* dürfte nach 420 zu datieren sein, und sie unterscheidet sich vom Konzept her erheblich von den drei genannten Stücken; dieser Komödie ist daher ein eigenes Kapitel gewidmet. *Ritter*, *Wespen* und *Frieden* wiederum werden alle drei nach einem ganz bestimmten Schema exponiert und weisen auch sonst Ähnlichkeiten auf, die es rechtfertigen, daß ich sie zusammen bespreche.

Planspiel für fünf Personen und Chor

Die drei im folgenden vorzustellenden Stücke eröffnet jeweils ein von zwei Sklaven geführter Dialog. In allen drei Fällen enthält er viel Situationskomik, liefert aber im Hinblick auf die Vorgeschichte der dramatischen Handlung nur Andeutungen, die dem Zuschauer Rätsel aufgeben. Dadurch wird dieser einerseits auf ein Stück, das ihn ja ständig zum Lachen bringen soll, effektvoll eingestimmt, andererseits in Spannung versetzt. Und diese löst dann einer der beiden Sklaven, indem er in einer direkt an das Publikum gerichteten Ansprache darüber informiert, was bisher geschah, damit jedermann in der Lage ist, alles Weitere zu verstehen. Das hier vorliegende Schema «Stimmung und Spannung erzeugende szenische Aktion/Expositionsrede» hat später wieder Menander in mehreren seiner Komödien verwendet, und noch heute ist es in modifizierter Form einem breiten Kino- und TV-Publikum bekannt: Viele Spielfilme, darunter alle mit James Bond als dem Helden, gehen zunächst einmal durch lebendige Aktion *medias in res* – auch dafür existiert ein (natürlich englischer) Fachausdruck: Teaser –, präsentieren anschließend die Credits (Nennung von Schauspielern, Produzent, Regisseur usw.) und lassen erst danach die eigentliche Handlung beginnen. Was nun den Anfang der *Ritter* betrifft, erinnern die ersten Verse insofern an die ersten Verse der *Acharner* (S. 14), als hier ebenso jemand, in diesem Falle der eine der beiden Sklaven, gleich zu erkennen gibt, daß ihn etwas verdrießt (1–5):

Au, au, au, welches Elend, au, au!
Elend sollen den elenden neugekauften Paphlagonier
mitsamt seinen Ränken verderben die Götter!
Denn seit er hineingekommen ist ins Haus,
bringt er ständig Prügel ein den Sklaven.

Nach ersten Überlegungen der Dialogpartner, wie dem Mißstand abgeholfen werden könne – man ahnt, daß sich daraus der Große Plan entwickeln wird –, erklärt einer von ihnen in seiner Expositionsrede, sie stünden beide im Dienst des Demos von der Pnyx, eines bäurischen, jähzornigen Herrn, und von ihm seien sie durch den Kauf eines aus Paphlagonien stammenden Sklaven mit dem Beruf eines Gerbers in Schwierigkeiten gebracht worden. Dieser, ein Erzschurke und Verleumder, habe sich nämlich so geschickt bei Herrn Demos eingeschmeichelt, daß die Mitsklaven, die er anschwärzt, unter Schlägen zu leiden hätten (40–70).

Zeitgenössische Zuschauer, die nicht hellhörig genug waren, «Demos von der Pnyx» als Personifikation des athenischen Volkes zu begreifen und hinter dem Gerber den Politiker Kleon zu vermuten – besonders Gewitzte dagegen assoziierten wohl jetzt schon «Paphlagonier» mit *paphlázein* («aufgeblasen schwatzen») –, mögen in V. 40–49 gedacht haben, es gehe um einen privaten Haushalt. Doch die nächsten acht Verse machten ihnen klar, daß sie es mit einer Allegorie auf den Staatshaushalt zu tun hatten; der Sprecher zitiert erst Schmeicheleien des Paphlagoniers und setzt dann seinen Bericht über ihn fort (50–57):

«O Demos, nimm ein Bad, wenn du als erstes einen Prozeß beendet hast» –
«Nimm dies in den Mund, schluck's runter, iß den Nachtisch, nimm
drei Obolen» –
«Willst du, daß ich dir ein Abendbrot vorsetze?» Dann schnappt er weg,
was auch immer einer von uns vorbereitet hat, und macht dem Herrn
dies zum Geschenk, er, der Paphlagonier. Ja, und neulich, als ich
einen lakonischen Gerstenkuchen in Pylos geknetet hatte,
lief er höchst gemein an mir vorbei, schnappte ihn heimlich weg
und servierte ihn selbst – den von mir gekneteten!

Unverkennbar steht Herr Demos in V. 50 f. für die Volksgerichte beziehungsweise die Geschworenen, deren Tagegeld Kleon im Jahre 425 von zwei auf drei Obolen erhöhte. Und mit dem heimlich in Pylos weggeschnappten und dem Demos servierten Gerstenkuchen wird darauf angespielt, daß Kleon seinen militärischen Erfolg auf Sphakteria nur deshalb erringen konnte, weil Demosthenes vorher Pylos eingenommen und die Insel in den Belagerungszustand versetzt hatte. Wenn der hier redende Sklave sich also darüber empört, daß der Paphlagonier etwas von ihm Getanes als eigene Leistung ausgab, spricht er mit der Stimme des Demosthenes. Tatsächlich bezeichnen die Handschriften ihn mit diesem Namen, während sie den anderen Sklaven Nikias nennen. Ob das nun auf dem Urtext fußt oder nicht – für das athenische Publikum des Jahres 424 v. Chr. verkörperten die beiden Sklaven als fiktive Typen die beiden Strategen ebenso, wie der Paphlagonier als Karikatur Kleons anzusehen war.

Etwas, was in den zitierten Versen 50–57 nur ansatzweise zum Ausdruck kommt, entpuppt sich schon bald als das entscheidende Charakteristikum der gesamten Komödie: Der Text springt permanent zwischen der Allegorie und dem, was sie abbildet, hin und her, ja überlagert immer wieder gleichzeitig beide Sinnebenen, so daß man sie nicht voneinander trennen kann. Das macht dieses Stück selbst für intime Kenner des Dichters und seiner Welt zu dem schwierigsten von allen erhaltenen. Auf der anderen Seite ist das Geschehen, in dem nur fünf Personen, dargestellt von drei Akteuren, und der Chor agieren, ausgesprochen einfach konstruiert, ja wirkt wie ein Planspiel:

I (1–234)   A und B entwickeln den Großen Plan: C soll D aus der Gunst von E verdrängen. C erscheint sofort, B geht ab, und A instruiert C.

II (235–1263)   D (dessen Rolle der Darsteller von B übernommen hat) und der Chor treten auf. C besiegt D in einer Serie von Streit- und Wettkampfszenen. In dem Abschnitt vor der

Parabase (498–610) ist A am Gespräch beteiligt, im Abschnitt danach E (dessen Rolle der Darsteller von A übernommen hat). D, durch seine Niederlage aus der Gunst von E verdrängt, verläßt zusammen mit C und E die Bühne.

III (1264–1408) Nach der Nebenparabase (1264–1315) treten C und E zu einem «Grande Finale» wieder auf.

Wie man sieht, umfaßt die Reihe der Kämpfe vor und nach der Parabase zusammen 916 von 1408 Versen; das sind 65 Prozent des Stückes. Es bedarf also gewaltiger Anstrengung, bis das Ziel des Großen Plans erreicht ist. Ihn zu entwickeln gelingt Demosthenes und Nikias, weil sie dem Paphlagonier die Orakel stehlen, die dessen Geschick prophezeien, und darin folgendes lesen (129 ff.): Die Herrschaft werde zuerst ein Werghändler, dann ein Schafhändler innehaben, bis jemand komme, der noch hassenswerter sei als er. Das werde ein Lederhändler, der Paphlagonier, sein, und ihn werde – darauf zielt der Große Plan – ein Wursthändler vertreiben. Damit das geschehen kann, muß dieser Wursthändler erscheinen, und er ist auch sofort zur Stelle. Demosthenes begrüßt ihn, nachdem Nikias die Bühne verlassen hat – der Schauspieler kehrt wenig später mit der Maske des Paphlagoniers zurück –, als «Befehlshaber der glückseligen Athener» (V. 159). Mit diesen Worten wird wieder einmal die Allegorie vom Haushalt des Herrn Demos aufgelöst. Und auf der Verständnisebene «Demos = Volk der Athener» bewegt sich primär der nun beginnende Dialog des Demosthenes mit dem Wursthändler, der ein aus einfachen Verhältnissen stammender, extrem primitiver Mensch ist. Diese Tatsache thematisiert Demosthenes jetzt weniger mit Rücksicht darauf, daß sein Gesprächspartner Nachfolger des Paphlagoniers in der Gunst von Herrn Demos werden soll, als unter dem Aspekt der Befähigung des Mannes zum Machtpolitiker. Wie Demosthenes sich einen solchen vorstellt, verkündet er dem Wursthändler, während er ihn auf die im Dionysostheater sitzenden Athener schauen läßt (164–167):

Über diese alle wirst du selbst der Herrscher sein,
und über die Agora und die Häfen und die Pnyx.
Auf dem Rat wirst du herumtrampeln und die Strategen zurechtstutzen,
du wirst in Ketten legen, einkerkern, im Prytaneion Schwänze lutschen.

Wir vernehmen hier die erste einer Reihe von sarkastischen Bemerkungen des Demosthenes über die Sorte von Staatsmann, die seiner Meinung nach für das gegenwärtige Athen charakteristisch ist. Für ihn handelt ein derartiger Politiker einerseits als willkürlicher «Herrscher», andererseits verschafft er sich seine Position, indem er sich so weit herabwürdigt, andere Mächtige zu fellieren; dadurch, daß er in dieser Form im Amtssitz der Prytanen (s. S. 35) «speisen» darf, wird ein Mann seines Schlages «geehrt». Was ferner nach Meinung des Demosthenes für die Staatsverwaltung nötig ist, sagt er dem Wursthändler kurz darauf (180f.):

Genau deswegen nämlich wirst du mächtig,
weil du gemein bist, von der Agora stammst und dreist bist.

Und wie der Wursthändler über die Athener herrschen soll, beschreibt Demosthenes dann auch noch (214–219); dabei verwendet er Metaphern, die zum Beruf des Angesprochenen passen, und berührt so wiederum die vordergründige Verständnisebene des Stücks:

Rühre und hacke durcheinander die Staatsangelegenheiten
alle, und den Demos suche stets für dich zu gewinnen,
indem du ihn freundlich stimmst mit gut zurechtgekochten Wörtlein.
Die anderen demagogischen Fähigkeiten sind dir zu eigen:
Eine gräßliche Stimme hast du, niedrige Herkunft, und du bist von der Agora.
Du hast alles, was man für die Teilnahme an der Staatsverwaltung benötigt.

Spätestens an dieser Stelle wird deutlich: Der Wursthändler ist wie die von Aristophanes für die komische Bühne konstruierte Figur Kleons der Prototyp des mit allen nur denkbaren schlechten Charaktereigenschaften ausgestatteten Demagogen und damit Kleons Doppelgänger. Und daraus ergibt sich, ohne daß dies im Prolog explizit zur Sprache kommt, eine Präzisierung des Großen Plans: Der Wursthändler, dem ja vom Orakel die Nachfolge im «Amt» des Paphlagoniers prophezeit ist, soll diesen mit dessen eigenen Waffen schlagen und so aus der Gunst des Herrn Demos verdrängen. Er muß also ebenso gemein zu dem Paphlagonier sein wie dieser zu den anderen Sklaven, ja ihn an Schlechtigkeit übertreffen. Auf welche Weise ihm das in vielfacher Hinsicht gelingt, zeigt der Szenenkomplex, der mit dem Auftritt des Paphlagoniers in V. 235 beginnt.

Duell mit dem Doppelgänger

Ulrich von Wilamowitz-Moellendorff schreibt über V. 235–497 und 611–1263 der *Ritter*: «Die endlosen Zusammenstöße und Schimpfereien der beiden Lumpen wirken ermüdend, so lustig auch jede einzelne Szene ist.

Die Erfindung reichte eben nicht aus für ein ganzes Stück» (1927, 44). Das mag für heutige Betrachter des Dramas gelten, aber schwerlich für die zeitgenössischen Zuschauer, errang Aristophanes doch mit seinen *Rittern* wie mit den *Acharnern* Platz 1 im Komödienwettbewerb. Das Publikum im Dionysostheater dürfte die Streitszenen nicht allein als solche amüsant gefunden haben – und gewiß konnte es die vielen Gegenwartsbezüge weit besser würdigen als selbst der große Gräzist –, sondern auch als Glieder einer Kette, die inhaltlich und formal höchst kunstvoll variiert und auf die jeweilige Interaktion mit dem Chor abgestimmt sind. Um von diesem Anordnungsprinzip wenigstens einen Eindruck zu vermitteln, gebe ich eine Übersicht über den Gesamtkomplex der Streitszenen, wobei einzelne Stellen hervorgehoben seien.

Als der Paphlagonier mit Drohungen gegen Demosthenes und den Wursthändler die Bühne betritt, läuft dieser zunächst vor ihm davon, weswegen Demosthenes die athenischen Ritter, notorische Feinde Kleons, zu Hilfe ruft. Sie, die den Chor bilden, erscheinen sofort auf der Bühne. Ihr Anführer beschimpft den Paphlagonier, und daraufhin fängt der Wurstler ebenso damit an, ihn zu schmähen und Drohungen gegen ihn auszustoßen. Bereits die Parodos der Komödie (242–302) ist also zugleich eine Streitszene, und darin nennt der Chorführer die Spielregeln für das Duell, indem er zu dem Paphlagonier sagt (276 f.):

Nun, wenn du siegst mit deinem Geschrei, bist du es, dem man «Hurra» zuruft.
Doch wenn er dich durch Schamlosigkeit übertrifft, gehört der Kuchen uns.

Den ersten Versuch, einander an Schamlosigkeit zu überbieten, unternehmen der Paphlagonier und der Wursthändler in einer an die Parodos anschließenden Szene (303–460), die nach einem festen Schema gebaut ist: als epirrhematischer Agon. Ein solcher beginnt in der Regel mit einer Ode, auf die wie innerhalb der Parabase ein Epirrhema folgt; dieses wird durch ein vom Chorführer gesprochenes Verspaar eingeleitet: den zum Wortgefecht anspornenden Katakeleusmos («Aufforderung»). Außerdem mündet das Epirrhema in ein Pnigos. Den vier Bauelementen korrespondieren Antode, Antikatakeleusmos, Antepirrhema und Antipnigos, so daß das ganze System zweiteilig ist. In beiden Hälften kommen die Kontrahenten zu Wort, und ein Bomolochos – in dessen Rolle schlüpft in den *Rittern* Demosthenes – macht witzige Randbemerkungen. Wir erfahren in dem nach der Parodos beginnenden epirrhematischen Agon des Stücks – es enthält noch einen zweiten – unter anderem, daß der Wursthändler sich im Knabenalter als Dieb betätigte, indem er die Metzger bestahl. Wenn es jemandem ausnahmsweise gelang, ihn dabei zu beobachten, verbarg er die Beute in der Afterspalte und beschwor seine Unschuld bei den Göttern. Als ein Politiker das sah, sagte er (426):

«Es kann nicht anders sein, als daß dieser Knabe Herr des Demos sein wird.»

Demosthenes kommentiert das, zum Wursthändler gewandt, so (427 f.):

Treffend hat er das vermutet. Doch es ist klar, woraus er das schloß:
Weil du nach einem Diebstahl falsch schworst und dein Arsch Fleisch drin hatte.

Wieder wird behauptet – denn «Fleisch» (*kréas*) ist zweideutig –, zu einem Politiker im gegenwärtigen Athen gehöre, daß er sich penetrieren läßt. Außerdem ist von Raub und Meineid die Rede, an anderen Stellen des Agons von Betrügerei, Feigheit und Bestechlichkeit, und all das sowie weitere Untugenden für sich in Anspruch zu nehmen, werden Paphlagonier und Wursthändler nicht müde. Als der Chor den letzteren in einem Schlußwort zu dem Agon, der Sphragis («Siegel»), als Retter der Polis bezeichnet und somit zum Sieger erklärt hat (457–460), ist das Streiten noch keineswegs zu Ende, sondern setzt sich in einer zur Parabase überleitenden Szene fort (461–497). Dort verkündet der Paphlagonier, er wolle nun zum Rat der Athener gehen, um Ritter, Wursthändler und Demosthenes als Verräter anzuklagen. Auch der Wursthändler begibt sich dorthin, und so ist damit zu rechnen, daß er sein Wortgefecht mit dem Paphlagonier während der Parabase hinterszenisch weiterführen wird.

Nach der Parabase (dazu später) kehrt erst einmal der Wursthändler allein aus dem Rathaus zurück und berichtet, wie er an jenem Ort den Paphlagonier durch demagogische Kniffe auszustechen vermochte (611–690). Als dieser dann ebenso erscheint, beginnt erneut das Austauschen von Beschimpfungen und Drohungen, und mitten in der Szene (691–755) tritt Herr Demos auf, woraufhin ein neues Motiv in das Streiten hineinkommt: Paphlagonier und Wursthändler versuchen von jetzt an, sich in den Bekundungen ihrer Liebe zu dem alten Mann gegenseitig zu übertreffen, und genau darum dreht es sich in dem zweiten epirrhematischen Agon (756–942). Eigentlich würde man erwarten, daß wie in den *Acharnern* (und weiteren Komödien) auf den Sieg des Protagonisten – hier ist es der Wursthändler, der seinem Kontrahenten bereits vor dem Chor und vor dem Rat überlegen war – epeisodische Szenen folgen, in denen der Protagonist sich dessen erfreut, was er durch seinen Sieg erreicht hat, und sich mit Leuten auseinandersetzt, die von seinem Glück profitieren möchten. In den *Rittern* jedoch findet wieder ein Wortgefecht statt, bedingt dadurch, daß die Duellanten auch vor Herrn Demos um den Sieg kämpfen müssen. Jedoch die durch den zweiten epirrhematischen Agon eröffneten Kampfszenen sind lebendiger als die vorausgegangenen, weil in ihnen geredet und zugleich gehandelt wird, und darin ähneln sie den epeisodischen Szenen anderer Aristophanes-Stücke. So versorgt der Wursthändler während des Agons Herrn Demos zum Zeichen seiner Zuneigung mit einem Kissen, damit der alte Mann nicht so hart sitzen muß – während der Volksversammlung auf der Pnyx lagerten die Athener auf einem Felsabhang –, und später mit Schuhen und einem Chiton. Kein Wunder, daß Herr Demos den Wursthändler nach dem Agon zu seinem neuen Favoriten erklärt. Doch der Paphlagonier gibt sich noch nicht geschlagen, und er erreicht auch, daß er und der Wursthändler Orakel holen dürfen, mit deren positiven Prophezeiungen für Herrn Demos sie einander zu überbieten hoffen.

Vor dem Orakelwettbewerb, den wiederum der Wursthändler gewinnt (997–1110), äußert sich der Chor in einem Stasimon (973–996) negativ über Kleon; dort fällt ein einziges Mal in der gesamten Komödie der Name des Staatsmannes. Nach dem Orakelwettbewerb unterhalten der Chor und Herr Demos sich in einem Wechselgesang (1111–1150), zu dem ich mich im nächsten Abschnitt äußern möchte. Darauf folgt die letzte Streitszene, in welcher der Wursthändler endgültig den Sieg davonträgt (1151–1263). Hier ist die dramatische Aktion besonders lebendig, da die zwei Duellanten jetzt den ersten Preis im Beschenken des Herrn Demos zu erringen versuchen. Am Anfang der Szene betritt jeder mit einem Korb, in dem sich verschiedene Speisen befinden, die Bühne. Dann laufen beide um die Wette ins Haus und wieder zurück, wobei es dem Wursthändler gelingt, einen Tisch schneller herbeizubringen als der Paphlagonier einen Sessel. Als sie Herrn Demos eine Weile im Wechsel Delikatessen vorgesetzt haben und der Paphlagonier aus seinem Korb einen Hasen hervorholt – ein solcher war in Attika nicht leicht zu bekommen –, wird seine Aufmerksamkeit von dem Wursthändler auf angeblich gerade mit Börsen voll Silbergeld erscheinende Gesandte gelenkt, und als der Paphlagonier in die ihm gewiesene Richtung läuft, schenkt den von ihm abgelegten Braten der Wursthändler Herrn Demos. Der Beraubte beklagt sich, aber da wird er von dem Dieb an seinen eigenen «Raub» in Pylos erinnert; damit will der Wursthändler sagen, Kleon habe den Strategen Demosthenes dort um dessen Sieg betrogen. Nun wird besonders deutlich, daß der Wursthändler seinen Gegner mit dessen eigenen Waffen schlägt. Seine Dreistigkeit erreicht ihren Höhepunkt, als er Herrn Demos das Innere der beiden Körbe inspizieren läßt. Dabei erweist sich der des Wursthändlers als leer, doch der des Paphlagoniers als mit Speisen gefüllt. Das legt der erstere so aus, als würde sein Gegner wie schon früher dem

Demos nur wenig von seinen Gewinnen überlassen und den größten Teil für sich behalten.

Als Herr Demos danach den Paphlagonier auffordert, seinen Kranz abzulegen, damit er diesen dem Wursthändler aufsetzen kann – man trug einen solchen unter anderem als Redner in der Volksversammlung –, will der Paphlagonier erst noch wissen, ob es wirklich der Wursthändler ist, der ihn einem pythischen Orakel zufolge stürzen wird. Aus einer kurzen Befragung des letzteren geht klar hervor, daß nur er es sein kann. Da sagt der Paphlagonier im Stil eines Tragödienhelden, der erkennt, daß sein Schicksal ihn ereilt hat (1248 f.; metrisch wiedergegeben):

Weh mir, erfüllt hat sich des Gottes Prophetie!
Rollt mich hinein nun, einen unglücksel'gen Mann!

«Bringt mich hinein», bittet Bellerophontes in dem gleichnamigen Stück des Euripides (Kannicht 2004, 367, Fragment 311), und entsprechend lächerlich wirkt es, wenn der Paphlagonier mit seinen pathetischen Worten die Anweisung gibt, er möge auf dem Ekkyklema von der Bühne entfernt werden. Das geschieht, nachdem wir den Namen des Wursthändlers erfahren haben – er heißt Agorakritos («von der Volksversammlung gewählt») –, Herr Demos ihm erklärt hat, er vertraue sich ihm an und übergebe ihm den Paphlagonier, und aus dem Munde des Wursthändlers feierliche Worte ertönt sind, die wie ein Epilog klingen (1261–1263):

Und ich werde wahrhaft dich, o Demos, trefflich pflegen,
so daß du zugeben wirst, keinen anderen Menschen als mich
habest du gesehen, der besser ist für die Stadt der Maulaufthener.

Das Stück ist freilich nicht zu Ende. Es fehlt noch die Exodos, zu der durch die Nebenparabase (darüber später) übergeleitet wird.

Die nicht ganz überraschende Überraschung

Was ist durch den Sieg des Wursthändlers erreicht? Eine Verschlechterung des bisherigen Zustandes? Das glaubt die Mehrzahl der Philologen. Denn jetzt sei der Teufel durch Beelzebub ausgetrieben, also in der Bühnenfiktion der gemeine Demagoge Kleon durch einen noch gemeineren Demagogen ersetzt; daraus ergebe sich zwangsläufig, daß Agorakritos ein noch übleres Regiment über die Athener führen werde. Wenn es so ist, kommt höchst überraschend, was die Exodos tatsächlich präsentiert: Der

Wursthändler tritt auf und vermeldet dem Chor, er habe Herrn Demos junggekocht – das Motiv kannten die Athener aus dem Medea-Mythos –, und dieser sehe nun aus wie in der Zeit, als er mit Miltiades und Aristeides speiste; damit ist die glorreiche Epoche der Perserkriege (492–449 v. Chr.) gemeint. Als der Verjüngte sich zeigt, erklärt er in einem Dialog mit Agorakritos, er schäme sich seiner früheren Fehler; damit meint er unter anderem, daß er sich von Schmeichlern betören ließ. Auf die Frage, wie er künftig den Staat verwalten werde, antwortet er mit der Ankündigung politischer Maßnahmen, die sinnvoll scheinen. Dafür schenkt Agorakritos ihm einen Klappstuhl und einen «Knaben mit Hoden», der den Stuhl tragen (und gewiß nicht nur das für ihn tun) soll. Außerdem treten die «dreißigjährigen Spondai» (s. S. 38) in Gestalt schöner Mädchen auf, woraufhin Herr Demos wissen will, ob er sie «durchdreißigjährigen» dürfe. Als er sich dann erkundigt, wie Agorakritos den Paphlagonier bestrafen wolle, erfährt er, dieser werde von jetzt an als Wursthändler an den Stadttoren sitzen, sich im Rausch mit Prostituierten zanken und verunreinigtes Wasser aus den öffentlichen Bädern trinken. Herr Demos, der das gutheißt, lädt Agorakritos in den letzten Versen der Komödie ein, den Platz des Paphlagoniers im Prytaneion zu übernehmen – dort ehrte die Polis Kleon nach seinem Sieg auf Sphakteria mit der Speisung –, schenkt ihm ein Festgewand und verfügt, daß man den Paphlagonier dorthin bringe, wo er sein (neues) Gewerbe ausüben kann.

Zugegeben: Der Wursthändler als Wohltäter des Volkes und der nicht nur verjüngte, sondern auch weise gewordene Herr Demos bieten eine Überraschung. Aber kommt sie ganz und gar unvorbereitet? Dazu nun ein paar Überlegungen! Auf jeden Fall ist Gerrit Kloss zuzustimmen, wenn er konstatiert (2001, 82): Der Wursthändler handelt in den Streitszenen nicht schlechter als der Paphlagonier (weshalb man nicht unbedingt damit rechnen muß, daß er als Günstling des Herrn Demos schlechter handeln wird). Zwar ist die ihm vom Chor gestellte Bedingung für seinen Sieg, daß er seinen Kontrahenten an Schamlosigkeit übertrifft (276 f.), aber er gewinnt einfach dadurch, daß er, wie dargelegt, diesen mit dessen eigenen Waffen schlägt. Also ist er nichts weiter als ein Doppelgänger des Paphlagoniers und veranstaltet mit ihm ein Schattenboxen, «bei dem der Schatten über den Boxer siegt» (Kloss). Dies dient allein dem Zweck, daß der Paphlagonier aus der Gunst des Herrn Demos verdrängt wird, und als es geschehen ist, hat der «Schatten» seine Funktion als solcher erfüllt. Folglich kann derjenige, der ihn verkörperte, sich ohne weiteres einer anderen Aufgabe und somit auch der eines Wohltäters unterziehen. Ob der Wursthändler nach seinem bisherigen Verhalten dazu fähig ist, sollte man nicht fragen. Denn Bühnenaktion verläuft in den

Stücken des Aristophanes nicht mit der logischen Konsequenz, die man vom klassischen Drama gewohnt ist. Vielmehr sind unerwartete Wendungen ein nicht unwesentliches Element ihrer Komik. Schon für die *Acharner* gilt das. Es war für die zeitgenössischen Zuschauer, wie ich zu zeigen versucht habe, durchaus amüsant, daß Dikaiopolis die durch seinen Privatfrieden ermöglichten Freuden höchst eigennützig genießt, aber nicht vorhersehbar. In den *Rittern* allerdings wird man zumindest auf das Verhalten des Herrn Demos in der Exodos bereits während der Streitszenen eingestimmt. Das geschieht in dem Amoibaion nach dem vorletzten Wortgefecht. Hier singen die Ritter in der ersten Strophe (1111–1120):

Demos, gewiß hältst du eine gute
Herrschaft in der Hand, da alle Menschen dich fürchten wie
einen Tyrannen.
Doch du bist leicht verführbar,
freust dich daran, umschmeichelt
und betrogen zu werden,
und dem gegenüber, der spricht, sperrst du
stets das Maul auf. Dein Verstand aber,
obwohl zugegen, ist weit fort.

Darauf erwidert Herr Demos (1121–1130):

Verstand steckt keiner unter euren
Haaren, wenn ihr mich für unklug
haltet. Ich stelle mich absichtlich
so dumm.
Denn ich habe Freude daran,
täglich wie ein Kind nach Nahrung zu brüllen,
und als einen, der mich bestiehlt, ziehe ich mir
willentlich einen Herrn heran.
Den aber, wenn er voll ist,
hebe ich hoch und schlage ihn nieder.

Er hat sich also die ganze Zeit gegenüber dem Paphlagonier und dem Wursthändler verstellt, und als der Chor ihm nun doch Klugheit zubilligt, fügt der Alte hinzu, er beobachte die, welche meinen, sie könnten ihn betrügen, beim Stehlen und zwinge sie dann, das Diebesgut «auszuspeien» (1131–1150). Herr Demos versteht sich eben gleichfalls darauf, es Leuten wie dem Paphlagonier mit deren eigener Münze heimzuzahlen.

Somit erscheint auch er moralisch nicht ganz einwandfrei. Aber der Zweck heiligt hier die Mittel, und die von dem Alten nach der Verjüngung gezeigte Einstellung gegenüber Schmeichlern weicht nicht wesentlich von der in dem Amoibaion geäußerten ab. Die Exodos kommt demnach keineswegs so überraschend, wie viele Kritiker behaupten. Jedenfalls geht man zu weit, wenn man sogar von einem Kunstfehler spricht.

Die Zeitgenossen, die den *Rittern* Platz 1 zuerkannten, hatten an der Handlungsführung vermutlich nichts zu bemängeln. Als das Stück an den Lenäen des Jahres 424 v. Chr. gespielt wurde, übernahm der junge Aristophanes erstmals selbst die Regie. In Teil 2 der Parabase (507–546) gibt er sich anders als im entsprechenden Abschnitt der *Acharner* eher bescheiden. Er läßt den Chorführer zu Anfang kurz verkünden, «der Dichter» wage es, das Rechte zu sagen und dem Typhos (einem Sturmmonster) und dem Wirbelwind – mit beiden ist Kleon gemeint – entgegenzutreten (509–511). Dann nennt er den Grund dafür, daß er seine Stücke bisher nicht persönlich inszeniert hat. Das sei, so der Chorführer, deshalb unterblieben, weil der Dichter wisse, wie wankelmütig das athenische Publikum sei und daß es die Verfasser von Komödien im Stich gelassen habe, als sie alt geworden seien. Wir bekommen drei Beispiele genannt, das des Magnes, des Kratinos und des Krates, wobei uns jeweils eine Skizze ihrer Bedeutung innerhalb der Gattung mitgeliefert wird. Man hat Anstoß daran genommen, daß Aristophanes in diesem Zusammenhang Kratinos, den neben ihm und Eupolis prominentesten Komödiendichter Athens im 5. Jahrhundert v. Chr., als lallenden, zu guter Poesie nicht mehr fähigen und betrunken wankenden Greis karikiert. Aber wieder ist die Wettbewerbssituation zu bedenken. An dem Fest, an dem man die *Ritter* darbot, brachte Kratinos seine *Satyrn* auf die Bühne – er kam damit auf Platz 2 –, und natürlich war der Altmeister eine große Konkurrenz für den Novizen. Da aber Personenspott zu den wichtigsten Elementen des Genres gehörte und Kratinos auch selbst nicht damit sparte, war es sehr wohl legitim, daß Aristophanes diese Waffe gegen den Kollegen einsetzte. Er wollte nun einmal gewinnen, und deshalb fordert der Chorführer am Schluß von Teil 2 der Parabase im Namen des Dichters das Publikum auf, laut mit der Zunge und allen zehn Fingern zu applaudieren,

damit der Dichter davonzieht, erfreut,
weil er wunschgemäß Erfolg hatte,
strahlend mit leuchtender Stirn (548–550).

Spätestens der letzte Vers läßt erkennen, daß mit dem Anpreisen der eigenen Kunst Selbstironie verbunden ist. Statt «mit leuchtendem Antlitz» schreibt Aristophanes «mit leuchtender Stirn» und spielt darauf an, daß er schon in jungen Jahren eine Glatze hatte.

Innerhalb des epirrhematischen Systems der Parabase (551–610) lassen sich Chor und Chorführer, nachdem dieser in Teil 1 und 2 aus der Handlung herausgetreten ist, als Ritter vernehmen. Auf eine Anrufung des Schutzgottes Poseidon in der Ode folgt im Epirrhema ein Preis der guten alten Zeit auf Kosten der Gegenwart, in der Antode die an Athens göttliche Patronin Pallas gerichtete Bitte um Hilfe im Kampf und im Antepirrhema ein ausgesprochen witziges Lob der Pferde, auf deren Rücken die Ritter zu sitzen pflegen. Es erinnert fast an einen Disneyfilm, wie erzählt wird, bei ihrer Verschiffung nach Korinth hätten die munteren Rosse mitgerudert, einander dabei anspornend, und nach der Landung selbst Krebse am Strand gefangen oder aus dem Meer gefischt, weswegen (laut einem gewissen Theoros) einer der Gliederfüßer gesagt haben soll – ich übersetze die katalektischen trochäischen Tetrameter metrisch (609 f.):

Schrecklich ist's doch, o Poseidon, wenn ich weder tief im Meer
noch zu Lande noch zu Wasser diesen Rittern kann entfliehn!

Nicht weniger amüsant ist das Antepirrhema der Nebenparabase (1300–1315), das uns athenische Trieren wie Damen beim Kaffeekränzchen im Gespräch präsentiert. Der Anlaß ist, daß keines der Schiffe an einer von dem athenischen Staatsmann Hyperbolos geplanten Flottenexpedition mit dem Ziel der Eroberung Karthagos teilnehmen möchte. So sagt eine Triere, sie wolle lieber altern und von Holzwürmern gefressen werden, und eine andere schlägt vor, daß alle Asyl in einem Heiligtum suchen sollen. Hauptzweck der Passage ist die Verspottung des genannten Politikers, wobei er der letzte in einer Reihe von Personen ist, die Aristophanes in der Nebenparabase aufs Korn nimmt. Einem von ihnen, Ariphrades, wird unterstellt, er besudle seine Zunge, indem er sich Prostituierten in einem Bordell zum Cunnilingus hingebe (1280 ff.). Das mag uns heute als besonders üble Nachrede erscheinen. Nun lesen wir aber zu Beginn des Epirrhemas, das die Verunglimpfung enthält, eine Rechtfertigung des nachstehenden Personenspotts (1274 f.):

Die Schlechten zu schmähen ist in keiner Weise gehässig,
sondern eine ehrenwerte Sache für die Guten, wenn man es richtig bedenkt.

Ehrt es wirklich «die Guten», wenn jemand in betont obszöner Sprache diffamiert wird? Aristophanes läßt das Schmähen wohl deshalb für «in keiner Weise gehässig» erklären, weil es in die literarische Tradition der

Schimpf- und Spottpoesie gestellt werden darf. Das aber bedeutet: Wenn der Komödiendichter auf diese Weise rechtfertigt, daß er Ariphrades unter der Gürtellinie attackiert, dann gilt das auch für alles Negative, was wir in den *Rittern* über Kleon lesen – als «schlecht» (*ponērós*) wird der Sieger von Sphakteria ebenfalls immer wieder bezeichnet (Rosen 1988, 76 f.). Um es nochmals hervorzuheben: Hier sind Typen die Zielscheibe von Verunglimpfung, nicht die gleichnamigen Personen.

Hausarrest für einen Kleonisten

In der Parabase der zwei Jahre nach den *Rittern* auf der Bühne dargebotenen *Wespen* gibt der Chorführer in Teil 2 einen Abriß der Karriere des Aristophanes von dessen Anfängen bis zu den *Wolken* des Vorjahrs und verweilt dabei länger bei der großen Leistung, die der Dichter mit seinem Angriff auf Kleon in den *Rittern* erbracht habe (1029–1035):

Nicht hat er, als er erstmals zu inszenieren begann, Menschen, wie er sagt,
                           attackiert,
sondern mit der Wut eines Herakles sich an das Größte herangemacht,
und tapfer standgehalten gleich von Anfang an dem Scharfzahnigen,
von dessen Augen die fürchterlichen Strahlen der Kynna leuchteten
und hundert Häupter heulender Schmeichler züngelten ringsherum
um sein Haupt, und er hatte die Stimme des Verderben gebärenden
                           Gebirgsstroms,
den Gestank einer Robbe, die ungewaschenen Hoden der Lamia und den Arsch
                           eines Kamels.

Schon in den *Rittern* setzt der Chorführer den Staatsmann einem Monster gleich (V. 511). Ein solches wird laut Aussage eines der beiden Sklaven, die zu Anfang der *Wespen* auftreten, von ihnen bewacht. Doch es handelt sich dabei nicht, wie man meinen könnte, um Kleon, sondern nur um einen seiner Anhänger unter den 6000 Geschworenen, die dem Politiker nicht zuletzt deswegen treu ergeben sind, weil er ihre Diäten von zwei auf drei Obolen erhöht hat. Es ist ein alter Mann namens Philokleon («Kleonfreund»), den die Richtwut und speziell der Drang, Angeklagte schuldig zu sprechen, so sehr beherrscht, daß sein Sohn Bdelykleon («Kleonhasser») ihn von dieser «Krankheit» (V. 71) befreien möchte. Das wiederum ist der Große Plan – Motor des Geschehens in den *Wespen* –, und er wurde bereits vor Beginn des Stücks gefaßt, eine Neuerung des Aristophanes gegenüber seinen bisherigen Komödien. Daß die Handlung bereits im Gang ist, verrät die Szenerie, die Spannung weckt: Die beiden Sklaven Sosias und Xanthias – sie werden die *Wespen* wie Demosthenes und Nikias die *Ritter* durch einen Dialog eröffnen – sitzen schlafend vor dem Bühnenhaus, dessen Tür von außen verriegelt ist, dessen Fenster im ersten Stock ein Netz überspannt und auf dessen Dach Bdelykleon schläft. Dies liefert denn auch die Ausgangssituation für eine lebendige Bühnenaktion nach den Stimmung erzeugenden Späßen der beiden Sklaven und der Expositionsrede des Xanthias: Das erste Drittel der Komödie (1–525) besteht überwiegend aus bewegten Szenen, in denen Philokleon aus seinem Haus zu entfliehen versucht, und danach aus solchen, in denen die den Chor bildenden «Wespen», um dem Alten zu helfen, seine Bewacher mit ihren «Stacheln» bedrohen. Es sind Geschworene vorgerückten Alters, die wie Philokleon leidenschaftlich gern verurteilen und sich deswegen mit dem gefährlichen Insekt gleichsetzen.

Mit dramatischer «action» ist schon die Expositionsrede des Xanthias (54 ff.) insofern verbunden, als der Sklave an der Stelle, wo er auf die «Krankheit» Philokleons zu sprechen kommt, das Publikum raten läßt, welche das sein könnte. Daraufhin fingieren die beiden Sklaven in einem kurzen Dialog, einzelne Zuschauer würden Vorschläge machen (die natürlich nicht das Richtige treffen), und anschließend führt Xanthias seine Informationen für das Publikum zu Ende. Gleich darauf wird dessen Aufmerksamkeit auf das Dach des Bühnenhauses gelenkt: Bdelykleon, vom Schlaf erwacht, bemerkt, daß sein Vater durch den Kamin nach draußen gelangen will, und hindert ihn daran, indem er ihn zurückstößt und ein Brett über dem Rauchfang anbringt. Als Philokleon dann von innen ruft, er müsse einen Esel auf dem Markt verkaufen, wird, weil das ja auch sein Sohn übernehmen kann, nur dem Grautier die Tür geöffnet. Dieses aber trägt unter sich, wie Xanthias sofort entdeckt – der Schauspieler des Sosias hat vorher die Bühne verlassen, um nun in der Rolle Philokleons auftreten zu können –, den alten Mann; darauf beginnt mit folgenden Worten ein Dialog zwischen ihm und Bdelykleon (184 f.):

BDELYKLEON: Wer bist du, Mensch? Sag die Wahrheit!
PHILOKLEON: Niemand, beim Zeus.
BDELYKLEON: Niemand, du? Woher bist du?
PHILOKLEON: Aus Ithaka, Sohn des Weglaufides.

Wieder einmal wird witzig auf Homer angespielt, wobei zwei Phasen einer Episode in der *Odyssee* kombiniert sind: 1. Der Ithaker Odysseus entrinnt aus der Höhle Polyphems, indem er sich unter dem Widder des Kyklopen versteckt (9.437 ff.). 2. In der Nacht zuvor hat er «Niemand» als seinen Namen genannt, dann zusammen mit seinen Gefährten Polyphem das Auge ausgestochen, und dieser antwortet den anderen Kyklopen, die sein Brüllen aus seiner verschlossenen Höhle hören, auf die Frage nach dem Grund: «Freunde, Niemand tötet mich mit List und nicht mit Gewalt» (9.366 ff.). Was schon rund 300 Jahre vor der Aufführung der *Wespen* ein griechisches Publikum amüsiert hat, kann jetzt ein allseits bekannter «Intertext» erst recht leisten.

Kurz nachdem Philokleons dritter Versuch, seinem Hausarrest zu entkommen, gescheitert ist – diesmal sollte der Weg über die Dachrinnen gehen –, treten auf dem allmorgendlichen Gang zu einer Gerichtsverhandlung die «Wespen» auf, die ihren Kollegen abholen wollen. Es ist die Zeit vor Tagesanbruch, und deshalb lassen sich die alten Herren, um nicht im Dunkeln mit dem Fuß an einen Stein zu stoßen, von einigen Knaben vorausleuchten. Diese sind Söhne der «Wespen», nicht deren Sklaven, woraus sich ebenso wie aus einem Wechselgesang des Chors mit einem der Knaben ergibt, daß die Männer an Armut leiden. So wird der Zuschauer implizit darauf vorbereitet, daß Bdelykleon später in seinem Wortgefecht mit Philokleon auf die finanzielle Benachteiligung der als Geschworene fungierenden Bürger durch die Demagogen verweist. Sein Vater macht die Kollegen, als der Wechselgesang beendet ist, durch Wehklagen und Beten in Form einer Monodie («Einzelgesang, Arie») auf seine Situation aufmerksam (317–333). Damit erinnert er an entsprechende Lieder in zeitgenössischen Tragödien, aber das dort verströmte Pathos wird hier lediglich parodiert. So wirkt die Anrufung des Zeus in Teil 2 des Gesangs einfach deswegen lächerlich, weil die Metamorphosen, um die Philokleon den Gott bittet, nicht mit denjenigen übereinstimmen, von denen im griechischen Mythos erzählt wird, sondern diese komisch abwandeln (323–333):

Auf denn, o mächtig donnernder Zeus,
mach mich entweder plötzlich zu Rauch
oder zu Proxenides [einem Angeber] oder zu Herrn Windbeutel junior,
dieser Kletterweinrebe.
Wage es, Herr, mir gnädig zu sein,
meines Leids dich erbarmend. Oder mit einem Blitz,
einem siedend heißen, röste mich schnell,
und dann hebe mich auf, blas die Asche ab,
und wirf mich in heiße Essigsoße.
Oder mach mich zu einem Stein, auf dem man
die Stimmen der Geschworenen zählt.

Was leider wieder nur am griechischen Original gezeigt werden könnte, sind die stilistischen Finessen, zu denen das Nebeneinander von Wörtern der Tragödiendiktion und solchen des Alltags gehört.

Auf die Monodie folgt ein Abschnitt (334–402), der wie ein epirrhematischer Agon gebaut, aber kein Streitgespräch ist. Er bietet ebenso wie die daran anschließende Passage (403–525), die, teils aus Chorliedern, teils aus (meist trochäischen) Langversen bestehend, zum eigentlichen epirrhematischen Agon überleitet, weiterhin lebendiges Bühnengeschehen. Zunächst unterhält Philokleon sich mit den Kollegen über seine Lage, dann beißt er auf deren Anraten ein Loch in das über das Fenster im ersten Stock gespannte Netz und beginnt, sich an einem Seil aus dem Fenster herabzulassen. Doch da wacht Bdelykleon, der sich nach der Vereitelung der bisherigen drei Fluchtversuche seines Vaters schlafen gelegt hatte, wieder auf, weckt den neben ihm liegenden Sklaven Xanthias und leitet zusammen mit ihm eine Gegenaktion ein. Xanthias klettert an der Hauswand hinauf bis zu der Höhe, auf der Philokleon sich befindet, und schlägt ihn mit Zweigen, Bdelykleon läuft ins Haus und zieht Philokleon an dem Seil durch das Fenster wieder hinein. Daraufhin legen die Chorsänger ihre Mäntel ab, so daß man sehen kann, daß ihre darunter verborgenen Kleider sie als Wespen stilisieren sollen und ihre Phalloi zu Stacheln «umfunktioniert» sind. Den Knaben, denen sie die Mäntel reichen, tragen sie auf, Kleon Meldung zu erstatten und ihn herbeikommen zu heißen

zu einem, der ein polishassender Mann
ist und der sterben wird,
weil er diesen Gedanken aufbringt,
daß wir keine Prozesse mehr führen sollen. (411–414)

Bdelykleon muß also, auch wenn kein Zuschauer das ernst nehmen dürfte, um sein Leben fürchten. Als er nun, seinen Vater festhaltend, aus dem Haus tritt, wird er von den «Wespen» in der Tat bedroht. Deshalb übergibt er Philokleon drei Sklaven zur Bewachung, eilt mit Xanthias ins Haus und kehrt wenig später mit einem Stock und einem rauchenden Topf, wie Imker ihn benutzen, zurück. Der kurze Einsatz dieser «Waffen» bewirkt, daß die alten Männer sich darauf beschränken, Bdelykleon verbal zu attackieren: Sie behaupten mehrfach, er sei ein Vertreter der Tyrannis. Entsprechend pflegten offenbar Staatsmänner wie Kleon ihre politischen Gegner zu verunglimpfen. Doch Bdelykleon, der nicht mit dem Chor streiten, sondern mit seinem Vater eine Diskussion über dessen Geschworenentätigkeit führen und ihn davon abbringen möchte, weiß die Unterstellung der «Wespen» geschickt ins Lächerliche zu ziehen. Das erreicht er dadurch, daß er amüsante Beispiele dafür nennt, wie die für die Athener typische Angst vor einem diktatorischen Regime den Mann auf der Straße geradezu verrückt macht (488–499). Dazu liefert Xanthias in der Funktion des Bomolochos eine besonders witzige Ergänzung; wer sie verstehen will, muß wissen: Hippias war 528/27–510 v. Chr. Tyrann von Athen, und sein Name bedeutet Pferdchen (500–502):

Und mich jedenfalls hat gestern die Nutte, als ich zu ihr hereinkam am Mittag,
heftig mir zürnend, weil ich die Reiterstellung verlangte,
gefragt, ob ich die Tyrannis des Hippias <wieder> einführen wolle.

Nein, das wollen weder Xanthias noch Bdelykleon, und diesem gelingt es dann endlich, seinen Vater für einen Disput zu gewinnen; dabei sollen dessen Kollegen Schiedsrichter sein. Philokleon soll die Behauptung Bdelykleons widerlegen, er werde als Geschworener von Männern, die er verehre – das zielt auf Politiker wie Kleon –, zum Narren gehalten und sei, ohne es zu merken, deren Sklave. Denn Philokleon hält sich für einen Herrscher über alles; damit meint er sich als Angehörigen des Demos, der offiziell nicht nur über Athen, sondern auch über dessen Imperium, den Attischen Seebund, gebietet. Und Bdelykleon will von seinem Vater erklärt haben, welchen Gewinn ihm diese seine (vermeintliche) Machtposition bringe. Damit Philokleon frei reden kann, wird er auf Geheiß seines Sohnes von den Sklaven losgelassen. Für den Fall, daß Bdelykleon ihn im Streitgespräch besiegt, will er sich, wie er pathetisch verkündet, in sein Schwert stürzen.

Rekapitulieren wir noch einmal bis zu diesem Punkt. Bdelykleon hat den Großen Plan, seinen Vater von der Richtwut zu kurieren, schon in der Vorgeschichte der Komödienhandlung gefaßt, aber seit ihrem Beginn – und mittlerweile ist bereits ein Drittel verstrichen – lediglich bewirkt, daß er mit dem Vater über die Berechtigung seines Plans diskutieren kann. Was die Verse 1–525 boten, war wenig mehr als Slapstick und Klamauk. Gut, jetzt könnte man zur Sache kommen, jetzt mag es ernst werden, soweit in einer Komödie möglich. Aber falls Philokleon und sein Sohn nun in der Tat vernünftige Worte wechseln, warum gab es so viel Clownerie vorweg? Die Frage, die an sich bei Aristophanes überflüssig sein sollte, stellt sich denn doch, weil Xanthias zu Anfang seiner Expositionsrede gesagt hat (54–66):

Auf jetzt, ich will den Zuschauern den Plot nennen,
zuerst aber dieses Wenige hier ihnen sagen,
daß sie nichts allzu Großes von uns erwarten sollen,

auch wiederum nicht Lachen, das aus Megara gestohlen ist.
Denn bei uns gibt es weder ein Nüsse aus einem Korb
unter die Zuschauer werfendes Sklavenpaar
noch Herakles, der um sein Mahl betrogen wird,
noch wiederum Euripides, der beschimpft wird.
Auch wenn Kleon erstrahlt ist dank seinem guten Geschick,
werden wir nicht wieder denselben Mann zu Hackfleisch zerstampfen.
Nein, bei uns gibt es einen kleinen Plot, der Sinn und Verstand hat,
der zwar nicht gescheiter ist als ihr,
aber klüger als eine ordinäre Komödie.

Die Komödientypen, von denen Xanthias in V. 57–60 redet, stehen für das, was wir als Klamotte bezeichnen würden. Sind nun aber die bisherigen Szenen, auch wenn darin tatsächlich weder Euripides noch Kleon verunglimpft wurde, wirklich «gescheiter» als eine solche? Für die Zeitgenossen hatten sie trotz vieler geistreicher Scherze insgesamt doch wohl eher das relativ niedrige Niveau der von Xanthias genannten Komödientypen – zumindest im Vergleich mit dem, was Aristophanes ein Jahr zuvor in den *Wolken* auf die Bühne gebracht hatte; diese Komödie bot, wie wir sehen werden, in der Tat überwiegend Stoff, der «klüger als eine ordinäre Komödie» war. Aber der Dichter hatte damit nur den dritten Platz errungen. Mithin ist, was Xanthias in den zitierten Versen sagt, höchst witzige Irreführung des Publikums: Er weckt den Anschein, es werde erneut ein einigermaßen anspruchsvolles Stück gezeigt, dann aber sieht man bis zu V. 525 abwechslungsreiche komische «action». Die Zuschauer mögen somit über die nicht recht in Erfüllung gegangene Verheißung lachen und erwarten, daß es so weitergeht. Wird es das? Schauen wir mal.

Richtwut kommt auf den Hund

Der zweite epirrhematische Agon der *Wespen* (526–727) weist eine Besonderheit auf: In der ersten Hälfte nach der Ode des Chors und dem Katakeleusmos des Chorführers dominiert Philokleon, während sein Sohn sich nur mit vier kurzen Zwischenbemerkungen zu Wort meldet, und analog dazu gehört die zweite Hälfte überwiegend Bdelykleon. Anders als in den Agonen der *Ritter* und weiterer Komödien haben wir also fast so etwas wie ein Redepaar vor uns, und das mag dadurch bedingt sein, daß Athens Gerichtswesen das Thema ist. Wie es dort geschehen kann, wird auch hier eine in sich geschlossene Argumentation einer anderen gegenübergestellt, und zudem macht sich in diesem Agon während der ersten Rede derjenige, der die zweite halten wird, Notizen. Was Philokleon darzulegen versucht, ist dies: Er verfüge als einer der Geschworenen über die Macht eines Monarchen, da alle ohne Unterschied ihn anflehen, sich ihrer zu erbarmen, jedes nur denkbare Mittel anwenden, seine Gunst zu gewinnen, und er zudem spezielle Vorrechte genießt. Und was das Erfreulichste sei: Wenn er mit seinem Tagelohn nach Hause kommt, werde er von der Familie liebevoll begrüßt und verwöhnt. Seine Begeisterung über die Vorteile des Geschworenendaseins treibt ihn zu folgendem Abschluß seiner an Bdelykleon gerichteten Worte (619–630):

Führe ich also nicht eine gewaltige Herrschaft, nicht geringer als die des Zeus,
der ich dasselbe zu hören bekomme wie Zeus?
Wenn wir zum Beispiel laut werden,
sagt jeder von denen, die vorbeigehen:
«Wie donnert doch das Gericht,
o König Zeus!»,
und wenn ich blitze, dann glucksen
und scheißen sich voll die Reichen
und die sehr Erhabenen.
Und du selbst fürchtest mich am meisten,
ja, bei Demeter, du fürchtest mich. Ich aber
will des Todes sein, wenn ich dich fürchte.

Es trifft zu, daß die Geschworenen in Athen, da sie niemandem weisungsgebunden waren, über Macht verfügten, und manche Formen der Selbsterniedrigung von seiten der Angeklagten, wie Philokleon sie schildert – etwa das Mitleidheischen durch Vorführen der eigenen weinenden Kinder (568 ff.) –, sind uns auch durch andere Texte bezeugt. Aber vieles ist komisch übertrieben wie Philokleons gerade zitierte Gleichstellung der eigenen Person mit Zeus. Daß gelacht werden soll, belegt außer dieser Passage etwa die Bemerkung Philokleons, ihm biete sich die Möglichkeit, bei der amtlichen Registrierung von Knaben – sie wurden als 17- oder 18jährige nach Prüfung ihrer Mannbarkeit in die Bürgerliste eingetragen – deren Geschlechtsteile anzuschauen (V. 578). Das galt natürlich als höchst angenehm in einer Gesellschaft, in der Päderastie nicht anstößig war und Knaben wie Frauen begehrt wurden. Wie man sieht, ist amüsante «action» durch nicht weniger amüsantes Argumentieren abgelöst worden, und das setzt sich in der Gegenrede Bdelykleons fort. Dieser rechnet seinem Vater vor, die von den Mitgliedern des Attischen Seebundes entrichteten Tribute ergäben zusammen mit den anderen Staatseinnahmen nahezu 2000 Talente, von denen nur 150 auf die 6000 Geschworenen entfielen.

Das restliche Geld würden sich die Demagogen durch üble Methoden wie Erpressung der Bundesgenossen aneignen. Philokleon sei daher mit seinen drei Obolen Tagegeld arm im Vergleich mit denen, die sich als Amtsträger bereicherten, ja werde durch sie sogar gedemütigt. In V. 698–701a bringt Bdelykleon seine Argumentation auf den Punkt:

Schau dir also an, wie du, obwohl es für dich und alle möglich wäre, reich zu sein, von denen, die immer sagen, sie seien für das Volk, auf die oder jene Weise
                                                                      eingewickelt worden bist,
der du über sehr viele Poleis herrschst vom Schwarzen Meer bis Sardinien, aber nicht den geringsten Profit davon hast außer dem, den du davonträgst.

Mancher Erklärer las das als sehr ernst zu nehmende Sozialkritik, die Aristophanes durch den Mund Bdelykleons übe. Aber seine Rede enthält wie diejenige Philokleons komische Übertreibungen, hier zum Beispiel die Behauptung, das attische Imperium erstrecke sich im Westen bis nach Sardinien. Besonders witzig ist die Berechnung, die Bdelykleon gegen Ende seiner Ausführungen anstellt (707–712):

Es sind tausend Poleis, die jetzt ihren Tribut an uns abführen.
Wenn jemand anordnete, daß jede von ihnen 20 Männer ernähre, würden 20 000 Leute aus dem Volk von einem Überfluß an Hasenbraten und Kränzen aller Art und frischer und gekochter Biestmilch leben, genießend, was würdig wäre des Landes und des Siegesmals in Marathon.
Jetzt aber lauft ihr wie Olivenpflücker dem hinterher, der euren Lohn hat.

Nein, zum Attischen Seebund gehörten nur etwa 370 Poleis, und keineswegs alle zahlten. Auf der anderen Seite ging es Männern, die sich als Geschworene betätigten, nicht so erbärmlich wie Olivenpflückern, deren okkasionelle Lohnarbeit derjenigen von Sklaven gleichgeachtet wurde. Und das gute Leben, das Bdelykleon seinem Vater als möglich erscheinen läßt, war im Athen des 5. Jahrhunderts v. Chr. genauso undenkbar wie die paradiesische Existenz, die Dikaiopolis sich in den *Acharnern* durch seinen Privatfrieden verschafft. Es empfiehlt sich daher wohl nicht, Aristophanes als Sozialisten *avant la lettre* einzustufen.

Obwohl der Chorführer nun in der Sphragis des Agons Bdelykleon den Sieg in dem Wortgefecht zuerkennt (725–727), ist Philokleon noch nicht bereit, die Konsequenzen zu ziehen und seine Tätigkeit als Geschworener zu beenden. Zwar verspricht Bdelykleon für den Fall, daß der Vater die schiedsrichterliche Entscheidung als Voraussetzung für seine künftige Lebensführung akzeptiert, folgendes (736–740):

Ja wahrlich, ich werde ihn ernähren und alles gewähren,
was einem alten Mann zuträglich ist: Haferschleim-
schlecken, einen weichen Mantel, einen zottigen Umhang,
eine Nutte, die ihm den Schwanz reiben wird
und seine Lenden.

Aber Philokleon hängt weiterhin an seiner Tätigkeit als Geschworener und verkündet sogar mit dem Pathos einer Tragödienfigur, eher werde der Tod zwischen ihm und seinem Sohn entscheiden, als daß er sich diesem fügen wolle (762 f.). Doch da kommt Bdelykleon auf eine rettende Idee, mit der er seinen Großen Plan – er hatte den Vater ganz von der Stimmurne wegbringen und ihm eine neue Existenz ermöglichen wollen, wie er durch die gerade zitierten Verse bestätigt – in geschickter Weise modifiziert. Er erklärt sich bereit, für Philokleon zu Hause einen privaten Gerichtshof zu schaffen und ihm auch Lohn zu zahlen. Darauf geht dieser freudig ein, und sofort setzt Bdelykleon seinen Gedanken in die Praxis um, indem er die für die neue Institution erforderliche Ausstattung herbeiholen läßt: einen Nachttopf für den Harndrang des alten Mannes im Verlauf eines Prozesses, eine Kohlenpfanne zusammen mit einer Linsensuppe zum Schlürfen, wenn Philokleon das braucht, und einen Hahn, der ihn aufwecken soll, wenn er bei einer Rede einschläft. Während Philokleon ins Haus läuft, um zusätzlich eine Gerichtsschranke zu besorgen, meldet Xanthias einen «Fall», der dann eine Verhandlung mit dem Alten als dem (einzigen) Geschworenen in Gang setzt: Der Hund Labes habe aus der Küche einen sizilischen Käse gestohlen und aufgefressen.

Es findet also ein Hundeprozeß statt (891–1008), und damit wird das Bühnengeschehen nach dem epirrhematischen Agon und der gerade inhaltlich skizzierten Übergangsszene (728–890) wieder wie im ersten Drittel der *Wespen* sehr lebendig. Es ist dabei vielleicht nicht allzu wichtig, daß sich hinter dem Hund Labes der Stratege Laches und hinter dem Hund, der als Ankläger auftritt und aus Kydathenaion stammt, der (wie Aristophanes) ebendort geborene Politiker Kleon verbirgt; wir zumindest besitzen keine eindeutigen Informationen darüber, ob Kleon den Strategen tatsächlich vor Gericht zog und, wenn ja, was genau dem Mann zur Last gelegt wurde. Jedenfalls kann man sich auch ohne Hintergrundwissen darüber amüsieren, wie Aristophanes einen Prozeß entsprechend dem damals in Athen üblichen Ablauf nicht nur als Spiel von Privatleuten inszenieren, sondern darin überdies zwei Haustiere und einzelne Gegenstände bestimmte Rollen übernehmen läßt. So wird uns erneut ein «Drama im Drama» präsentiert, also Metatheater wie etwa in der Szene der *Acharner*, in der Dikaiopolis, kostümiert von Euripides, als neuer

Telephos agiert (S. 43). Da verliest nun Bdelykleon in der Funktion eines der Archonten, die vor Gericht den Vorsitz führten, die Anklageschrift. Dann hält der Hund aus Kydathaion die Anklagerede und droht, falls Labes freigesprochen werde, niemals wieder zu bellen. Als Zeugen treten Schüssel, Mörser, Käseraspel, Bratrost und andere Küchengeräte auf – befragt wird die Käseraspel, die nur zu nicken braucht –, junge Hunde winseln um Erbarmen für Labes, und am Ende gibt Philokleon sein Votum ab, indem er in einen von zwei als Urnen fungierenden Töpfen einen Stimmstein wirft. Weil er dazu von Bdelykleon mit geschlossenen Augen um die beiden «Urnen» herum zu der für «Freispruch» bestimmten gelenkt wird, geschieht das für ihn Unfaßbare: Offensichtlich zum allerersten Mal erklärt er einen Angeklagten nicht für schuldig. Vor Schreck fällt er in Ohnmacht, aber als man ihn wieder zu sich gebracht und er sich erhoben hat, endet die Szene so (999–1008):

PHILOKLEON: Wie werde ich das nun mit meinem Gewissen vereinbaren,
daß ich einen Angeklagten freigesprochen habe? Was wird mir nur
                                            widerfahren?
Ach, ihr hochgeehrten Götter, verzeiht mir!
Denn unabsichtlich tat ich es und gegen meine Art.
BDELYKLEON: Und ärgere dich nicht darüber. Denn ich werde dich, Vater,
gut ernähren und mit mir überallhin führen,
zum Essen, zu Trinkgelagen, zu Festen,
auf daß du angenehm lebst in Zukunft.
Und nicht wird dich betrügen und zum Narren halten Hyperbolos.
Auf, laßt uns hineingehen.
PHILOKLEON: So soll es sein, wenn es dir gut scheint.

Mit dem Abgang der beiden und aller weiteren Personen außer dem Chor endet auch das zweite Drittel der *Wespen* (526–1008), und das dritte beginnt mit der Parabase (1009–1121). Wer die Handlungsstruktur einer Aristophanischen Komödie kennt, erwartet, daß auf die Choreinlage epeisodische Szenen folgen. Denn der Große Plan – in diesem Stück die Absicht Bdelykleons, den Vater von seiner öffentlichen Tätigkeit als Geschworener abzubringen – hat sein Ziel erreicht, und wir sind gespannt darauf zu sehen, wie der von seiner «Krankheit» Befreite, dessen Leben von jetzt an sein Sohn gestalten soll, sich in der neuen Lage verhält. Ist denkbar, daß er «rückfällig» wird? Dann wäre jedoch das Gelingen des Großen Plans nachträglich in Frage gestellt und die epeisodischen Szenen müßten aus weiteren «Heilungsversuchen» bestehen. Das wiederum wäre nichts weiter als eine Fortsetzung des bisherigen Geschehens, die nicht in ein richtiges Happy-End einmünden, sondern allenfalls zu demselben Resultat führen könnte wie schon vor der Parabase. Außerdem ist Philokleons Richtwut im wahrsten Sinne des Wortes «auf den Hund gekommen», weshalb man eigentlich nicht damit rechnet, daß das Thema überhaupt noch eine Rolle spielen wird. Andererseits präsentieren sich die Chorsänger nach dem zweiten Teil der Parabase, den wir bereits betrachtet haben, wie vorher als alte Männer mit der Mentalität von Wespen: Wie solche handelten sie als Jünglinge während der Perserkriege (1060–1101) und handeln sie immer noch. Die diesbezüglichen Äußerungen des Chorführers (1102–1121) schließen mit den Worten:

Doch mir scheint, um es kurz zu sagen, daß in Zukunft von den Bürgern jeder, der keinen Stachel hat [also eine «Drohne» ist], nicht drei Obolen
erhalten soll.

Wie man sieht, läßt sich schwer voraussagen, woher die zu erwartenden epeisodischen Szenen ihre Komik, die ja in ganz besonderem Maße zu ihnen gehört, beziehen können. Um so überraschender ist, was tatsächlich geschieht.

Der mißratene Vater

Fassen wir doch vorweg kurz zusammen, was wir in den epeisodischen Szenen der *Wespen* zu sehen bekommen! Philokleon, der alte Mann, der sich jeden Tag vor Morgengrauen zum Gerichtshof begeben hat, um dort unerbittlich einen Angeklagten nach dem anderen schuldig zu sprechen, wird von seinem Sohn davon abgebracht. Durch ihn dann mit einer von Essen, Trinken und Sex beherrschten Welt bekannt gemacht, flippt er dort total aus – ja, dieser Ausdruck des modernen Jargons trifft ganz genau, was dem Bdelykleon jetzt von seinem Vater geboten wird. Denn der Alte betrinkt sich, beschimpft und verspottet Leute, prügelt seinen Sklaven, entführt ein nacktes Flötenmädchen und beteiligt sich am Ende der Komödie an einem Tanzwettbewerb. Mit alldem beginnt er freilich nicht gleich nach der Parabase, sondern in der auf sie folgenden Szene erleben wir ihn noch einmal als «Zögling» seines Sohnes. Hatte Bdelykleon ihn vorher «umerzogen», indem er ihn von der Richtwut befreite, so setzt er sein pädagogisches Programm nun damit fort, daß er den Vater belehrt, wie dieser sich künftig zu kleiden, wie er in Gegenwart gebildeter Männer zu reden und wie er sich beim Symposion («Trinkgelage, Gastmahl») zu betragen habe (1122–1264). Daran schließt sich erst noch die Nebenparabase an, deren Thema durchgehend die Verunglimpfung von Zeitgenossen ist (1265–1291). Danach aber stellt Aristophanes uns in einer Reihe epeisodischer Szenen (1292–1449) und in der von ihnen durch ein Stasimon (1450–1473) getrennten Exodos (1474–1537) vor Augen, wie sich der von seinem Sohn «erzogene» Vater als «mißraten» erweist. Diesen Abschnitt der Komödie wollen wir jetzt näher betrachten, aber zuvor werfen wir einen raschen Blick auf V. 1284–1291 der Nebenparabase. Dort vernehmen wir aus dem Munde des Chorführers, dessen Ich wieder einmal mit dem des Dichters identisch ist:

Es gibt Leute, die gesagt haben, daß ich mich mit Kleon ausgesöhnt hätte,
als er mich mit seinem Angriff aus der Fassung zu bringen versuchte
und mir mit seinen Beschimpfungen Stiche versetzte. Und dann, als mir
                                  das Fell abgezogen wurde,
lachten die nicht davon Betroffenen, wie sie ihn laut schreien sahen,
wobei sie sich um mich nur insofern kümmerten, als sie wissen wollten,
ob ich, in die Enge getrieben, irgendwann ein Witzchen herauslassen würde.
Als ich das merkte, spielte ich ein wenig den Affen.
Und dann hat heute doch der Pfahl den Weinstock betrogen.

Die Verse berichten zunächst von einer Szene, in der Kleon den Dichter öffentlich attackierte – man soll wohl denken, das sei in Reaktion auf die *Ritter* erfolgt – und in der Aristophanes insofern «den Affen spielte», als er dem Politiker schmeichelte, sich also zum Schein mit ihm aussöhnte und versprach, ihn künftig nicht mehr zum Opfer von Schimpf und Spott zu machen. Im letzten Vers aber gibt der Dichter zu verstehen, daß er sich «heute», das heißt, in den *Wespen*, doch nicht an seine Zusage gehalten hat: Wie ein Weinstock sich einmal nicht auf einen ihn stützenden Pfahl, so habe Kleon sich nicht auf den Dichter verlassen können. Das trifft zu, da der Staatsmann auch in dem neuen Stück immer wieder in negativem Licht erscheint. Aber hatte er, wie manche Erklärer glauben, Aristophanes nach der Aufführung der *Ritter* vor Gericht verklagt? Das wäre möglich. Doch der Dichter drückt sich hier genauso vage aus wie an den S. 46 f. zitierten Stellen in den *Acharnern*, die man ebenso als Hinweis auf eine Klage Kleons gegen ihn interpretiert hat. Wie jene Verse lese ich *Wespen* 1284–1291 als fingierten Bericht über die Reaktion eines prominenten Zuschauers auf ein Stück, in dem eine dem Gelächter preisgegebene Bühnenfigur dessen Namen trägt. Denn wie in den *Acharnern* werden Kleons Äußerungen der Verärgerung implizit als Beleg dafür verwendet, daß in seinem Fall die Verulkung effektvoll war. Da Personenspott wiederum zu den wichtigsten «Aufgaben» eines Komödiendichters gehörte, hatte Aristophanes, wie Kleon höchstpersönlich bestätigte, Optimales geleistet. Und natürlich war es besonders witzig, wenn der Dichter die «Werbeaktion» des Staatsmannes für ihn einfach erfunden hatte.

Doch nun zu dem «mißratenen Vater»! Man hat gesagt, die Szenen, in denen er auftritt, bildeten zusammen mit derjenigen, in welcher Philokleon von Bdelykleon über das richtige Verhalten in der Gesellschaft belehrt wird, ein eigenes Drama, entwickelten sich mithin nicht folgerichtig aus der vorausgegangenen Handlung. Es ist jedoch zu bedenken, daß die *Wespen* von Anfang an mit Blick auf das Thema «Verkehrte Welt» konzipiert sind: Bereits in den Szenen vor der Parabase «erzieht» ein Sohn seinen Vater, und das widerspricht der Norm. Mit dieser Aktion erreicht der Sohn zwar erst einmal sein Ziel, aber als der «Unterricht» anschließend fortgesetzt wird, kommt es dazu, daß aus der «Verkehrten Welt» eine noch verkehrtere wird: Der aus der Realität vertraute Fall, daß ein von seinem Vater erzogener Sohn nicht die Erwartungen seines Erziehers erfüllt, er sich also als mißraten erweist, ist hier in die abnorme Geschichte vom «mißratenen» Vater umgewandelt. Daraus ergibt sich aber dies: Derjenige, der den Großen Plan gefaßt und ihn verwirklicht hat, kann nicht wie Dikaiopolis in den *Acharnern* und die Protagonisten weiterer Stücke des Aristophanes in den epeisodischen Szenen die Früchte seines Erfolges genießen, sondern muß erkennen, daß er gescheitert ist. Das Schema «Großer Plan gelingt/Konsequenzen negativ» finden wir ebenso in den *Wolken*, und wir dürfen wohl davon ausgehen, daß es schon der ersten Version von 423 zugrunde lag. War es so, dann wurde es in den *Wespen* weiter ausgebaut, und zwar in Kombination mit einer Handlung, die wohl den Vorstellungen des Publikums von Komik eher entsprach als diejenige der *Wolken*; allerdings hat Aristophanes auch mit den *Wespen* vermutlich nicht den ersten Preis errungen, sondern, wie allgemein angenommen wird, nur den zweiten.

Zu Beginn der epeisodischen Szenen in den *Wespen* berichtet der Sklave Xanthias, wie Philokleon beim Symposion als «der bei weitem betrunkenste von allen Anwesenden» (V. 1300) zunächst aufgesprungen sei, getanzt, gefurzt und Leute verhöhnt, dann ihn geschlagen, weitere Verbalinjurien von sich gegeben und derbe Witze sowie in törichter Manier Storys erzählt habe; jetzt schwanke der Alte nach Hause und prügle dabei jeden, der ihm über den Weg laufe. Als Xanthias hinter der Tür verschwunden ist, betritt Philokleon betrunken und mit einer Fackel in der Hand die Bühne, begleitet von dem Flötenmädchen Dardanis, das er, wie man dann von ihm erfährt, den Gästen beim Symposion entführt hat und das nackt ist (bei der Darbietung der *Wespen* im Dionysostheater wurde es sehr wahrscheinlich von einem Mann gespielt, der eine Frauenmaske und ein Trikot mit darauf gemalten überdimensionalen Geschlechtsteilen trug). Dieser Dame wendet Philokleon sich direkt zu, nachdem er den «Wespen» auf ihre Ankündigung, sie alle würden ihn am nächsten Morgen vor Gericht laden, erwidert hat (1335-1340):

Hoi, hoi, vorladen!
Wie altmodisch von euch! Wißt ihr nicht,
daß ich nicht einmal aushalten kann, nur zu hören
von Prozessen? Juchhe, juchhei,
das hier gefällt mir! Wirf um die Stimmurne!
Haust du nicht ab? Wo ist
ein Geschworener? Aus dem Weg!

Er ist also wirklich «geheilt», und das bestätigen die Worte, die er am Fuß der Treppe zu seinem Haus an Dardanis richtet (1341-1347):

Komm hier hinauf, Goldkäferchen,
und mit der Hand fasse diesen Strick hier!
Halt ihn fest. Aber nimm dich in acht, weil er morsch ist, der Strick.
Dennoch hat er natürlich nichts dagegen, gerieben zu werden.
Du siehst, wie schlau ich dich wegstahl,
als du schon drauf und dran warst, den Zechern die Schwänze zu lutschen.
Dafür tu diesem Schwanz hier einen Gefallen!

Offensichtlich wünscht er sich das von ihr, was sie anderen Symposiasten zu geben im Begriff war. Als er sieht, daß sie ihn nur auslacht, verspricht er ihr, falls sie jetzt «keine böse Frau» sei, sie freizukaufen und danach förmlich zu seiner Geliebten zu machen. Das könne geschehen, wenn sein Sohn gestorben sei. Warum nicht gleich? Die höchst amüsante Erklärung lautet (1354-1359):

Momentan verfüge ich nicht über mein eigenes Vermögen.
Denn ich bin jung. Und ich werde streng beaufsichtigt.
Denn mein Söhnchen hat ein Auge auf mich, ist mürrisch
und im übrigen ein Kümmelzersägerundkressespalter.
Deshalb hat er Angst um mich, ich könnte verdorben werden.
Denn er hat keinen Vater außer mir.

Deutlicher könnte die «Verkehrte Welt» sich nicht zeigen. Denn es wird eine Situation umgedreht, die real denkbar, aber vor allem aus der hellenistischen und römischen Komödie vertraut ist: Ein strenger, äußerst sparsamer Vater paßt darauf auf, daß sein einziger Sohn nicht einem Lotterleben verfällt, und dieser wartet sehnsüchtig auf sein Erbe.

Als Philokleon seine an Dardanis gerichteten Worte beendet hat, erscheint Bdelykleon, der ihn wegen der Entführung des Mädchens aus der Zecherrunde zur Rede stellt, und dann treten Leute, die Philokleon wegen seines üblen Verhaltens ihnen gegenüber haftbar machen wollen, mit Zeugen auf. Einer Bäckerin namens Myrtia, die ihn als erste anspricht, hat er mit seiner Fackel Schläge versetzt und ihr Brote im Wert von zehn Obolen und vier weitere aus dem Korb geworfen. Aber sie und einen Mann, der von ihm verprügelt wurde, fertigt er ab, indem er ihnen Storys erzählt, die offenbar seiner Meinung nach zur Sache passen, die seine beiden Ankläger aber nicht hören wollen. Darunter befinden sich Fabeln Äsops, und eine davon will er, als Myrtia und nach ihr der Mann verärgert abgezogen ist, Bdelykleon zum besten geben. Doch auch dieser ist nicht daran interessiert und trägt ihn ins Haus. Daraufhin singt der Chor ein Lied (1450–1473). In der ersten Strophe beneidet er Philokleon um sein Glück, hält aber für möglich, daß der Alte ein künftiges Luxusleben gar nicht wünsche, weil es schwer sei, von der angeborenen Art zu lassen. Bdelykleon wiederum erhält vom Chor in der zweiten Strophe großes Lob für die Umerziehung des Vaters, doch das erscheint als Überleitung zum Finale der Komödie paradox. Denn gleich nach dem Ende des Stasimons kommt Xanthias wieder mit einem Bericht über das unschickliche Betragen seines älteren Herrn auf die Bühne, belegt also erneut, daß Bdelykleons Pädagogik ihr Ziel verfehlt hat. Der Sklave erzählt, Philokleon habe inzwischen permanent getrunken, einer Flöte gelauscht und darauf die ganze Nacht getanzt; nachdem er die Tänze durchgemacht habe, mit denen Thespis an den Wettkämpfen teilnahm – mit ihm ist der Begründer der attischen Tragödie gemeint, der um 534 v. Chr. zum ersten Mal den Siegespreis errungen haben soll –, wolle er nun den modernen Tragikern demonstrieren, ihre Tänze seien altmodisch. Als Xanthias das vermeldet hat, tritt Philokleon aus dem Haus und fängt an zu tanzen.

Der nun dargebotenen Show – auch hier paßt der neudeutsche Begriff sehr gut – haben die übrigen zehn erhaltenen Komödien nichts Vergleichbares an die Seite zu setzen. Philokleon, der eine Weile seine eigenen Tanzbewegungen kommentiert, fordert dann Tragödienschauspieler, die behaupten, sie könnten gut tanzen, zum Wettbewerb heraus. Dem leistet als erster ein kleinwüchsiger Tänzer Folge, der als Krabbe kostümiert ist, und auf die Frage Philokleons, wer das sei, antwortet Xanthias ihm, es handle sich um den mittleren Sohn des Karkinos; dieser Mann führte seit etwa 446 v. Chr. Tragödien in Athen auf, und sein Name bedeutet «Krabbe». Als noch zwei weitere Söhne des Dichters, die ebenfalls nicht sehr groß sind, sich zu ihrem Bruder gesellt haben, beginnt eine Tanzdarbietung, die man sich nicht verrückt genug vorstellen kann. Sie wird vom Chor durch ein die Komödie abschließendes Lied begleitet, und während es ertönt, erscheint auch Vater Krabbe, der sichtlich höher gewachsen ist als seine Sprößlinge, tritt neben die Tanzgruppe und freut sich an der Virtuosität von Krabbe junior I, II und III. An sie alle richtet der Chor seine letzten drei Verse (1535–1537):

Auf, führt, wenn's euch gefällt, tanzend nach draußen
uns schnell. Denn das hat keiner jemals vorher getan,
einen komischen Chor, der tanzte, abtreten zu lassen.

So endet eine Komödie, die von ihrer Thematik her heute wohl nicht leicht zugänglich ist – Hellmut Flashar (²2009) hat nichts über eine Inszenierung in neuerer Zeit zu berichten –, dies aber mit ihrer Fülle an witzigen Überraschungen ausgleicht. Es wird deshalb gewiß immer wieder Betrachter geben, welche sie besonders schätzen.

Ein Athener im Himmel

Als der *Frieden* im Frühjahr 421 v. Chr. an den Großen Dionysien aufgeführt wurde – Aristophanes erhielt dafür den zweiten Preis –, war Kleon bereits über ein halbes Jahr tot. Dennoch wird er in V. 47 f. wieder verunglimpft, und das wiederholt sich in fünf weiteren Passagen (268–272. 313–320. 647b–656. 665–669. 752–758). Zur ersten Nennung seines Namens kommt es, nachdem zwei Sklaven (die hier anonym sind) wie in den *Rittern* und den *Wespen* das Publikum durch ihre ersten Aktionen vor ein Rätsel gestellt haben. Diesmal ist es die Fütterung eines Mistkäfers durch die beiden Männer, die den Zweck ihrer Aktion eine Weile im dunkeln lassen. Was die zwei dem vorläufig noch im Bühnenhaus befindlichen Insekt vorsetzen, sind Kuchen, die sie aus Kot kneten müssen, wobei sie über die unappetitliche Tätigkeit murren. Und plötzlich hören wir aus dem Mund des Sklaven II (43–45a):

Jetzt könnte wohl im Publikum irgendein junger Mann,
der sich für schlau hält, sagen: «Was soll das hier?
Wozu der Mistkäfer?»

Worauf Sklave I erwidert (45b–48):

Ein Athener im Himmel 91

>Und dann sagt zu ihm
>Ein jonischer Mann, der daneben sitzt:
>«Ich glaube, damit wird auf Kleon angespielt,
>nämlich daß der im Hades Dünnschiß frißt.»

Nein, darum geht es nicht, wie wir bald aus der Expositionsrede des Sklaven II erfahren (54 ff.). Der Mistkäfer, ein riesiges Exemplar vom Ätna, soll dem Herrn der beiden Männer, dem Weinbauern Trygaios (der Name, der «Winzer» bedeutet, fällt erstmals in V. 190, als Trygaios sich Hermes vorstellt), zur Lösung eines Problems verhelfen. Trygaios blicke nämlich den ganzen Tag lang zum Himmel hinauf, beschimpfe Zeus und bitte ihn, Griechenland nicht «wegzufegen» – mitten in der Rede des Sklaven hören wir den Bauern im Haus wie zur Bestätigung dem Gott vorwerfen, dieser «entkerne» die Poleis, bevor er merke, was er getan hat –, und dann habe Trygaios sich gefragt, wie er direkt zu Zeus kommen könne. Nach einem vergeblichen Versuch, mit Leitern zum Himmel aufzusteigen, habe er sich den Käfer besorgt, den Sklaven zu dessen Stallknecht gemacht und zu dem Tier gesagt (76 f.):

>«Mein kleiner Pegasos …, edles Flügeltier,
>du mußt mit mir sofort zu Zeus fliegen.»

Schon sehen wir denn auch, wie das geschieht: Trygaios, auf dem Mistkäfer sitzend, bewegt sich in Richtung Himmel. Die Inszenierung eines solchen Flugs im Dionysostheater hat man sich sehr wahrscheinlich so vorzustellen: Die Skene hatte diesmal drei Türen. Entweder aus derjenigen, die sich links befand, oder aus derjenigen auf der rechten Seite wurden «Roß und Reiter» mit Hilfe eines Krans, den ein «Maschinenmeister» (V. 174; S. 93) lenkte, hochgehoben, auf die andere Seite geschwenkt und dort vor dem Tor zum Palast des Zeus abgesetzt; die Funktion der mittleren Tür war dem Publikum während dieses Vorgangs noch nicht bekannt. Sofort wahrgenommen haben dürften die Zuschauer anhand des in V. 76 genannten Namens Pegasos, daß Aristophanes mit dem Flug des Weinbauern denjenigen eines mythischen Helden parodiert: Bellerophontes reitet in der (nur fragmentarisch überlieferten) Tragödie des Euripides, die nach dem Protagonisten betitelt ist, auf dem Flügelroß Pegasos zum Himmel hinauf. Während er jedoch dabei abstürzt, gelangt Trygaios sicher an sein Ziel. Damit schafft der Bauer die Ausgangsbasis für die Verwirklichung seines (später zu entwickelnden) Großen Plans: Er will Zeus fragen, was dieser mit dem Volk der Hellenen vorhabe, und ihn, falls er keine Antwort erhält, als Landesverräter anklagen (105–108). Das bezieht sich, wie das zeitgenössische Publikum natürlich sofort begriff, auf den seit zehn Jahren andauernden Peloponnesischen Krieg. Man darf also bereits jetzt annehmen, daß Trygaios sich um die Restauration des Friedens bemühen wird, und zwar nicht wie Dikaiopolis anfangs nur für Athen und später für sich allein, sondern für alle Griechen. Aber bevor wir erfahren, ob und, wenn ja, wie er sein Ziel erreichen kann, bekommen wir eine Reihe sehr lebendiger und witziger Szenen präsentiert.

Bis zu Vers 153 haben wir zu imaginieren, daß Trygaios und sein Reittier unbewegt in der Luft hängen. Denn während dieses Teils der Handlung führt er von oben herab Gespräche, erst mit Sklave II – ihm nennt er den Zweck seiner Himmelfahrt –, danach mit seiner von dem Sklaven aus dem Haus gerufenen Tochter (in deren Rolle der Darsteller des Sklaven I geschlüpft ist). Beide Dialoge sind allein schon deswegen amüsant, weil erneut in die Komödiendiktion einzelne Formulierungen und ganze Zitate aus Tragödien integriert sind, vor allem aus dem *Bellerophontes* und dem (ebenso fast ganz verlorenen) *Aiolos* des Euripides. Dem Mädchen ist das erste der beiden Stücke, wie sich im Laufe ihres Gesprächs mit dem Vater ergibt, durchaus vertraut. Zunächst einmal hört es von ihm, er habe deshalb einen Mistkäfer als Reittier gewählt, weil dieser laut Äsop als einziges von allen geflügelten Wesen zu den Göttern gelangt sei. Die vermutlich älteste Version der Fabel, auf die Trygaios dabei Bezug nimmt, überliefert uns die Äsop-Vita des 2./3. Jahrhunderts n. Chr.; dort wird dies erzählt (Kap. 134–139): Ein von einem Adler gejagter Hase wendet sich schutzflehend an einen Mistkäfer, aber obwohl dieser den Raubvogel auf das Schutzrecht hinweist, wird der Hase gefressen. Als der Mistkäfer aus Rache zweimal die Eier des Adlers aus dessen Nest rollt, so daß sie auf die Erde fallen und zerbrechen, bittet dieser Zeus um Hilfe und legt ihm seine Eier auf die Knie. Doch als der Mistkäfer dem Gott eine von ihm aus Kot zusammengeballte Kugel ins Gesicht wirft, springt Zeus auf, die Eier fallen zu Boden und zerbrechen wieder. Weil es dem Gott nicht gelingt, Mistkäfer und Adler miteinander zu versöhnen, setzt er für die Brutzeit des Adlers die Monate an, in denen die Mistkäfer nicht schwärmen.

Während wir vielleicht fragen, warum Trygaios nicht auf einem Adler statt auf einem Mistkäfer zum Himmel aufsteigt – die plausible Antwort Sommersteins lautet, daß in der Fabel das Insekt dort oben Erfolg hatte, der Raubvogel nicht (1980 ff., Bd. 5, 140 f.) –, denkt die belesene Tochter des Weinbauern in eine ganz andere Richtung; sie fragt (135 f.):

Hättest du nicht das Flügeltier Pegasos anschirren sollen,
auf daß du den Göttern tragödienhafter schienst?

Darauf der Vater (137–139):

Aber, meine Liebe, dann hätte ich doppelten Proviant gebraucht.
So aber kann ich, was auch immer ich selbst an Proviant esse,
wieder verwenden, um ihn zu füttern.

Und als die Tochter pathetisch ihre Befürchtung äußert, das Reittier könne «in die feuchte Meerestiefe» stürzen (V. 140), kann sie der Vater beruhigen, indem er auf sein «Steuerruder» verweist. Dabei handelt es sich offensichtlich um seinen Phallos. Ganz ohne Angst ist Trygaios freilich auch nicht. Es besteht nämlich die Gefahr, daß der Mistkäfer sich von fäkalischen Gerüchen, die von der Erde aufsteigen, ablenken und seinen Reiter abstürzen lassen könnte. Deshalb ruft Trygaios, während der Kran ihn vor die Tür des Zeus trägt, nach unten (164–169a):

Mensch, was tust du, du da, der du scheißt
im Piräus bei den Nutten?
Du wirst mich umbringen, wirst mich umbringen! Willst du das wohl vergraben
und viel Erde darauf häufen
und Thymian darüber pflanzen
und Parfüm darauf gießen?

Als der Kran den Athener auf dem Weg zum Himmel offenbar bedrohlich hin und her schwanken läßt, sagt er (173–176):

O weh, wie fürchte ich mich! Und das sage ich nicht mehr im Spaß.
Maschinenmeister, paß auf, weil mich
schon so ein Lüftchen einhüllt um den Nabel herum,
und wenn du nicht achtgibst, werde ich dem Mistkäfer Futter verschaffen!

«Metatheatralischer» geht es wahrhaftig nicht mehr. Deshalb dürfte für die Athener, denen man eine Durchbrechung der Bühnenillusion in der Komödie öfters bot, auch dies kein Problem gewesen sein: daß Trygaios und sein Reittier nicht an einen höheren Ort gelangten, sondern von dem Bühnenarbeiter auf der Spielfläche vor einer der beiden Seitentüren der Skene abgesetzt wurden.

Als der Bauer an das Tor von Zeus' Palast klopft, öffnet ihm Hermes; der Gott übt dabei dieselbe Funktion aus wie St. Peter in Szenen am Eingang zum Himmel von spätmittelalterlichen Schwänken bis zu Franz von Kobells *Gschicht vom Brandner Kasper*. Im *Frieden* ist der «Portner» erst einmal sehr grob und abweisend, aber als Trygaios ihm ein Stück Opferfleisch gibt, wird er zugänglich. Zu Zeus kann er den Bauern freilich nicht bringen. Denn die Götter haben sich direkt unter die Himmelskuppel zurückgezogen, weil immer eine Partei der kriegführenden Griechen dann, wenn die andere Frieden anbot, ihn ablehnte. So überließen sie Polemos («Krieg») ihre Behausung, und dieser warf Eirene («Frieden») in ein tiefes Loch, welches er mit Steinen zudeckte; während Hermes das berichtet, deutet er auf die mittlere Tür der Skene. Wie er weiter vermeldet, hat Polemos am Abend zuvor einen riesengroßen Mörser in den Palast gebracht, in dem er die Poleis zerstampfen will. Er betritt auch schon die Bühne, woraufhin Hermes abgeht und Trygaios sich versteckt, so daß er von einem sicheren Ort aus beobachten kann, womit Polemos den Mörser füllt. Es sind Speisen, die allegorisch für einzelne griechische Stadtstaaten stehen: Lauch (griech. *práson*) für Prasiai an der Küste von Lakonien, Zwiebeln für Megara, Käse für Sizilien und Honig für Athen. Wie in den *Rittern* befinden wir uns im Milieu eines Haushalts, der einen Bereich der Politik abbildet, hier denjenigen des Krieges, in dem zahlreichen Poleis überall in der von Hellenen bewohnten Welt der Untergang droht. Da ist, wie sich rasch zeigt, Kleon nicht mehr weit. Der kann sich zwar am «Zerstampfen» nicht mehr beteiligen, weil er tot ist, lebt aber als Befürworter einer Fortsetzung des Krieges in der Erinnerung der Zuschauer fort und dient deswegen nach wie vor als Zielscheibe für eine diesbezügliche Verspottung. Sie wird dadurch vorbereitet, daß Polemos seinem Gehilfen Kydoimos («Tumult») befiehlt, eine Mörserkeule zu holen, und ihn, weil im Haus keine vorhanden ist, nach Athen schickt. Als Kydoimos von dort zurückkommt, heißt es weiter im Text (268–272):

KYDOIMOS: He, du!
POLEMOS: Was ist? Bringst du sie nicht?
KYDOIMOS: Die Sache ist die:
Verloren ging den Athenern ihre Mörserkeule,
der Lederverkäufer, der ganz Hellas durcheinanderrührte.
TRYGAIOS: Eine Wohltat, hehre Herrin Athene, erwies
jener, indem er verloren ging, und das im rechten Augenblick für Athen.

Zu Beginn des Stückes hatte man annehmen dürfen, mit der Figur des Mistkäfers werde auf den Politiker angespielt. Das erwies sich rasch als unzutreffend, und so schien er vergessen. Doch jetzt zeigt sich: Aristophanes kann es nicht lassen. Ja, er wird den Mann sogar wie in den *Wespen* ins Zentrum von Teil 2 der Parabase stellen.

Eine Mörserkeule soll nun statt Athen der Feind Sparta liefern. Aber auch Brasidas, Kleons Gegner in der Schlacht um Amphipolis (S. 61), ist tot, weshalb Polemos, um sich eine neue Keule anzufertigen, in den Palast geht. Das gibt Trygaios die Möglichkeit zu handeln. In einer kurzen Rede, die den Prolog abschließt, verleiht er zunächst seiner Freude Ausdruck, indem er den persischen Feldherrn Datis, den Verlierer von Marathon, zitiert (er ahmt dabei dessen fehlerhaftes Griechisch nach). Und dann verkündet er seinen Großen Plan, den er in Abänderung seines ursprünglichen Vorhabens (105–108; S. 91) entwickelt hat (289–300):

Soweit nun das. Hier kommt das Lied des Datis,
das er einmal beim Wichsen zur Mittagszeit sang:
«Wie froh, vergnügt und heiter fühl ich mir!»
Jetzt ist für uns, hellenische Männer, eine gute Gelegenheit,
befreit von Schwierigkeiten und Schlachten
herauszuziehen die allen liebe Eirene,
bevor wieder irgendeine andere Mörserkeule das verhindern kann.
Auf, ihr Bauern und Kaufmänner und Zimmermänner
und Handwerker und Einwanderer und Ausländer
und Inselbewohner, kommt hierher, ihr Leute alle,
so schnell wie möglich, mit Hacken und Hebebäumen und Tauen!
Denn nun ist es uns möglich, einen Schluck aus dem Becher des guten Geistes
    zu tun [= es uns gut sein zu lassen].

Gleich nach diesen Worten des Trygaios betritt der Chor, der die Herbeigerufenen repräsentiert, die Spielfläche. Er wird dem Bauern bei der Befreiung der Friedensgöttin aus der Höhle helfen.

Panhellenisches Tauziehen

Mit der Parodos des *Frieden* (301–345) beginnt eine Szenenreihe, die sich bis zur Parabase (729–818) erstreckt, also über 428 Verse, aber an dramatischem Geschehen nichts weiter bietet als dies:

1. Der Chor erklärt sich bereit, Trygaios bei seiner Aktion zu unterstützen, führt aber erst noch einen Freudentanz auf (301–360);
2. Trygaios und der Chor gewinnen Hermes, der die Befreiungsaktion nicht dulden will, für ihre Sache (361–458);
3. Trygaios und der Chor ziehen gemeinsam Eirene sowie deren Begleiterinnen Opora («Ernte») und Theoria («Festfreude») mit Seilen aus der Höhle hervor, diese werden mit großem Jubel begrüßt, und der Chor richtet ein Gebet an Eirene (459–600);

4. Hermes begründet durch einen Vortrag über die Kriegsursachen die lange Abwesenheit der Friedensgöttin, läßt Trygaios einige von ihr gestellte Fragen beantworten und bestimmt, daß der Weinbauer Opora heiraten sowie Theoria zum Rat von Athen führen soll; dann gehen alle ab außer Eirene (die nur als Statue in Erscheinung tritt und bis zum Ende der Komödie auf der Bühne bleibt) und dem Chor (601–728).

Man sieht deutlich: Der einzige Handlungsfortschritt besteht darin, daß Eirene und ihre beiden Begleiterinnen sich am Ende der Szenenreihe nicht mehr wie an deren Anfang in dem Loch, in das Polemos sie gesteckt hat, sondern wieder bei den Griechen befinden. Wie im Falle der beiden Szenenreihen zwischen Prolog und Exodos der *Ritter* (S. 66 ff.) hat man Aristophanes deswegen kritisiert, aber dabei zu wenig an die Bedürfnisse des zeitgenössischen Publikums gedacht. Denn zum einen wird in V. 301–728 viel über das Verhalten der Griechen im Peloponnesischen Krieg gesagt, was im Jahre 421 v. Chr. hochaktuell war und daher mit dem Interesse der Zuschauer rechnen durfte. Zum anderen präsentiert der Dichter wieder eine Serie gelungener Witze und geistreicher Anspielungen, die nicht nur die Athener des späten 5. Jahrhunderts v. Chr. erheiterten, sondern auch heutige Leser zum Lachen zu bringen vermögen. Amüsant sind im übrigen ja ebenso die politischen Äußerungen der agierenden Personen und des Chors, da sie wie vergleichbare Bemerkungen in den *Acharnern*, *Rittern* und *Wespen* die Realität komisch verzerren und man deshalb gut daran tut, sie nicht ernst zu nehmen. Doch es kann in einem Buch wie dem vorliegenden nicht detailliert aufgezeigt werden, warum die Szenenreihe zwischen Prolog und Parabase des *Frieden* unbedingt lesenswert ist. Deshalb begnüge ich mich damit, den Text in großen Zügen durchzusprechen und dabei einiges hervorzuheben, das ich für besonders erwähnenswert erachte.

Was in V. 301–728 ganz fehlt, ist ein Streitgespräch, in welchem dem Protagonisten als demjenigen, der den Großen Plan entwickelt hat, Widerstand geleistet wird. Das dürfte damit zu erklären sein, daß Trygaios sich nicht in privatem Interesse, sondern in demjenigen aller Griechen zum Himmel hinauf begeben hat und allen nun eine Gelegenheit bietet, die ihnen weggenommene Friedensgöttin zurückzuholen. Allerdings ist die Szenenreihe auch nicht frei von Momenten, in denen die Verwirklichung des Großen Plans immerhin ins Stocken gerät. Doch regelrecht gefährdet wird sie in dieser Komödie nicht. So dient das, was den Protagonisten vorübergehend irritiert, vor allem der Belustigung des Publikums. Es ist ganz einfach höchst amüsant, wie die von Trygaios herbeigerufenen Helfer durch die Bekundungen ihres Jubels über die Aussicht auf Frieden die Befreiung Eirenes erst einmal hinauszuzögern. Obwohl Trygaios ihnen sagt, sie sollen nicht in ihrer übermäßigen Freude Polemos «wieder anzünden» (V. 310) und aufpassen, daß nicht Kerberos aus der Unterwelt aufsteigt – damit ist eindeutig Kleon gemeint –, um die Rettung der Göttin zu verhindern, werfen sie lärmend im Tanz die Beine in die Luft. Der Bauer muß sie mehrfach dazu ermahnen, mit dem Feiern bis zum Abschluß der geplanten Aktion zu warten, wobei ihm zum Beispiel folgendes vom Chorführer erwidert wird (335 f.):

Ich freue mich und ergötze mich und furze und lache
mehr, als wenn ich mein Alter abgelegt hätte, weil ich dem Schild entronnen bin.

Als die Truppe endlich zur Tat schreiten will, versucht der plötzlich wieder erscheinende Gott Hermes das zu verhindern und verkündet Trygaios, Zeus drohe dem, der Eirene ausgrabe, mit dem Tod. Der Bauer reagiert zunächst mit Spott, und als der Chor ihn durch Fürbitte unterstützt hat, Hermes aber nicht gleich einlenkt, behauptet Trygaios: Die Mondgöttin und der Sonnengott hätten den Plan, die Griechen, welche die Olympier verehren, an die Perser zu verraten, die nur Mond und Sonne opfern. Wenn nämlich die zwei Verschwörer die Vernichtung aller Hellenen durch die Barbaren erreichen könnten, dann würde künftig ihnen allein der Götterkult gelten. Diese «Enthüllung» und vor allem die Beschenkung des Hermes mit einer goldenen Schale für einen Weiheguß erweichen ihn. Trygaios und er bringen das Trankopfer dar, und kurz darauf werden an Eirene Seile befestigt; bei der Aufführung im Dionysostheater dürften einige Chorsänger durch die mittlere Tür in das Bühnenhaus gegangen sein und das Ekkyklema, auf dem die Statue der Friedensgöttin zusammen mit Opora und Theoria herausgerollt werden sollte, vertäut haben. Nun beginnt das gemeinsame Zerren an den Seilen, doch dabei ergibt sich eine neue Schwierigkeit: Innerhalb des Befreiungstrupps, der, wie dem oben zitierten Hilferuf des Trygaios zu entnehmen ist, aus Vertretern aller Völker Griechenlands und mehreren Berufsgruppen besteht – bei der Selbstvorstellung durch den Chorführer verwendet dieser das Wort *Panhéllēnes* (V. 302: «Männer aus ganz Hellas») –, artikulieren sich auf einmal verschiedene politische Richtungen. Es kommt zu einem regelrechten «Tauziehen» zwischen den nach Frieden Verlangenden und den nicht daran Interessierten unter den anwesenden Spartanern, Böotiern, Argivern, Megarern und Athenern. Offenbar umsonst rügt Hermes diejenigen, die «nicht recht ziehen», worauf der Chorführer sagt (V. 508):

Auf, ihr Männer, laßt uns, die Ackerbauern, ganz allein anpacken!

So geschieht es, gleich darauf gelingt die Befreiung Eirenes sowie ihrer beiden Begleiterinnen, und das leuchtet ein, weil, wie man allein schon aus den *Acharnern* weiß, die Landbevölkerung Attikas sich ganz besonders nach einer Beendigung des Krieges sehnte. So haben sich denn die Helfer des Trygaios auf einmal in athenische Bauern verwandelt, aber das ist durchaus kein Problem. Der Chor kann bei Aristophanes ohne weiteres die Identität wechseln, und überhaupt sollte man, wie bereits hervorgehoben wurde, Folgerichtigkeit bei der Art von Komödie, welche die Stücke dieses Dichters für uns repräsentieren, nicht erwarten.

Nachdem Trygaios und der Chor ihrer Freude über den Segen, den Eirene, Opora und Theoria ihnen von jetzt an spenden werden, Ausdruck verliehen haben, fordert Trygaios dazu auf, zu der Friedensgöttin zu beten und sich danach wieder auf die heimischen Äcker zu begeben. Die Schar der Bauern, welche die Chorsänger nunmehr verkörpern, formiert sich wie eine zum Abmarsch bereite Soldatentruppe, und Trygaios weidet sich an dem Anblick ihrer Arbeitsgeräte, der in ihm Sehnsucht nach seinem Acker weckt. Dann bittet er den Chor, den Segen, den Eirene einst der Landbevölkerung spendete, in Erinnerung zu rufen und der Göttin dafür zu danken. Als das in einem Lied erfolgt ist, bekommt Hermes vom Chorführer die Frage gestellt, wo die Göttin so lange Zeit geweilt habe. Der Gott antwortet mit einer längeren Darlegung darüber, warum der Peloponnesische Krieg ausgebrochen sei und warum die vertriebene Eirene bei ihren Rückkehrversuchen auf Widerstand stieß (605 ff.). Was er sagt, stimmt, soweit es inhaltlich die Hackblockrede des Dikaiopolis in den *Acharnern* evoziert (S. 30 ff.), mit ihr nur zum Teil überein, ist aber ebenso wie sie ein Gemisch aus historischen Fakten, Fiktion und komischer Verzerrung. Das gilt auch für die Bemerkungen über bisherige Verhinderungen des Friedens, die vor allem wieder dem Zweck dienen, Kleon schlecht zu machen. Denn der ganze Vortrag läuft darauf hinaus, daß Hermes all das dem «Lederverkäufer» anlastet. Da fällt Trygaios ihm ins Wort (648–656):

Hör auf, hör auf, Hermes, mein Herr, sag nichts mehr,
sondern laß jenen Mann drunten bleiben, wo er ist!
Denn nicht mehr der Unsere ist jener Mann, sondern der Deine.
Was auch immer du über jenen sagst –
auch wenn er ein Schurke war, als er lebte,
und ein Schwätzer und ein Sykophant
und ein Aufrührer und Unruhestifter –,
mit alldem schmähst du
jetzt einen der Deinen.

Hermes wird hier als der Gott angesprochen, der die Seelen der Toten in die Unterwelt geleitet. Sollen wir nun denken, das Thema «Kleon» sei endlich «begraben»? Es ist verdächtig, daß Trygaios mit seinem Appell, den Politiker «drunten bleiben» zu lassen, eine Beschimpfung verbindet. Und so verwundert es eigentlich nicht, daß auf Kleon nur neun Verse später schon wieder angespielt wird. Das erfolgt in einer kurzen Szene, in der die Friedensgöttin Hermes Fragen ins Ohr flüstert, worauf er sie an Trygaios weiterleitet. Eirene erkundigt sich nach einigen prominenten Athenern, zuvor aber beklagt sie sich darüber, daß «nach den Ereignissen in Pylos» (s. S. 61) kein Friede zustande gekommen sei, und dazu sagt Trygaios (668 f.):

Da haben wir einen Fehler gemacht. Aber verzeih uns:
Damals steckte unser Verstand in unserem Schuhleder.

Außer dieser kurzen negativen Äußerung über Kleon lesen wir nach weiteren 82 Versen sogar noch eine längere Attacke gegen den Staatsmann, aber das ist dann wirklich die letzte im *Frieden*. Sie findet sich bereits in der Parabase. Diesem Teil der Komödie geht unmittelbar voraus, daß Trygaios von Hermes dazu aufgefordert wird, Opora zu heiraten. Bei der Aufführung des Jahres 421 v. Chr. wurde die Personifikation der Ernte im Gegensatz zu Eirene, die man nur als Puppe sah, von einem als Frau maskierten und bekleideten Akteur dargestellt. Man darf annehmen, daß die Dame, so wie sie aufgemacht war, große erotische Anziehungskraft ausstrahlte. Jedenfalls enthalten die epeisodischen Szenen und die Exodos diesbezügliche obszöne Bemerkungen. Theoria, ebenso eine «richtige» Frau mit Sex-Appeal, soll laut Anweisung des Götterboten zum Athener Rat gebracht werden. Das nimmt Trygaios sogleich zum Anlaß, zweideutig über sie zu reden. Er sagt zu den in der ersten Reihe des Dionysostheaters sitzenden Ratsherren (715–717):

O du glücklicher Rat, weil du Theoria hast!
Wieviel Suppe wirst du an drei Tagen schlürfen,
wie viele gekochte Würste und Fleisch wirst du essen!

Das klingt auf den ersten Blick ganz harmlos, ja «sachbezogen». Denn Theoria ist die personifizierte Festfreude, und zu ihr gehört natürlich der Genuß von Speisen, wie sie in diesen Versen genannt werden. Aber außer «Suppe» kann das im griechischen Text stehende Wort *zōmós* auch das Vaginalsekret bezeichnen, und außer für «Fleisch» wurde *kréas*, wie wir bereits sahen (S. 68), für die männlichen und weiblichen Geschlechtsteile benutzt. Es muß wohl nicht weiter erklärt werden, inwiefern die Ratsherrn «glücklich» sind, weil sie Theoria haben. Wortwitze wie der gerade zitierte finden sich häufig im *Frieden* etwa von der Mitte der Handlung an. Immer wieder bekunden nun agierende Personen und Chor ihre Freude darüber, daß sie nach der Befreiung Eirenes in leiblichen Genüssen schwelgen können. Und Essen und Trinken sind in dieser Welt stets mit Erotik eng verknüpft.

Nach seinen an die Ratsherrn gerichteten Worten verabschiedet Trygaios sich von Hermes und möchte nun, um zur Erde zurückzukehren, wieder seinen Mistkäfer besteigen. Doch der ist nicht mehr da, und auf Empfehlung des Gottes verlassen der Bauer, Opora und Theoria den Himmel durch die mittlere Tür der Skene. Der auf der Spielfläche verbleibende Chor wendet sich daraufhin der Parabase zu (729–816), und der Chorführer preist in Teil 2 (734–774) wieder einmal die Fähigkeiten und Verdienste des Verfassers der Komödie. Es geht dabei erneut zum einen um dessen betonten Verzicht auf ein niedriges Niveau von Komik im Theater, zum anderen um die Hervorhebung seiner Leistung als derjenigen eines «Herakles», der sich an ein Ungeheuer herangewagt hat. Kleon, der natürlich gemeint ist, wird nahezu mit denselben Worten wie in der Parabase der *Wespen* (1029–1035; S. 75) karikiert (752–758), wobei der Chorführer diesmal ab V. 754 ganz plötzlich als Doppelgänger des Dichters spricht. Am Schluß bittet er mit dessen Stimme unter Verweis darauf, daß er für Athen und die Inseln gegen Kleon gekämpft habe, um die Gunst des Publikums, ironisiert sein Selbstlob aber insofern, als er speziell den Glatzköpfen rät, ihm zum Sieg im Komödienwettbewerb zu verhelfen. Das begründet er so (769–774):

Jeder wird nämlich, wenn ich gewinne, sowohl
beim Mahle als auch bei Trinkgelagen sagen:
«Biete dem Glatzkopf, gib dem Glatzkopf
vom Nachtisch und entziehe es nicht
einem Mann, der dieselbe Stirn hat
wie der edelste aller Dichter.»

Nicht gerade edel verspottet dann der von dem Dichter einstudierte Chor in Ode und Antode (775–818) drei Kollegen im Bereich der Tragödie, Karkinos, Morsimos und Melanthios. Aber immerhin ist es jetzt innerhalb des *Frieden* vorbei mit den Anwürfen gegen den bereits verstorbenen Kleon. Überhaupt entbehrt die Komödie, die mit der Verfütterung von Kot an den Mistkäfer begann, in der restlichen Handlung des realen ebenso wie des metaphorischen Schmutzes. Denn es gilt nun, den Frieden zu genießen und sich dabei ganz den schönen Seiten des Lebens zuzuwenden. Genau das tut Trygaios in den Szenen nach der Parabase.

«Zu der Zeit, wenn die Zikade ...»

Der *Frieden* bietet wie die *Acharner* zwischen Parabase und Exodos eine Serie epeisodischer Szenen, in denen der Protagonist die Früchte erntet, die ihm das Gelingen des Großen Plans beschert hat. Die Metapher paßt hier besonders gut, weil Trygaios, der Held des *Frieden*, von Beginn der Szenenreihe an seine Hochzeit mit Opora, der personifizierten Ernte, vorbereitet, die er dann in der Exodos feiert. Außerdem ist jetzt der Schauplatz das Land, das wieder Feld- und Baumfrüchte in Fülle hervorbringen kann, weil endlich nicht mehr denjenigen, die sie anpflanzen, ein feindliches Heer die Äcker verwüstet. Der neue Glückszustand wird in der Nebenparabase (1127–1190), welche die ersten fünf epeisodischen Szenen von vier weiteren trennt, durch den Chor überschwenglich gepriesen. Dieser Text, zusammengesetzt aus Ode/Epirrhema und den damit korrespondierenden Verspartien, nimmt mit seinen Bildern rustikaler Idylle teils die hellenistische Bukolik, teils Vergils berühmtes Lob des Landlebens in den *Georgica* (2.458–542) vorweg; als Beispiel sei die Antode zitiert (1159–1171):

Zu der Zeit, wenn die Zikade
ihre süße Weise singt,
erfreut's mich, zu beschauen
meine lemnischen Weinreben,
ob sie schon reifen –
denn ihre Keime sind früh
reif von Natur –, und die wilde
Feige zu sehen, wie sie schwillt.
Dann, wenn sie reif ist,
eß ich und eß immer weiter
und sage zugleich: «Ihr lieben Jahreszeiten», und
zerstoße Thymian und mische den Trank.
Und dann werde ich fett
in dieser Zeit des Sommers.

Trygaios betritt nach seiner Rückkehr vom Himmel die Erde mit Opora und Theoria, berichtet dem Sklaven, der aus dem Haus kommt, von seiner Reise durch die Lüfte und übergibt ihm Opora, damit er ihr ein Bad sowie für sie und seinen Herrn das Hochzeitsbett bereitet (819–855). Als der Sklave nach einem kurzen Wechselgesang des Trygaios mit dem Chor zurückkehrt und vermeldet, alles sei nun parat, nur der «Schwanz» fehle noch (V. 870), wird die Übergabe der Theoria an den Rat vollzogen; das kann, da ja die Ratsherren auf den vordersten Plätzen sitzen, auf der Spielfläche geschehen. Wie nicht anders zu erwarten, reiht sich in dieser Szene (868–908) eine Obszönität an die andere. Der Sklave betastet die Frau; es wird fingiert, daß Ariphrades, der schon in den *Rittern* wegen seiner Vorliebe für Cunnilingus verspottet wurde (S. 74), aus dem Zuschauerraum heraus bittet, man solle Theoria zu ihm bringen, aber wegen seiner speziellen Passion abgelehnt wird; Trygaios läßt die Frau sich vor den Ratsherrn entkleiden und schildert ihnen, wie sie mit ihr am nächsten und übernächsten Tag um die Wette in verschiedenen Stellungen den Koitus praktizieren können. Nach einem weiteren Wechselgesang des Trygaios mit dem Chor – dieser erklärt ihn hier zum Retter der «Menschheit» (914 f.) – einigt der Bauer sich mit seinem Sklaven nach einer kurzen Diskussion über die Art des zu schlachtenden Opfertiers darauf, daß es ein Schaf sein soll (922–938), der Sklave tritt ab und kommt nach dem dritten Wechselgesang von Trygaios und Chor mit dem Schaf zurück. So kann die mittlerweile vierte epeisodische Szene (956–1022) mit den ersten rituellen Handlungen, die dem Opfer vorausgehen, beginnen.

In diesem Kontext läßt Trygaios den Sklaven Gerstenkörner (*krithế*) ins Publikum werfen. Was die beiden sagen, als das erfolgt ist, enthält einen obszönen Wortwitz, der im Deutschen nicht nachahmbar ist, aber er verdient Interesse, weil Theaterwissenschaftler den Kontext kontrovers diskutieren. Ich zitiere also die einschlägigen Verse, wobei ich, weil *krithế* außer «Gerstenkorn» auch «Schwanz» heißen kann und diese Bedeutung natürlich mitgehört werden soll, zum leichteren Verständnis im Deutschen nur das zweite Wort verwende (963–967a):

TRYGAIOS: Hast du sie ihnen schon gegeben?
SKLAVE: Ja, bei Hermes, und so ist unter all denen, die zuschauen,
keiner, der nicht einen Schwanz hat.
TRYGAIOS: Die Frauen haben keinen bekommen.
SKLAVE: Aber heute abend werden die Männer ihnen den geben.

Die theatergeschichtliche Frage lautet: Kann man diesen Versen entnehmen, ob im Dionysostheater Frauen saßen oder nicht? Mit Recht verneint Sommerstein das (1980 ff., Bd. 5, 179). Denn der Text kann zweierlei implizieren: Entweder waren keine weiblichen Zuschauer anwesend, oder die für Frauen vorgesehenen Bänke (die, wenn es sie gab, vermutlich von denen der Männer getrennt standen) befanden sich so weit hinten (beziehungsweise oben), daß der Sklave sie mit seinen erotisch konnotierten Gerstenkörnern nicht erreichen konnte.

Bevor zur Opferung des Schafes geschritten werden kann, verlangt der Brauch ein Gebet, und das richten Trygaios und der Sklave an die Friedensgöttin. Danach kommt es jedoch nicht zur Schlachtung des Schafes auf der Bühne, weil Eirene, wie der Sklave bemerkt, kein Blutvergießen an ihrem Altar mag. Also führt er das Tier ins Haus, damit dort das Messer angesetzt wird (was freilich nicht real stattfindet), und kehrt, nachdem abermals ein Wechselgesang des Trygaios und des Chors erklungen ist, mit den Schenkelstücken, dem Hüftstück und der Zunge zurück. Damit beginnt die letzte Szene (1039–1126) vor der Nebenparabase, die eine neue Person ins Spiel bringt: den Opferpriester und Orakeldeuter Hierokles. Der Mann hat im wahrsten Sinne des Wortes «den Braten gerochen» und möchte an diesem, der gerade von Trygaios und dem Sklaven zubereitet wird, teilhaben. Nachdem er den beiden eine Weile bei ihrer Tätigkeit zugeschaut hat, fängt er plötzlich gewissermaßen als Amtsträger zu sprechen an, wobei er das Versmaß, in dem Orakel verkündet zu werden pflegen – es ist der daktylische Hexameter –, verwendet (V. 1063a; ich übertrage metrisch):

Sterbliche, elend und töricht –

Trygaios unterbricht ihn, dichtet aber den Vers zu Ende, indem er sagt (V. 1063b):

Aufs Haupt falle dir, was du redest!

Doch unbeirrt fährt Hierokles im Orakelton fort (V. 1064 f.):

– die ihr voll Unverstand, den Willen der Götter verkennend,
einen Vertrag schloßt als Männer mit funkeläugigen Affen.

Daraufhin lacht Trygaios «metrisch», Hierokles fragt ihn «metrisch» nach dem Grund, und bekommt eine «metrische» Antwort (V. 1066):

TRYGAIOS: Ha, ha, ha!
HIEROKLES: Was ist komisch?
TRYGAIOS: Die funkeläugigen Affen.

Was in dieser Szene abläuft, ist, denke ich, nun klar: Der Priester, der unter dem Vorwand, er müsse den von Trygaios herbeigeführten Frieden unter Berufung auf seine Orakel annullieren, am Opfermahl teilnehmen möchte, wird verulkt. Das erfolgt dadurch, daß Trygaios und der Sklave seine Sprechweise nachäffen und ihm somit keine Chance geben, seiner Autorität Geltung zu verschaffen. Als er daraufhin einzelne Fleischstücke einfach zu stehlen versucht, bedroht Trygaios ihn mit Schlägen und treibt ihn so in die Flucht.

Hier wie bei dem Gespräch des Trygaios mit einem Waffenhändler, einem Helmschmied und einem Lanzenmacher nach der Nebenparabase (1191 ff.) handelt es sich um eine Abfertigungsszene. Nachdem ein Sichelschmied, der im Krieg kaum etwas mit seiner Ware verdiente und deshalb das Friedenswerk des Trygaios preist, zusammen mit einem Töpfer, dem es ebenfalls besser geht als zuvor, zum Essen eingeladen worden ist, erscheinen die drei ausgedienten «Kriegsgewinnler». Für das, was sie anzubieten haben, gibt jetzt niemand mehr etwas. Daher versuchen sie, mit Trygaios, der – so behauptet der Waffenhändler – sie ruiniert hat, wenigstens ein kleines Geschäft abzuwickeln. Der Bauer verspottet sie damit, daß er sich für einzelne Gegenstände, die er kaufen soll, nur interessiert, wenn sie von ihm zweckentfremdet verwendet werden können. Aber nicht einmal dazu taugen sie ihm bei näherer Betrachtung. Am längsten überlegt er bei einem Brustpanzer. Denn er meint zunächst, er könne ihn als Klosettbecken benutzen, und setzt sich auch gleich darauf. Aber dann kauft er den Panzer doch nicht, und nach einigem Hin und Her begreifen die drei Männer, daß der Bauer sie nur auf den Arm nimmt und ziehen unverrichteter Dinge davon. Während ihres Abmarsches treten zwei Knaben aus dem Haus; es sind Söhne von Gästen. Trygaios, der vermutet, sie seien zum Urinieren und zum Üben der von ihnen vorzusingenden Lieder nach draußen gegangen, spricht einen der beiden an und bittet um einen Gesangsvortrag. Es zeigt sich rasch, daß der Knabe nur Verse im Stil der *Ilias* Homers und solche, die direkt aus dem Epos stammen, in seinem Repertoire hat. Darin ist aber immer wieder von kriegerischer Aktion die Rede, weshalb Trygaios den Sänger verwünscht. Als er ihn noch nach seinem Namen fragt, stellt sich heraus, daß die Gesangsthematik nicht von ungefähr kommt: Der Knabe ist Sohn des Lamachos, also jenes Strategen, den Aristophanes in den *Acharnern* als Kriegstreiber verhöhnt.

Der zweite Knabe stimmt nun zwar die Elegie an, in welcher der Jambiker Archilochos verrät, daß er im Kampf seinen Schild weggeworfen hatte (1298 f.). Aber weil der Junge der Sohn des Kleonymos ist – dieser Athener wird in vier Komödien des Aristophanes als feiger *rhípsaspis*

(«Schildwegwerfer») lächerlich gemacht –, lobt Trygaios ihn nicht als Kriegsgegner, sondern argwöhnt, daß er ein Lied auf den eigenen Vater singe. Danach wendet er sich noch einmal kurz an den Chor, indem er ihn zum Essen und Trinken auffordert, und begibt sich ins Haus. Nachdem die Chorsänger in vier Versen ihren Willen zum Schmausen nach langem Hungern bekundet haben, tritt Trygaios schon wieder auf die Bühne, jetzt als Bräutigam gekleidet. Damit beginnt die Exodos (1316–1359). Trygaios eröffnet sie mit einer kleinen Ansprache, die in ein Gebet mündet; darin wünscht er von den Göttern für das ganze Land Gedeihen der Feld- und Baumfrüchte, Kindersegen für die Frauen und Erwerb der Güter, die der Krieg geraubt hat. Als dann Opora aus dem Haus getreten ist, singen Trygaios und der Chor im Wechsel das Hochzeitslied, in dem auch wieder indirekt und direkt geäußerte Obszönitäten stecken. Bevor das Brautpaar mit dem Chor abzieht, verabschiedet sich Trygaios von den Zuschauern (1357–1359):

Lebt wohl, lebt wohl, ihr
Männer! Wenn ihr mit mir zieht,
werdet ihr Kuchen zu essen bekommen.

Wer sich beim letzten Vers an den ersten der Komödie erinnert, kann besonders gut würdigen, welche Veränderung gegenüber der Ausgangssituation das Happy-End bringt. Denn in V. 1 hatte Sklave I gesagt:

Gib mir, gib mir möglichst schnell einen Kuchen für den Mistkäfer!

Woraus war nämlich dieser Kuchen «gebacken»? Aus dem Stoff, der nur Mistkäfern schmeckt. Jetzt gibt es einen für jeden Gaumen.

Der Bauer und der Philosoph:
Wolken

Die Gelehrten sind uneinig darüber, wieviel von den nicht überlieferten *Wolken*, die Aristophanes bei den Großen Dionysien 423 v. Chr. aufführte und mit denen er nur Platz 3 errang, in der auf uns gekommenen zweiten Fassung unverändert blieb. Eine antike Inhaltsangabe (Hypothesis A 7 in Henderson 1998 ff., Bd. 5, 294–297) sagt zu Version II: Das Stück sei dasselbe wie das frühere, aber im Detail revidiert; der Dichter habe wohl eine Inszenierung geplant, aber nicht verwirklicht, von der Überarbeitung seien fast alle Teile betroffen; zur zweiten Fassung würden als Ganzes die (eigentliche) Parabase (518–562), der Agon der beiden Logoi (889–948) und die Verbrennung der Schule des Sokrates (1476–1510) gehören. Wieweit diese Angaben Glauben verdienen, ist schwer zu entscheiden, aber eines darf als sicher gelten: V. 518–562 der Parabase können noch nicht in Version I gestanden haben. Hier tadelt nämlich der Dichter mit der Stimme der Chorführerin sein Publikum, weil es die *Wolken* durchfallen ließ; dabei habe er sich mit dem Stück, das er für sein intelligentestes hielt – ähnlich äußert er sich in den *Wespen* (V. 1047) –, größte Mühe gegeben. Erneut hebt er hervor, er verzichte auf primitiven Witz, behauptet, er sei auf Kleon, als dieser «am Boden lag», nicht wieder «draufgesprungen» (was aber im *Frieden* geschah), und redet despektierlich über Kollegen, die seither Hyperbolos «mit Füßen getreten» hätten. Er meint damit Komödien – darunter den *Marikas* des Eupolis von 421 –, in denen Hyperbolos, der nach Kleons Tod (422) bis zum Jahre 416 einflußreichste athenische Politiker, verspottet wurde. Daraus ergibt sich, daß Version II der *Wolken* frühestens auf 420, also nach dem *Frieden* von 421, zu datieren ist.

Aus der ersten Fassung stammen offensichtlich die beiden (jeweils von einer Ode, in der Götter angerufen werden, eingeleiteten) Epirrhemata der Parabase (575–594. 607–626). Denn in dem einen beklagt sich die Anführerin des Chors, der Wolken verkörpert, weil Kleon trotz der Warnzeichen, die sie, die Wolken, geschickt hätten, zum Strategen gewählt wurde; dies setzt ja wohl voraus, daß er noch lebt. Und das Antepirrhema, in dem die Wolken sich im Namen der Mondgöttin über die Folgen der in Athen herrschenden Diskrepanz zwischen Sonnenjahr und lunarer Monatszählung beschweren, enthält die Erwähnung eines Amtes des Hyperbolos, das er höchstwahrscheinlich 424/23 bekleidete. Man kann sich

Passagen wie diese in einem nach 420 dargebotenen Stück schwer vorstellen, und deshalb dürfte zutreffen, was in der Inhaltsübersicht vermutet wird: Aristophanes habe die *Wolken* in der uns vorliegenden Form nicht auf die Bühne gebracht. Vielleicht ist Version II kein endgültig fertiggeschriebenes Drama. Dafür spricht außer den gerade genannten Textabschnitten, daß zwischen V. 888 und 889 sicherlich ein Chorlied fehlt. Mit V. 888 tritt nämlich ein Akteur ab, der bereits ab V. 889 eine andere Rolle als bisher übernimmt, und zwei Kodizes bieten hier die Notiz *CHOROU* («<Lied> des Chors»); eine solche pflegt zu signalisieren, daß eine Choreinlage welcher Art auch immer erfolgen müßte (S. 196). Außer diesem Indiz dafür, daß Aristophanes an Version II der *Wolken* nicht letzte Hand gelegt hat, glauben manche Erklärer noch weitere «Brüche» im Text entdeckt zu haben. Doch diese werden unvoreingenommene Leser von heute schwerlich bemerken. Zudem ist jetzt zu betonen, daß die *Wolken*, wie wir sie haben, zweifellos zu den witzigsten Komödien des Aristophanes zählen, und so wollen wir sie nun ohne Rücksicht auf alle bisher zu ihrer Entstehungsgeschichte angestrengten Überlegungen betrachten.

«Ein gewisser Sokrates»

Eine der in den *Wolken* auftretenden Figuren ist ein Philosoph, der den Namen des Sokrates (um 469–399) trägt. Als dieser 399 v. Chr. in Athen vor Gericht angeklagt wurde, weil er die Jugend verderbe und neue Götter einführe – man sprach ihn dann schuldig und bestrafte ihn mit dem Tode –, hielt er eine Verteidigungsrede, in der er zweimal auf die *Wolken* anspielte; das ist jedenfalls der von Platon (um 427– um 347) seinem Meister in den Mund gelegten *Apologie* zu entnehmen. Dort setzt Sokrates sich, bevor er auf die beiden offiziellen Anklagepunkte eingeht, mit anonymen Verleumdern auseinander, die ihn in schlechten Ruf gebracht hätten. Ganz unwahr sei von diesen seinen «ersten Anklägern» schon viele Jahre das Gerücht verbreitet worden (18b),

> daß es einen gewissen Sokrates gebe, einen weisen Mann, der über das, was oben am Himmel ist, nachdenke und alles, was unter der Erde ist, erforscht habe und das schwächere Argument zum stärkeren mache.

Das liest sich wie eine knappe Zusammenfassung der *Wolken*, und so sagt der Platonische Sokrates denn auch wenig später, nachdem er das gerade Zitierte in direkter Rede wie eine vor Gericht gegen ihn eingebrachte Anklage formuliert hat (19c):

Das habt ihr auch selbst gesehen in der Komödie des Aristophanes: einen gewissen Sokrates, der dort herumschwebt und sagt, er wandle in der Luft, und der vieles andere Geschwätz schwätzt, wovon ich weder viel noch wenig verstehe.

Da Sokrates in der *Apologie* darlegt, die «ersten Ankläger» hätten auf die «zweiten», also die offiziellen, entscheidenden Einfluß ausgeübt, lesen viele Philologen die Bemerkung über die *Wolken* als implizite Behauptung Platons, Aristophanes habe ganz wesentlich dazu beigetragen, daß es zu Anklage und Todesurteil kam. Dies ist zunächst einmal deshalb nicht sehr wahrscheinlich, weil zwischen der Aufführung von Version I der *Wolken* und dem Sokrates-Prozeß immerhin 24 Jahre lagen. Ferner wird Aristophanes im *Symposion* Platons von etwa 380 v. Chr. als Teilnehmer eines Gastmahls, das 416 stattgefunden haben soll, sehr positiv charakterisiert, und er tritt am Ende der Schrift sogar als Gesprächspartner des Sokrates auf. Außerdem bezeichnet der Sokrates der *Apologie* die gleichnamige Bühnenfigur als einen «gewissen Sokrates», der Dinge treibe, von denen er nichts verstehe. Und das kann, wenn man bedenkt, daß er seine offiziellen Ankläger bloßstellen will, folgendermaßen interpretiert werden: Er will zeigen, nicht nur die beiden vor Gericht vertretenen Anklagen seien höchst töricht, sondern erst recht das ihnen zugrunde liegende negative Ondit, soweit es sich auf eine fast ein Vierteljahrhundert alte Komödie beruft. Wie die oben paraphrasierte Sokrates-Anekdote Älians (S. 59 f.) belegt, konnte man in der Antike zwischen einer lächerlichen Komödienfigur und ihrer realen Entsprechung sehr wohl unterscheiden. Und so ist möglich, daß der Sokrates der *Apologie* mit dem oben zitierten Verweis auf die *Wolken* zum Ausdruck bringen will, seine Ankläger seien zum Differenzieren zwischen Fiktion und Wirklichkeit unfähig. Gerade weil der Sokrates der *Wolken* in der Tat so gut wie gar nichts mit der historischen Gestalt, wie wir sie aus den zeitgenössischen Quellen kennen, gemeinsam hat, halte ich die soeben vorgeschlagene Erklärung von *Apologie* 19c für richtig. «Ein gewisser Sokrates»: Das ist nicht der Philosoph, sondern ein Mann, der als Prototyp des verrückten Professors – seinen Namen kann man als «der Wissenskräftige» verstehen – Lehren mehrerer philosophischer Richtungen des späten 5. Jahrhunderts reproduziert.

Hier haben wir nun auch ein wesentliches Element der Komik in den *Wolken*: Der dort agierende Sokrates vermittelt an seine Schüler ein kunterbuntes Gemisch von Philosophemen. Aber damit nicht genug: Er führt sie überdies ad absurdum. Das gilt ebenso für seinen Umgang mit der im frühen 6. Jahrhundert v. Chr. im jonischen Kleinasien begründeten Naturphilosophie, deren Vertreter man Vorsokratiker zu nennen pflegt, wie mit der zeitgenössischen Sophistik. Denn wenn der Sokrates der *Wolken* kosmologisch und physikalisch spekuliert, ist das kein ernsthaftes Nachsinnen über Ursprung und Urelemente des Universums. Und die sophistische Rhetorik, mit der in seinem Auftrag, wie wir sehen werden, das personifizierte schwächere Argument das personifizierte stärkere als schwächer erweist, bietet nichts weiter als eine Karikatur der von Protagoras (um 485–um 415) dozierten Kunst der Widerlegung. Doch nicht allein das Zerrbild eines Philosophen gibt Anlaß zum Lachen, sondern auch ein weiterer komischer Typ: der des Bauern, der mit der Aristophanischen «Sokratik» konfrontiert wird, sie in seiner Einfalt gänzlich mißversteht, aber dennoch für seinen Großen Plan instrumentalisiert und damit auf höchst amüsante Weise scheitert. Dieser Mann – er heißt Strepsiades, was «<Rechts->Verdreher» bedeutet – ist der eigentliche Protagonist der *Wolken*, nicht Sokrates, der nur in etwa der Hälfte der Szenen agiert. Bevor der Philosoph erstmals auftritt, erleben wir, wie der Bauer den Großen Plan entwickelt. Er liegt zu Beginn des Stücks schlaflos im Bett – zusammen mit dem seines Sohnes Pheidippides befindet es sich vermutlich auf dem aus der Skene herausgerollten Ekkyklema –, weil er hoch verschuldet ist, und deshalb ersinnt er, wie er den Gläubigern ohne Rückzahlung des Geldes entrinnen kann: Sein Sohn, der ihn in seine Misere gebracht hat, weil er sich mit großem Aufwand ständig an Pferderennen beteiligt, soll bei Sokrates im Phrontisterion («Denkerbude») lernen, wie man das schwächere Argument zum stärkeren macht und so die Gläubiger von ihren Geldforderungen abbringt.

Wie man sieht, will diesmal der Protagonist den Großen Plan nicht persönlich durchführen. Aber weil Pheidippides sich weigert – im zweiten Teil des Stücks wird er doch noch die Schule des Sokrates besuchen –, klopft notgedrungen sein alter Vater selbst an der Tür der Denkerbude an, um den darin wohnenden Philosophen zum Lehrer zu gewinnen. Und das setzt die Szenen des größeren von zwei Teilen der Komödie (1–1112) in Gang. Hier wird «ein gewisser Sokrates» als skurriler Wissenschaftler präsentiert, bei dem ein Bauer Unterricht nimmt.

Der Floh ist das Maß seiner Sprünge

Bevor Strepsiades den Philosophen zu Gesicht bekommt, gewährt ihm ein Schüler des Sokrates, der die Tür zur Denkerbude auftut, exemplarisch Einblick in die dort bisher geleistete Forschungsarbeit. Der Meister fand 1. heraus, wie viele Flohfüße weit ein Floh zu hüpfen vermag, 2. durch welche ihrer beiden Körperöffnungen die Stechmücke singt und 3. auf welche Weise man bequem einen Mantel stehlen kann. Das erste der beiden entomologischen Probleme vermochte Sokrates wie folgt zu lösen (149–152):

Er schmolz Wachs, dann nahm er den Floh,
tauchte in das Wachs seine beiden Füße
und dann, als er abgekühlt war, waren persische Stiefel herumgewachsen.
Diese löste er ab und maß die Entfernung.

Es gibt noch heute viele Freunde des Altertums, die gerne mit verklärter Miene feststellen, daß Sokrates «als erster die Philosophie herabrief vom Himmel und in den Städten ansiedelte und sogar in die Häuser hineinführte und zwang, das Leben, die Sitten und das Gute und Schlechte zu erforschen» (Cicero, *Tusculanische Gespräche* 5.10). Mögen denn diese Zeitgenossen es für möglich halten, daß von der gerade aus den *Wolken* zitierten Beschreibung der Sokratischen Tätigkeit ein direkter Weg zum Todesurteil von 399 v. Chr. verlief – die Athener haben über dieses Porträt eines verrückten Professors sicher einfach nur gelacht. Zu einem solchen Spinner paßte es auch, daß er sehr wohl sein Philosophieren gen Himmel lenkt und daß, als er einmal nachts mit offenem Mund Wege und Umläufe des Mondes erforschte, vom Dach ein Gecko, wie der Schüler erzählt, «herabschiß» (171–173). Und um es noch einmal zu sagen: Witzig sind nicht allein diese Spottbilder vom Arbeitsalltag eines Naturwissenschaftlers, sondern die naiven Bemerkungen, die der bäuerliche Adept dazu macht. Als ihm berichtet wird, Sokrates habe gelehrt, die Stechmükken hätten einen engen Darm, die Luft marschiere mit Gewalt durch die dünne Röhre direkt bis zum Steiß, und dann gebe der «Arsch» als neben der Enge liegende Höhlung infolge der Gewalt einen Ton von sich, kommentiert Strepsiades (165–168):

Eine Trompete ist also der Arsch der Stechmücken.
O dreimal glücklicher Mann, was für eine Darmdurchforschung!
Wahrlich, der dürfte, wenn er angeklagt ist, leicht einen Freispruch erwirken,
wer sich im Darm der Stechmücke so genau auskennt.

Wissenschaft verhalf am Vortag auch zum Broterwerb. Wie das geschehen konnte, wird von dem Schüler des Sokrates in V. 177–179 nicht leicht verständlich referiert, aber Gerrit Kloss ist die wohl richtige Deutung der Verspartie gelungen (2001, 122 A. 250): Sokrates bestreute einen Tisch mit feiner Asche, bog einen Bratspieß zu einem *diabētēs*, was «Zirkel» und «Mann in Grätschstellung» heißen kann, griff sich letzteren und stahl aus der Ringschule (wo ein solcher nackt kämpfte) dessen irgendwo abgelegten Mantel. Derartiges Diebesgut kann man ja in Geld umsetzen, um damit Essen zu kaufen. Aber man muß erst einmal dazu fähig sein, einen mit Aschenstaub bedeckten Tisch, statt darauf mit einem Zirkel geometrische Figuren zu zeichnen, lediglich durch Umdeutung des Wortes *diabḗtēs* in den Kampfplatz einer Ringschule zu verwandeln.

Den Meister, der das kann, lernt Strepsiades kennen, nachdem der Schüler seine Informationen über die Welt der Denkerbude mit dem Vorführen einer Erdkarte beendet hat. Wie der Bauer jetzt sieht, schwebt Sokrates, vom Bühnenkran emporgehoben, hoch über der Spielfläche und erklärt, als Strepsiades ihn nach seinem Tun befragt (V. 225):

Ich wandle in der Luft und meditiere über die Sonne.

Warum er das macht? Weil er die Dinge am Himmel niemals richtig entdeckt hätte, wenn nicht dadurch, daß er seinen Geist «aufhing» und sein «dünnes» Denken mit der diesem gleichen Luft vermischte; durch Observieren der oberen Regionen vom Boden aus hätte er nichts entdeckt, da die Erde die Feuchtigkeit des Denkens gewaltsam zu sich herabziehe. Erstmals wird erkennbar, daß die Wissenschaft des Sokrates in schwer erfaßbaren Höhen schwebt und entsprechend «windig» und «verstiegen» ist (Newiger 1957, 56). Als der Bauer dem Philosophen eröffnet hat, was dieser ihm beibringen soll, und bei den Göttern schwört, er werde bar bezahlen, verkündet der inzwischen auf die Bühne herabgestiegene Sokrates, die Götter würden bei ihm und seinen Schülern nichts gelten. Kurz darauf ruft er die von ihnen verehrten Götter herbei: die Wolken. Da sie den Chor bilden, beginnt nunmehr die Parodos (263–475), und mit ihr ist eine kosmologische Lektion für Strepsiades verknüpft.

Windige Wissenschaft

Die Wolken lassen ihre Stimmen zunächst hinterszenisch ertönen. In wunderschönen lyrischen Versen eines zweistrophigen Gesanges schildern sie erst ihren Weg vom «laut tosenden Vater Okeanos» hinauf zu den Gipfeln der Berge (275–290) und dann das von ihnen aufzusuchende Athen als Stätte der Frömmigkeit (298–313). Sokrates und Strepsiades vernehmen das Lied also, ohne die «regenbringenden Jungfrauen» sehen zu können. Als der Bauer wissen will, wer da singe und ob es Heroinen seien, antwortet Sokrates (316–318):

Keineswegs, sondern sie sind die himmlischen Wolken, große Göttinnen den
                               müßigen Männern,

die Urteilskraft und Diskutierfähigkeit und Verstand uns verleihen
und Phantasie und Umschreibung und Schlagfertigkeit und die Kunst zu fesseln.

Sind es also gute Gaben, die von den Wolken kommen? Später, als diese bereits die Spielfläche betreten haben, fügt Sokrates hinzu (331b–334):

> Sie ernähren sehr viele Sophisten
> und Seher aus Thurioi, Quacksalber, Onyxsiegelringlanghaarfaulenzer,
> dithyrambischer Chöre Liederverrenker, Schwindelmeteorologen,
> ernähren nichtstuende Müßiggänger, weil die über sie dichten.

Allmählich ahnt man, daß die von den Wolken verliehenen intellektuellen Fähigkeiten etwas «Windiges» haben, und bei näherer Betrachtung erweisen die Göttinnen des Sokrates sich als Truggestalten. Ständig ändern sie ihre äußere Form – sie können ja, wie der Philosoph seinem Schüler in die Erinnerung ruft, einem Kentauren, Leoparden, Wolf oder Stier gleichen –, und was das bedeutet, geht aus weiteren Darlegungen des Sokrates hervor: Die Wolken bringen in ihrer Gestalt die Wesensart der Person, die sie gerade anschauen, zum Ausdruck. Der Philosoph nennt Strepsiades gleich einige Beispiele, die natürlich mit der Verspottung von Zeitgenossen verbunden sind; der Anblick des Kleisthenes etwa verwandelt die Wolken in Frauen, weil der Mann sich von Männern penetrieren läßt und feminin aussieht. Im Falle des potentiellen «Rechtsverdrehers» Strepsiades liegt also nahe, daß die Wolken in ihrer Erscheinungsform nun auch seinen Charakter widerspiegeln und dadurch lediglich vortäuschen werden, sie würden seinen Großen Plan unterstützen. Das bekommen wir zwar nicht explizit gesagt, aber man kann es am Ende der Komödie in der Retrospektive daraus erschließen, daß die Wolken das Handeln des Strepsiades moralisch verurteilen (1303–1320) und dieses ihn ins Unglück stürzt.

Jetzt freilich wird er erst einmal mit einigen der offensichtlich von den Wolken inspirierten wissenschaftlichen Erkenntnissen des Sokrates vertraut gemacht. So lehrt dieser, daß Regen nicht von Zeus geschickt werde, wie Strepsiades bisher annahm, sondern von den Wolken. Das gelte, wie der Meister danach ausführt, ebenso für Donner und Blitz. Dabei wird Komik auf zweierlei Weise erzeugt: durch höchst witzige Karikierung vorsokratischer Versuche der Erklärung von Naturphänomenen und durch die albernen Reaktionen des Bauern Strepsiades auf das, was er hört. So sagt er, als Sokrates ihm verkündet, die Wolken würden, während sie Donner erzeugen, nicht von Zeus zur Bewegung gezwungen, sondern von einem «himmlischen Wirbel» (380b–381):

Wirbel? Das war mir entgangen,
daß Zeus nicht mehr ist, sondern statt seiner Wirbel jetzt als König herrscht.

Das ist ganz naiv gedacht – nicht im Sinne der neuen Theologie des Sokrates, sondern des anthropomorphen Göttermythos: So wie Zeus einst Kronos entmachtete, mußte er nun Wirbel weichen.

Besonders amüsant reagiert Strepsiades, als Sokrates durch ein Beispiel erläutert, wie die Wolken den Donner bewirken, indem sie, voll von Wasser, aneinanderstoßen und wegen ihrer Dichte Krach erzeugen. Der Philosoph fragt, ob Strepsiades sich schon einmal beim Panathenäenfest mit Suppe gefüllt und davon einen unruhigen Magen bekommen habe, den heftige Bewegung plötzlich durchrumpelte. Darauf er (388–391):

Ja, bei Apollon, und er tut mir sofort Fürchterliches an und ist unruhig,
und wie Donner macht das Süppchen Krach und brüllt fürchterlich,
zuerst noch leise «pappax, pappax», dann legt es zu, «papapappax»,
und wenn ich scheiße, donnert es so richtig «papapappax» wie die Wolken.

Unter den bekannten Analogien aus dem Alltag, die der Platonische Sokrates im philosophischen Dialog gerne in seine Argumentation einbaut, würde man dergleichen vergeblich suchen.

Ich fasse rasch zusammen, was unmittelbar nach der kosmologischen Belehrung des Bauern durch Sokrates geschieht (412–509). Die Anführerin der Wolken verheißt Strepsiades in einem kurzen Dialog: Sein Wunsch, die Kunst der Rechtsverdrehung zu beherrschen und seinen Gläubigern zu entschlüpfen, werde in Erfüllung gehen. Dann prüft Sokrates, ob der Alte den bevorstehenden Lektionen geistig gewachsen sein wird, was natürlich nicht der Fall ist. Dennoch nimmt der Philosoph den Bauern mit ins Phrontisterion. Dieser muß, weil es Brauch sei, daß man leichtbekleidet eintritt, den Mantel ablegen; er wird ihn nicht wiedersehen – man kann ja Geld dafür kriegen! Auf den Abgang der beiden folgt die Parabase, die bereits besprochen wurde (510–626; S. 106 f.).

Backtrog mit weiblicher Endung

Zu Beginn der Unterweisung des Strepsiades in der von ihm begehrten Fertigkeit (627 ff.) möchte Sokrates seinem Schüler, den er mit einem Bett herauszukommen bittet – es wird später benötigt –, etwas über Metren beibringen, also über das «Messen» von Längen und Kürzen in Versen. Doch dazu kommt es nicht, weil Strepsiades nur über die «Metrik» von Gegenständen des Alltags Bescheid weiß und sich erst einmal erinnert, wie ihn kürzlich ein Mehlverkäufer beim Abmessen der Ware betrog. Daher wechselt Sokrates zu einem anderen Thema über, und dieses übersteigt nicht nur das Fassungsvermögen des lernbegierigen Bauern, sondern bietet auch allen, welche die Komödien des Aristophanes nur in einer Übertragung lesen, einige Schwierigkeiten. Ich greife ein Beispiel heraus, muß aber kurz etwas vorweg bemerken. Im Griechischen gibt es wie im Lateinischen vokalische Deklinationen, bei denen die Endung eines Substantivs das Genus anzeigt. Die Endung -*os* entspricht der lateinischen Endung -*us* und ist wie sie maskulin, während feminine Hauptwörter, im Lateinischen durch -*a* markiert, im attischen Griechisch auf -*ē* (und nur nach *e*, *i* und *r* auf -*a*) ausgehen. Anders als das Lateinische hat Griechisch zudem bestimmte Artikel, *ho* für das männliche, *hē* für das weibliche Geschlecht (und *tó* für das Neutrum), etwa bei *ho dískos* «der Diskus» und *hē kístē* «die Kiste». Nun sind aber einige Substantive, obwohl sie auf -*os* enden, weiblich und haben deshalb einen weiblichen Artikel, etwa *hē éxodos* «der Auszug» (daher «*die* Exodos»). Mit solchen grammatischen Phänomenen setzten Sophisten sich auseinander, und so kamen sie darauf, es sei hier mit dem Ziel des Analogieausgleichs eine Korrektur vorzunehmen. Genau diesen Gedanken zieht Aristophanes dadurch ins Lächerliche, daß er Sokrates seinem Schüler verkünden läßt, es müsse statt *hē kárdopos* («der Backtrog») *hē kardópē* heißen (V. 680). Das Beispiel wurde gewählt, weil von dem morphologisch korrigierten Backtrog im späteren Stück noch zweimal die Rede ist.

Als Sokrates seinen Adepten eine Weile mit Problemen solcher Art konfrontiert hat, fragt dieser, der ja nur in der Kunst, das schwächere Argument zum stärkeren zu machen, unterwiesen werden möchte, warum er solche Dinge, die alle wüßten, lernen müsse (V. 693). Sokrates geht darauf nicht ein, sondern bedeutet Strepsiades, sich auf das mitgebrachte Bett zu legen und dort eines seiner eigenen Probleme zu durchdenken, worauf er im Phrontisterion verschwindet. Doch der Bauer kommt, unter einer Decke liegend, nicht zum Meditieren, weil ihn, wie er dem Chor gegenüber beklagt, Wanzen beißen. Das sagt er auch zu Sokrates, als dieser wieder auftritt. Erneut allein gelassen, kann er, als der Philosoph ihn nach kurzer Zeit fragt, ob er etwas habe, nur antworten (V. 734):

Nichts, außer meinen Schwanz in der Rechten.

Wieder also kam er unter der Decke nicht zum Nachdenken. Denn er hat offenbar onaniert. Sokrates verliert aber noch nicht die Geduld, sondern hält ihn nochmals zum Meditieren an. Und da vermeldet Strepsiades eine Idee, wie er das Zahlen von Zinsen vermeiden könne. Er sagt, er wolle mit

Unterstützung einer thessalischen Hexe etwas tun, wozu nach antikem Aberglauben eine solche Dame fähig war: den Mond vom Himmel holen und in einem Kästchen verschließen. Warum das? Geld wurde monatlich verzinst, was ohne Mond (als Indikator der Monate) entfiele. Das findet Sokrates gut, weshalb er nun eine Aufgabe stellt: Wie hilft Strepsiades sich, wenn er auf fünf Talente verklagt wird? Antwort: Er tritt mit einem Brennglas vor Gericht in die Sonne und bringt das Wachs des Schreibtäfelchens, auf dem die Klageschrift gegen ihn steht, zum Schmelzen. Für Sokrates verrät das sogar Weisheit, aber die Lösung einer weiteren Aufgabe durch Strepsiades gefällt ihm nicht: Falls dieser einen Prozeß zu verlieren droht, weil er keine Zeugen hat, will er wegrennen und sich aufhängen. Als Toten könne man ihn nämlich nicht mehr verklagen. Jetzt möchte der Meister den Unterricht beenden. Er begründet das mit der Vergeßlichkeit des Strepsiades, und als dieser auf die Frage, was er zuerst gelernt habe, sich in der Tat vergeblich zu erinnern versucht, «wer die war, in der wir Brotteig kneten» (V. 788; gemeint ist *hē kardópē*), wendet Sokrates sich von ihm ab. Auf den Rat der Wolken hin bittet der Bauer Pheidippides nochmals, sich von Sokrates ausbilden zu lassen. In einem längeren Dialog mit dem Sohn erscheint er zwar gerade dadurch, daß er «aus der Schule plaudert», höchst lächerlich – so belehrt er ihn, der etwas durch Schwören bei Zeus bekräftigt, es existiere kein Zeus, denn (V. 828)

«Wirbel herrscht als König, nachdem er Zeus vertrieben hat» –,

doch Pheidippides kommt mit zum Phrontisterion. Er ist sehr grob zu Sokrates und fordert ihn auf, sich aufzuhängen. Also wird er von Strepsiades getadelt, weil er den Lehrer verwünscht. Kurz darauf aber nimmt er zusammen mit dem Vater an einer Art Unterrichtsstunde teil.

Protagoras-Sketch für zwei Personen

Diesmal tritt an die Stelle der Instruktion durch Sokrates die exemplarische Demonstration der Fertigkeit, die zu erlangen Strepsiades von Anfang an bestrebt war: wie man das schwächere Argument zum stärkeren macht. Dies wird dem Bauern dadurch veranschaulicht, daß die Personifikation des stärkeren Logos – der Begriff, mit dessen Verdeutschung Goethes Faust bekanntlich Probleme hat, bedeutet alles, was man denkt und sagt, mithin auch «Rede» – ein Streitgespräch mit der Personifikation des schwächeren Logos führt. Dabei handelt es sich um den ersten von zwei epirrhematischen Agonen in den *Wolken* (949–1104), dem als eine Art Vorübung ein schneller Wortwechsel vorausgeht (889–948), und wieder einmal präsentiert Aristophanes uns so etwas wie ein Spiel im Spiel. Ein Scholion zu V. 889 behauptet, in der ersten Fassung der Komödie seien die beiden Logoi als Kampfhähne kostümiert gewesen. Das könnte eine Bestätigung darin finden, daß ein heute im Paul Getty-Museum aufbewahrter Kelchkrater zwei Hähne mit erigierten Phalloi zu beiden Seiten eines Flötenbläsers zeigt (Taplin 1993, Nummer 24.28). Der Text der zweiten Fassung verrät nichts über eine derartige Darbietung dieses Agons. Aber sie hätte die ohnehin schon lächerliche Dramatisierung der von Protagoras entwickelten Kunst der Widerlegung gewiß noch lächerlicher wirken lassen. Nicht ernst zu nehmen ist nämlich schon das, was der stärkere Logos – er spricht zuerst – vorträgt. Als sein Thema präsentiert er die Knabenerziehung im alten Stil, deren strenge Zucht und Ordnung er gegenüber der von seinem Kontrahenten vertretenen Pädagogik bevorzugt, weil diese die männliche Jugend verweichliche. Wenn Pheidippides sich dem konservativen System anvertraue, werde er zu einem richtigen Mann mit glänzender Brust, leuchtender Haut, gewaltigen Schultern, kleiner Zunge, großem Hinterteil und kleinem Glied heranwachsen; befolge er aber die Lebensweise der jungen Leute seiner Zeit, dann werde er bleiche Haut, kleine Schultern, eine schmale Brust, eine große Zunge, ein kleines Hinterteil und ein großes Glied bekommen.

Auf den ersten Blick sieht es so aus, als rede hier ausschließlich der sittenstrenge Repräsentant eines Tugendideals, das sich an Disziplin und Leistung der Marathonkämpfer orientiert, und folglich sei, was der stärkere Logos sagt, auch wirklich als «stark» zu bewerten. Bestätigt zu werden scheint eine solche Deutung dadurch, daß dem ersten Redner im Wortgefecht besonders sexuelle Abstinenz am Herzen liegt. Doch diesen Punkt spricht er auffallend häufig an, und schaut man näher hin, stellt man fest: Ihn interessieren mehrfach die Geschlechtsteile der Knaben, die er zu harten Burschen erzogen wissen möchte. Er betont, daß Athens junge Söhne einst in der Schule beim Auswendiglernen von Liedern die Oberschenkel nicht zusammenhielten (V. 966) – vermutlich, da sonst durch die Berührung ihre Genitalien stimuliert worden wären; auf dem Sportplatz hätten sie, wenn sie sich niedersetzten, mit dem Oberschenkel die Sicht auf etwas «Grausames», also etwas, was lediglich zu sehen für Päderasten grausam wäre, verdecken müssen (973 f.); beim Aufstehen seien sie angehalten gewesen, die Spuren im Sand zu verwischen, um nicht ihren Liebhabern «einen Abdruck ihrer Männlichkeit» zu hinterlassen (975 f.). Dazu paßt gut, daß der stärkere Logos sich ärgert, wenn in der von ihm als dekadent empfundenen Gegenwart bei dem von (nackten) Knaben an den Panathenäen aufgeführten Waffentanz einer sich den Schild vor das Glied hält (988 f.). Unser Tugendwächter ist offensichtlich selbst ein Päderast. Als solcher vertritt er kurz vor dem Ende seiner Rede wohl eher aufgrund seiner Vorliebe für Knaben das Ideal eines kleinen Penis, als deshalb, weil man in der Antike glaubte, ein großes Glied sei typisch für Barbaren. Es ist, wie sich zeigt, eine Schwäche, die der stärkere Logos durch trutziges Moralisieren tarnt.

Der schwächere Logos dagegen macht kein Hehl daraus, daß er Sex sowohl mit Knaben als auch mit Frauen ebenso wie Essen, Trinken und Lachen als Freuden ansieht: Sie sollten einem Jüngling wie Pheidippides nicht genommen werden, weil sich das Leben für ihn sonst nicht lohnen würde (1071–1074). Nachdem dieser Logos einige Punkte in der Rede seines Kontrahenten auf spitzfindige Weise widerlegt hat, sagt er, Pheidippides könne, wenn er sein Schüler wäre, der Natur frönen, springen, lachen und nichts für schändlich halten. Denn beim Ehebruch von dem betrogenen Mann ertappt, werde er bestreiten, daß er Unrecht getan habe, und sich darauf berufen, daß er nicht beherrschter sei als (der notorische Schürzenjäger) Zeus. Dazu bemerkt der andere Logos unter Hinweis auf drastische Strafen, die einem Ehebrecher drohen (1083 f.):

Was aber, wenn er einen Rettich hinten hinein bekommt, weil er dir vertraut,
    die Schamhaare ausgezupft kriegt und ‹hinten› mit Asche versengt wird?
Wird er irgendein Argument haben, um sagen zu können, er sei nicht
                                                              weitärschig?

Darauf stellt der schwächere Logos die Gegenfrage, was einem «Weitärschigen» Schlimmes passieren könne; er impliziert, daß eine Karriere gerade denjenigen jungen Männern winke, die sich penetrieren ließen. Anschließend zwingt er in einem kurzen Verhör seinen Kontrahenten zuzugeben, daß Advokaten, Tragödienschauspieler und Demagogen, ja sogar viele im Publikum aus der Gruppe der «Weitärschigen» kämen. Da erklärt der stärkere Logos sich für geschlagen und rennt ins Phrontisterion. Strepsiades aber vertraut seinen Sohn dem schwächeren Logos zur Erziehung an, worauf die beiden die Denkerbude betreten und der Bauer sich in sein Haus begibt. So wird die Bühne frei für die Nebenparabase, die den kürzeren Teil 2 der *Wolken* (1131–1510) von Teil 1 trennt.

Schlagkräftige und zündende Argumente

In der nur aus einem kurzen Kommation (1113 f.) und einem Epirrhema (1115–1130) bestehenden Nebenparabase ist letzteres höchst amüsant: Die Wolken versprechen für den Fall, daß die Richter beim Komödienwettbewerb dem Chor «nützen», also dem Stück den ersten Preis zuerkennen, hilfreichen Regen für Saaten und Weinreben, drohen aber allen, durch die sie entehrt werden, mit Bestrafung durch Hagel und Regen zur Unzeit. Weniger zum Lachen Anlaß gibt, was die Wolken dem in sein Haus gehenden Protagonisten Strepsiades nachrufen. Er werde «dies» – damit meinen sie die Übergabe des Sohnes an den schwächeren Logos als dessen Erzieher – bereuen. Das leitet eine Entwicklung ein, die wir innerhalb der erhaltenen Aristophanes-Komödien nur hier erleben: Der Protagonist wird mit seinem Großen Plan scheitern. Dadurch erinnert das Geschehen der *Wolken* an das von Aischylos her bekannte Handlungsschema «durch Leiden lernen» (Hose 1995a, 46). Doch zu Beginn der an die Nebenparabase anschließenden epeisodischen Szenen sieht es noch nicht so aus, als würde Strepsiades nicht erreichen, was sein Großer Plan bezweckt: daß die Forderungen und Klagen seiner Gläubiger mit sophistischer Rhetorik erfolgreich zurückgewiesen werden. Denn er betritt die Bühne mit einem Monolog, in dem er seiner Hoffnung auf Gelingen seines Plans mit Unterstützung des Pheidippides Ausdruck verleiht (1131–1144). Und als Sokrates aus dem Phrontisterion kommt und der Bauer von ihm erfährt, er werde sich auf seinen Sohn verlassen können, stimmt Strepsiades einen Triumphgesang an, in dem er Pheidippides als «Bollwerk für sich, Retter für das Haus, Schaden für die Feinde und Löser der großen Schwierigkeiten des Vaters» preist (1154–1163). Sokrates, der dann den Zögling des schwächeren Logos zu Strepsiades bringt, kehrt zurück in seine Denkerbude, zeigt sich bis zur Exodos nicht mehr und ist somit an den epeisodischen Szenen unbeteiligt.

Durch ein kurzes Gespräch mit seinem Sohn (1171–1213) gelangt Strepsiades zu der Überzeugung, dieser werde einen Prozeß gegen die Gläubiger gewinnen, und deshalb führt er ihn ins Haus, um ihn zu bewirten. Speis und Trank gehören aber eigentlich erst zum Happy-End einer Komödie, während in den *Wolken* noch nicht geglückt ist, was Strepsiades von Anfang an beabsichtigte (aber auch nicht erreichen wird): daß er sich die Gläubiger vom Hals schafft. Zwei von ihnen erscheinen nun hintereinander auf der Bühne, es folgen wie in *Acharnern, Wespen* und *Frieden* Abfertigungsszenen (1214–1302), und diese sind sehr witzig. Aber das Resultat ist nicht, daß die beiden Herren auf ihr an Strepsiades ausgeliehenes Geld verzichten, sondern daß sie sich mit der Absicht entfernen, vor Gericht zu gehen, und so wird man nicht unbedingt damit rechnen, daß Strepsiades in der Exodos die Planerfüllung feiern kann. Es ist allerdings nicht der rhetorisch ausgebildete Pheidippides, der sich mit den Gläubigern auseinandersetzt, sondern sein Vater, der es nicht fertigbrachte zu lernen, wie man die schwächere Sache zur stärkeren macht.

Also besteht die Möglichkeit, daß Pheidippides diese Kunst in einem Prozeß der Gläubiger gegen seinen Vater anwenden und siegen wird. Doch nach den Abfertigungsszenen prophezeien die Wolken in einem Stasimon einen unglücklichen Ausgang der Handlung (1303–1320): Strepsiades, ein «Sophist», werde, gemein wie er sei, Übles erleiden und, wenn er erlebe, wie sein Sohn jeden Kontrahenten auch mit schlechten Argumenten besiegt, sich wünschen, dieser sei stumm. Und die sich anschließende Szene, in der es dem Alten in der Tat schlecht ergeht, läßt ein Gelingen des Großen Plans endgültig undenkbar erscheinen.

Doch bevor wir betrachten, wie es zur Katastrophe kommt, wollen wir einen Blick auf die beiden Abfertigungsszenen werfen. Der erste Gläubiger wird von Strepsiades verspottet, zuerst wegen seines dicken Bauches und dann wegen seiner Schwüre bei Zeus und den Göttern, ohne daß der Bauer sagt, warum es «für die Wissenden» lächerlich sei, wenn einer in der herkömmlichen Weise schwört. Als der erste Gläubiger fragt, ob Strepsiades zahlen werde oder nicht, bittet dieser ihn um einen Moment Geduld, holt aus dem Haus einen Backtrog (*kárdopos*; S. 114), und es ergibt sich folgender Wortwechsel (1247–1254a):

STREPSIADES: Wo ist der, der sein Geld von mir fordert? Sag,
dies hier, was ist das?
ERSTER GLÄUBIGER: Was das ist? Ein *kárdopos*.
STREPSIADES: Und da forderst du Geld von mir, wo du so einer bist?
Auch nur einen Obolen würde ich niemandem zahlen,
der die *kardópe* einen *kárdopos* nennen würde.
ERSTER GLÄUBIGER: Du wirst also nicht zahlen?
STREPSIADES: Nicht daß ich wüßte.
Willst du dich also nicht endlich sehr schnell davonmachen
von meiner Tür?

Kein Wunder, daß der erste Gläubiger, während er fortgeht, gerichtliche Schritte ankündigt. Dem zweiten Gläubiger gegenüber ist Strepsiades sogar grob. Als er erfährt, daß der Mann beim Lenken eines von Pferden gezogenen Wagens damit umstürzte, erklärt er ihn für hirngeschädigt aufgrund des Unfalls. Danach fragt er ihn, ob Zeus immer wieder neues Wasser regnen lasse oder ob die Sonne von unten dasselbe Wasser heraufziehe. Weil der zweite Gläubiger das weder weiß noch daran interessiert ist, bestreitet Strepsiades ihm das Recht, Geld zu fordern. Er weigert sich auch, Zinsen zu zahlen, weil es ihn empört, daß der Gläubiger durch solche sein Geld zu vermehren sucht, während doch das Meer, wie der Mann zugibt, trotz des ständigen Zuflusses von Strömen nicht größer wird.

Dann schlägt er ihn mit einer Peitsche in die Flucht und begibt sich in sein Haus. Da der zweite Gläubiger alle Anwesenden als Zeugen der Gewalttat anruft, ist anzunehmen, daß er wie der erste Gläubiger klagen will. Beide Szenen mag mancher heutige Leser nur bedingt amüsant finden, weil Strepsiades den zwei Männern lediglich Unrecht tut. Doch die Athener des 5. Jahrhunderts v. Chr., in dem, wie bereits betont, teilweise anders gelacht wurde als in unserer Zeit (S. 58 f.), dürften durchaus ihren Spaß gehabt haben. Es scheint mir auch zweifelhaft, daß die anschließende moralische Verurteilung des Strepsiades und die Prophezeiung seiner Sinnesänderung durch den Chor wirklich Tragödienstimmung im Dionysostheater erzeugten. Das ist schwer vorstellbar angesichts des burlesken Witzes der nachfolgenden Szene (1321–1475) und des eindeutig komödienhaften «Feuerwerks» in der Exodos (1476–1510); beiden Verspartien wollen wir uns nun noch zuwenden.

Gleich nach dem Stasimon kommt Strepsiades aus seinem Haus gelaufen und schreit um Hilfe, weil sein Sohn, der ihm auf den Fersen ist, ihn schlägt. Dieser verkündet aber gleich, er könne das mit der von ihm erlernten rhetorischen Kunst begründen. Und was geschieht daraufhin? Er macht nicht, wie Strepsiades gehofft hatte, vor Gericht den Gläubigern gegenüber das schwächere Argument zum stärkeren, sondern in einem mit dem Initiator des Großen Plans ausgetragenen Wortgefecht, dem zweiten epirrhematischen Agon der *Wolken* (1345–1451). Zur Verprügelung des Vaters durch den Sohn kam es, wie wir von ersterem erfahren, weil Pheidippides es nach dem Essen abgelehnt hatte, ein Lied des Chorlyrikers Simonides (556– um 468 v. Chr.) zu singen oder etwas von Aischylos zu rezitieren, dann etwas aus Euripides' Inzestdrama *Aiolos* zum besten gab und darüber mit Strepsiades in Streit geriet. Mit seiner negativen Meinung von dem Tragödiendichter, den man in die Nähe der Sophisten zu rücken pflegte, gibt der Alte sich wieder ganz als Vertreter einer konservativen Haltung, die derjenigen des stärkeren Logos im ersten Agon entspricht. Um so amüsanter ist es, daß Pheidippides ihn nun implizit an sein vorübergehendes Liebäugeln mit den von Sokrates vertretenen modernen Ideen erinnert, indem er aus der Sicht eines Sohnes für eine Argumentation eintritt, die vom schwächeren Logos stammen könnte: Einst als Kind von seinem Vater geschlagen, habe er jetzt das Recht, ihn zu schlagen; das Gesetz, das so etwas verbietet und auf das Strepsiades hinweist, habe ein Mann wie er und wie der Vater gemacht, und deshalb dürfe er ebenso ein Gesetz machen, das Söhnen bei ihren Vätern das Zurückschlagen erlaubt. Doch damit nicht genug: Im weiteren Verlauf der Debatte verkündet Pheidippides, er werde auch die Mutter verprügeln.

Strepsiades reicht es endgültig. Er redet die Wolken an und wirft ihnen vor, er habe alles ihretwegen erlitten. Sie jedoch erklären, er sei selbst schuld, da er sich zu schlechten Taten gewandt habe. Auf seine Frage, warum sie ihm das nicht früher gesagt und ihn obendrein in die Irre geführt hätten, geben sie zur Antwort: Sie täten das jedesmal dann, wenn sie jemanden als Liebhaber böser Dinge erkennen, bis sie ihn ins Unglück stürzen, auf daß er Götterfurcht lerne (1458–1461). Nun, getäuscht haben sie ihn aber doch, was auch nicht gerade fein war. Jedenfalls hat er jetzt alles satt, was aus dem Phrontisterion kommt, und bittet daher Pheidippides, zusammen mit ihm Sokrates und Chairephon – dieser, ein Gesinnungsgenosse des Meisters, hält sich mit ihm im Phrontisterion auf – zu vernichten. Der Sohn lehnt das unter Verweis auf etwas ab, wozu der Vater ihn früher im Stück ermahnte (V. 871): Er könne seinen Lehrern kein Unrecht tun. Als Strepsiades ihn daraufhin mit Tragödienpathos auffordert, den väterlichen Zeus zu ehren, erwidert er (V. 1471):

Wirbel herrscht als König, nachdem er Zeus vertrieben hat.

Damit äfft er den Vater direkt nach (V. 828; S. 115), und diesem wird klar, daß er allein gegen den Mann, der ihm für alles verantwortlich scheint, vorgehen muß. So zündet er zusammen mit einem Sklaven die Denkerbude an, nachdem er sich von Hermes, der in Form eines Standbildes auf der Bühne steht, dazu hat autorisieren lassen. Er läßt einen Sklaven auf das Dach des Sokrates steigen und es zerstören, folgt ihm mit einer Fackel und setzt die Dachsparren in Brand. Zuerst reagiert darauf ein Schüler durch ängstliches Fragen nach dem, was Strepsiades da tue, danach Chairephon durch Lamentieren. Als Sokrates sich zeigt und von Strepsiades ebenfalls wissen will, was dieser mache, antwortet der Bauer (V. 1503), nunmehr Sokrates nachäffend (V. 225; S. 111):

Ich wandle in der Luft und meditiere über die Sonne.

Ist das komisch? Zweifellos. Aber heutige Leser der *Wolken* finden es ganz und gar nicht zum Lachen, wenn jemandem das Haus angezündet wird; man ist so weit gegangen zu sagen, dadurch werde die Hinrichtung des Sokrates geradezu vorweggenommen. Doch das Stück liefert keinen Beleg dafür, daß die Bewohner des Phrontisterions durch den Racheakt ihr Leben verlieren. Bei der Gewaltanwendung, die Strepsiades wählt, handelt es sich offenbar um rituelle Selbstjustiz in Form der sogenannten Hauswüstung (Schmitz 2004, 375). Im Athen des 5. Jahrhunderts v. Chr. glich eine solche Art von Vandalismus den Ausschreitungen, zu denen es bei einem *kômos,* dem nächtlichen Umzug junger Männer während eines Dionysosfestes (S. 19), kommen konnte. Dabei wurden manchmal immerhin Türen eingeschlagen und die Attackierten verprügelt. Auch bei der Hauswüstung, die wegen ihrer Ähnlichkeit mit dem *kômos* ja durchaus zu einer Komödie paßt, geschah es, daß diejenigen, welche man strafte, Schläge bekamen, und hier flogen sogar Steine; entsprechend ruft Strepsiades in den *Wolken* – und das sind seine letzten Worte (1508 f.):

Jag sie, schlag sie, bewirf sie aus vielen Gründen,
am meisten aber aus dem Wissen heraus, daß sie den Göttern Unrecht taten.

Da der Bauer annimmt, Hermes habe ihm den Auftrag zu der Attacke auf die Bewohner des Phrontisterions erteilt, dürfte die Begründung, sie hätten den Göttern Unrecht getan, für das zeitgenössische Publikum plausibel geklungen haben. Und man wußte, daß bei einer Hauswüstung die Opfer in der Regel nicht getötet wurden.

Ich betone nochmals: Die Zeitgenossen des Aristophanes lachten in mancher Hinsicht anders als wir und hatten deshalb keine Probleme, mit dem Protagonisten zu lachen, wenn er grob mit anderen Menschen umging. Außerdem gehört es zu einer Komödie, daß der Protagonist am Ende triumphiert. In den *Wolken* kann das, weil Strepsiades mit seinem Großen Plan gescheitert ist, nicht wie sonst durch Essen und Trinken und nicht durch die Vereinigung mit einer Frau gefeiert werden, wovor man Fackeln zu entzünden pflegte. So erfolgt das denn zu einem anderen Zweck. Darin wiederum darf man, wenn man einmal davon absieht, daß mit dem Gewaltakt des Strepsiades das Ritual der Hauswüstung evoziert wird, eine spielerische Abwandlung der Gattungstradition sehen. Und allein schon über so etwas dürften die zeitgenössischen Zuschauer sich amüsiert haben. Sie wurden ja von den Komödiendichtern ständig dazu animiert, literarische Scherze als solche zu goutieren.

Auf nach Wolkenkuckucksheim:
Vögel

Der Peloponnesische Krieg war mit dem Friedenspakt, den Athen und Sparta wenige Tage nach der Aufführung des *Frieden* im April 421 v. Chr. schlossen (S. 61), keineswegs zu Ende. Denn die durch die Vereinbarungen zwischen den beiden Gegnern entstandene politische Situation barg den Keim zu einem Wiederaufflammen der Kämpfe in sich. Die Athener hatten den größeren Nutzen davongetragen, da sie sich in ihrer bisherigen Herrschaft über den Attischen Seebund behaupten konnten, während Sparta in seiner Vormachtstellung innerhalb des Peloponnesischen Bundes geschwächt war. Darin sah der in Athen stetig an Einfluß gewinnende Politiker Alkibiades (um 450–404) eine Ausgangsbasis dafür, auf eine Erneuerung des Krieges gegen Sparta hinzuarbeiten. Doch erst einmal trug er dazu bei, daß Athen seinem Herrschaftsanspruch gegenüber den eigenen Verbündeten ostentativ Ausdruck verlieh und das Ägäis-Reich sogar erweiterte: Als im Jahre 417 die neutrale Insel Melos sich weigerte, dem Seebund beizutreten, wurde sie von den Athenern mit einer Armee von fast 3000 Mann angegriffen, nach einer mehrmonatigen Belagerung erobert und dadurch bestraft, daß man die gesamte männliche Bevölkerung tötete. Der sich hier deutlich manifestierende Imperialismus erlebte 415 seinen Höhepunkt in einer militärischen Expedition mit dem Ziel der Eroberung Siziliens. Alkibiades, der die Mehrheit der Volksversammlung für die Bewilligung des Unternehmens gewann, wurde als dritter Stratege neben Nikias und Lamachos mit dem Oberkommando über ein Heer von etwa 32000 Mann betraut. Er behielt sein Amt auch zunächst, obwohl die Athener ihn verdächtigten, er habe sich an einem kurz vor Beginn des Feldzuges von Unbekannten verübten Religionsfrevel beteiligt: Man hatte in einer Nacht die Hermessäulen, die Straßen und Häuser schützten, verstümmelt. Aber noch vor dem Eintreffen der Armada in Sizilien wurde Alkibiades festgenommen und nach Athen zurückgebracht, da man ihn nun doch vor Gericht stellen wollte. Es gelang ihm unterwegs, aus der Haft zu entfliehen und zu den Spartanern überzulaufen.

Die Sizilienexpedition endete, wie noch näher gezeigt werden soll, für Athen mit einer Katastrophe. Das war aber im Frühjahr 414, als an den Großen Dionysien die *Vögel* aufgeführt wurden, noch nicht zu ahnen – im Gegenteil: Um diese Zeit erreichten die Athener durch Anfangserfolge während der Belagerung von Syrakus, daß die Polis mit ihnen in Friedensverhandlungen eintrat. Nun ist der Plot des Stücks, daß ein Athener namens Peisetairos mit Hilfe der Vögel zwischen Himmel und Erde die Stadt Wolkenkuckucksheim (*Nephelokokkygía*) errichtet und von ihr aus als ein neuer Zeus über Götter und Menschen herrscht. Da diese Polis unverkennbar nach dem Vorbild Athens konstruiert ist, liegt der Gedanke nahe, daß der Komödiendichter sich durch die aktuelle politische Situation, also den Versuch Athens, sein Seereich in den westlichen Mittelmeerraum auszudehnen, zu seinem Stück anregen ließ. Es gibt im Text freilich keine Stütze für die oft vertretene These, daß Aristophanes den Imperialismus der Athener zudem verspotte oder kritisiere. Denn einerseits wird auf die Sizilienexpedition nur andeutungsweise Bezug genommen – überhaupt sind die Politik Athens und ihre führenden Repräsentanten diesmal fast ganz ausgeblendet (Alkibiades ist gar nicht genannt) –, andererseits liefert die Belagerung der Melier, welche die Insel in Hungersnot stürzte, lediglich den Anlaß für einen Witz auf Kosten der von den Athenern so brutal gedemütigten Polis (V. 186). Es empfiehlt sich deshalb, davon auszugehen, daß Aristophanes nichts weiter wollte als dies: Seine Zuschauer sollten sich köstlich amüsieren, während sie den ausgerechnet durch Piepmätze ermöglichten Aufstieg eines älteren Atheners zum Weltherrscher verfolgten – ob sie sich mit dem Mann identifizierten oder nicht. Wir heute wiederum können eben wegen des Mangels der Komödie an politischen Anspielungen besonders kräftig mitlachen. Vielen gelten die *Vögel* sogar als das Meisterwerk des Aristophanes. Die Zeitgenossen billigten dem Stück zwar nur Platz 2 zu, aber dorthin hatten sie auch einmal den *König Ödipus* des Sophokles verwiesen.

Hochfliegende Pläne

Wie in den *Rittern*, den *Wespen* und dem *Frieden* agieren in der ersten Szene der *Vögel* zwei Männer. Doch diesmal sind es keine Sklaven, sondern die beiden schon etwas älteren freien Athener Euelpides («Sohn der guten Hoffnung») und Peisetairos («Überreder des Gefährten»), und letzterer fungiert, wie sich während des Prologs (1–208) herausstellt, als Protagonist. Neu gegenüber den drei genannten Stücken ist außerdem, daß die beiden zuerst auftretenden Personen unterwegs sind; das werden wir in den *Thesmophoriazusen*, den *Fröschen* und dem *Plutos* wiederfinden. Vertraut erscheint uns in den *Vögeln*, daß einer der zwei Männer, welche die Komödie eröffnen, nach einem kurzen Dialog in einer Rede an die Zuschauer (27–48) die Voraussetzungen der Handlung bekanntgibt.

In diesem Falle ist es Euelpides (nicht Peisetairos: Nesselrath 1996). Er sagt, sie beide seien aus ihrer Polis «davongeflogen», weil deren Bewohner ihr ganzes Leben bei Prozessen vor Gericht verbrächten. Auf der Suche nach einem Ort, der *aprágmōn* («geschäftslos») ist – auf altbaierisch hieße das «ohne G'schaftlhuberei» –, hätten sie vor, den Wiedehopf Tereus zu fragen, ob er auf seinen Flügen eine solche Stadt gesehen habe. Der hier Gemeinte war den Athenern in einer (wohl einige Zeit vorher) aufgeführten Tragödie des Sophokles als Titelheld präsentiert worden; wir wissen vor allem aus Ovids *Metamorphosen* (6.412 ff.), daß König Tereus in einen Wiedehopf verwandelt wird, nachdem ihm zur Strafe dafür, daß er seine Schwägerin Philomela vergewaltigt und verstümmelt hat, von ihr und seiner Gattin Prokne der gemeinsame Sohn Itys zum Mahl vorgesetzt worden ist. Das Grausige der Geschichte hindert Aristophanes freilich nicht daran, die Szene, in der die beiden Athener mit Tereus zusammentreffen, sehr witzig zu gestalten. Er geht sogar so weit, die Nachtigall, deren Gestalt Philomela in der Sage erhält (Prokne wird zur Schwalbe), als erotisch höchst attraktive Frau mit Vogelmaske agieren zu lassen.

Vor der Begegnung mit dem Wiedehopf tritt den beiden Athenern dessen Diener, ein Vogel mit riesigem, weit geöffnetem Schnabel, vor Augen. Sie erschrecken dabei so sehr, daß sie Durchfall kriegen – die Szene ist ebenso amüsant wie diejenige in Mozarts *Zauberflöte*, als Papageno und Monostatos plötzlich einander erblicken. Nachdem in den *Vögeln* der Diener seinen Herrn herbeigeholt und dieser das Anliegen der zwei Männer vernommen hat, diskutiert man über Orte, die den Wunschvorstellungen der beiden entsprechen könnten. Doch schon bald kommt Peisetairos auf die Idee, aus der er Tereus und dem Gefährten den Großen Plan entwickelt: daß die Vögel jene Stadt erbauen sollen, von der aus Götter und Menschen beherrscht werden können. Das ist den potentiellen Lenkern des Universums natürlich vorzutragen – sie verstehen die Sprache der Menschen, weil Tereus sie ihnen beigebracht hat –, und so ruft dieser zusammen mit der Nachtigall, an die er sich in einem Gebüsch (also im Bühnenhaus) mit einem Lied wendet, die Vögel herbei. Das erfolgt durch ein weiteres Lied, welches Tereus, begleitet von Flötenspiel, das den Gesang der Nachtigall imitiert, wiederum hinterszenisch ertönen läßt. So beginnt die Parodos (209–450) mit musikalischen Darbietungen, in denen Aristophanes seine lyrische Verskunst besonders wirkungsvoll zur Geltung bringt; das zweite Lied des Wiedehopfes sei vollständig wiedergegeben (227–262):

Epopoi, popopopopoi, popoi!
Io, io, ito, ito, ito, ito,

hierher komme ein jeder von meinen Mitgefiederten!
Ihr, die ihr die wohlbesäten Felder der Bauern
bewohnt, ihr abertausend Völker der Gerstenpicker,
Geschlechter der Körnersammler,
schnell Fliegende, weiche Töne von euch Gebende,
und ihr, die ihr in den Furchen dicht gedrängt
sanft umzwitschert die Erdscholle so
mit lieblicher Stimme:
tio tio tio tio tio tio tio tio!
Und die von euch, die in Gärten auf Efeus
Ranken ihr Futter bekommen,
und ihr in den Bergen, die Oleasterknabberer und Schlehdornesser,
fliegt eilends her auf meinen Ruf:
trioto trioto totobrix!
Und ihr, die ihr in den sumpfigen Tälern die spitzrüsseligen
Mücken verschluckt, und ihr, die ihr die tauigen Gebiete der Erde
bewohnt und die liebliche Wiese von Marathon, und der
federbunte Vogel, Haselhuhn, Haselhuhn!
Und ihr, die ihr über die Wogen des offenen Meers,
ihr Völker, mit den Halkyonen fliegt,
kommt hierher, um die Neuigkeit zu erfahren:
Denn alle Völker versammeln wir hier
der hälsestreckenden Vögel.
Gekommen ist nämlich ein pfiffiger Alter,
mit neuen Ideen
und ein Unternehmer neuer Taten.
Auf kommt zur Beratung alle,
hierher hierher hierher hierher,
torotorotorotorotix!
Kikkabau, kikkabau!
Torotorotorolililix!

Bevor die Vögel, welche den Chor bilden, die Spielfläche betreten – die Nachtigall bleibt zunächst noch unsichtbar –, erscheinen in kurzen Abständen, die von witzigen Kommentaren der beiden Athener ausgefüllt sind, Flamingo, Meder, Wiedehopf Nummer 2 und Schluckfraß. Den zweiten und den vierten Vogel hat Aristophanes um der Situationskomik willen erfunden; so verbinden Euelpides und Peisetairos ihre Äußerungen über Schluckfraß mit Seitenhieben auf Kleonymos (S. 104 f.). Als dann der Chor einmarschiert, wird jeder der 24 Sänger mit einem Vogelnamen benannt. Doch die heitere Stimmung der ornithologischen Parade weicht in dem Moment, als die Vögel erfahren, daß Tereus ihnen zwei Menschen präsentieren will, einer Atmosphäre, die von Aggression und Angst geprägt ist. Die Vögel bedrohen Euelpides und Peisetairos, die sie wie alle Menschen als Feinde ansehen, mit dem Tod, weshalb die zwei Männer ihrem Marschgepäck einen Topf und einen Bratspieß als Verteidigungswaffen entnehmen. Doch es kommt nicht zum Kampf, da Tereus interveniert. Daraufhin erklären die Vögel sich bereit, Peisetairos anzuhören, und so beginnt der Abschnitt der Komödie, der auch in den *Rittern* und *Wespen* auf die Parodos folgt: der epirrhematische Agon (451–638).

Die Verspartie, die hier wie in den genannten Stücken die traditionelle Struktur eines Streitgesprächs aufweist, ist inhaltlich kein solches. Denn in den Epirrhemata beider Teile begründet und erläutert Peisetairos seinen Großen Plan, wobei sich der Chorführer immer nur mit kurzen Fragen sowie gleichfalls nicht langen Zwischenbemerkungen zu Wort meldet und Euelpides als Bomolochos witzige Kommentare beisteuert. Peisetairos eröffnet sein Plädoyer für die Errichtung der Vögelherrschaft mit dem Argument, die gefiederten Wesen seien einst Könige über alles, was existiert, ja sogar über Zeus gewesen. Es habe sie nämlich nicht nur schon vor Kronos – er ist im Mythos der Vater des obersten Gottes – und den Titanen gegeben, sondern auch vor der Erde; den Beleg liefere die Äsop-Fabel, nach der die Haubenlerche als ältester unter allen Vögeln einst ihren verstorbenen Vater in ihrem Kopf bestattete, weil die Erde noch nicht da war. Die anschließenden Ausführungen darüber, daß die Vögel vormals als Könige regiert hätten – eines von mehreren Beispielen ist der Hahn, den man den «persischen Vogel» nenne, um an seine Herrschaft über die Perser zu erinnern –, münden in ein Pnigos, in dem Peisetairos die allgemeine Verehrung der Vögel in früherer Zeit mit der Mißachtung durch die Menschen der Gegenwart konfrontiert. Jetzt würden sie getötet oder auf verschiedene Art gefangen und verkauft, um als Speise zu dienen, aber man begnüge sich nicht damit, sie zu braten, nein (533–538),

sie geben geriebenen Käse dazu, Öl,
Silphium, Essig, und sie rühren
eine andere Soße an, eine süße und fette,
und gießen noch heiß
sie über euch,
ganz so wie über verdorbenes Fleisch.

Meint Peisetairos es ernst mit der in seinen Worten implizierten Empörung, er, der doch sicher wie alle Griechen seiner Zeit lecker zubereitete Vögel als Delikatesse betrachtet? Oder will er sich bei seinen gefiederten

Zuhörern nur einschmeicheln? Das bleibt offen. Im Moment sieht es eher so aus, als vertrete der Athener primär die Interessen der Vögel. Denn in der zweiten Hälfte des Agons entfaltet er nicht einfach nur als Protagonist einen Großen Plan, der ihm selbst nützen soll, sondern wahrhaft hochfliegende Pläne, welche die Erhebung der gefiederten Wesen in den Status von Göttern vorsehen. Zunächst soll ihre Stadt gebaut, dann die gesamte Luft sowie der Raum zwischen Himmel und Erde mit einer Mauer umzogen und danach von Zeus die Herrschaft zurückverlangt werden. Will er sie behalten, sei der Heilige Krieg zu erklären und den Göttern zu untersagen, durch das Gebiet der Vögel (557b–560)

                         mit steifem Schwanz hin und her zu streifen,
wie sie früher herabstiegen, um zu verführen ihre Alkmenen,
und ihre Alopen und ihre Semelen. Wenn sie dennoch kommen, ist anzubringen
ein Siegel ihnen an der entblößten Eichel, damit sie jene nicht mehr ficken.

Diese Warnung an Unsterbliche wie Zeus, die sich immer wieder auf die Erde begeben, um mit sterblichen Frauen wie Alkmene zu schlafen – der Göttervater macht sie zur Mutter des Herakles –, ist jedoch nicht das letzte Wort des Peisetairos. Er fährt fort, den Menschen solle befohlen werden, daß sie von jetzt an erst den Vögeln und danach den Göttern opfern. Dabei müsse jedem Unsterblichen ein Vogel zugeteilt werden, der am besten zu ihm paßt; hier das letzte von den Beispielen, die Peisetairos nennt, sowie Euelpides' Kommentar dazu (568–570):

PEISETAIROS: Und wenn man König Zeus einen Widder opfert – nun, der
                                             Vogelkönig ist der Zaunkönig –,
muß man dem vor dem Opfer für Zeus selbst eine Schnake mit Hoden
                                                                schlachten.
EUELPIDES: Die geschlachtete Schnake macht mir Spaß. Nun soll der große Zeus
                                                                nur donnern!

Muß man heute, um über diese Verse lachen zu können, wissen, daß das griechische Wort für «Zaunkönig», *orchílos*, an das für «mit Hoden», *énorchos*, anklingt? Und daß zur Zeit des Aristophanes bei besonders feierlichen Opferhandlungen unkastrierte Tiere geschlachtet werden mußten? Vielleicht muß man das gar nicht.

Unter Peisetairos' weiteren Darlegungen über das künftige Verhältnis der Menschen zu den Vögeln als ihren neuen Göttern ist noch eine andere Stelle hervorzuheben. Dort heißt es, wenn man weiterhin die Vögel für unbedeutend und die Olympier für Götter halte (578b–579), dann soll eine Wolke von Spatzen und Saatkrähen sich erheben und von den Feldern weg ihre Saat verschlingen.

Das hier evozierte Bild erinnert ein wenig an die Horrorszenarien in Hitchcocks berühmtem Filmklassiker *The Birds*. Nachdem Peisetairos eine Reihe von Vorteilen aufgezählt hat, die sich für die Menschen aus der Vogelherrschaft ergäben, sichern die Vögel ihm ihre Unterstützung bei seinem Projekt zu. Darauf nennen die beiden Athener ihre Namen, und bevor sie Tereus in sein Nest folgen, fragen sie ihn, wie sie, die nicht fliegen können, bei den Vögeln leben sollen. Die Antwort lautet: Es existiere ein Würzelchen, das, wenn die beiden es kauen, sie beflügelt mache. Und der Chorführer hat dem Wiedehopf ebenfalls noch etwas zu sagen: Er möge die Nachtigall herausbringen, damit die Vögel mit ihr «scherzen» können. Das wünschen sich auch die zwei Athener, und so bekommt man endlich diese Dame in ihrer ganzen Schönheit zu sehen. Euelpides erklärt sofort, er würde ihr gern «die Schenkel auseinanderbreiten» (V. 669). Vorläufig begnügt er sich damit, sie (also den Mann im weiblichen Kostüm!) zu küssen, nachdem er ihr den Schnabel – damit meint er vielleicht die Flöte – abgenommen hat. Dann treten er, Peisetairos und Tereus ins Bühnenhaus, woraufhin der Chor, der mit der Nachtigall auf der Spielfläche bleibt, zur Parabase übergeht.

Stadtgründung mit Abfertigungsprogramm

Mit ihren 1765 Versen sind die *Vögel* die längste unter den von Aristophanes erhaltenen Komödien und immerhin das zweitlängste der überlieferten griechischen Dramen (nach Sophokles' *Ödipus auf Kolonos*, der nur 14 Verse mehr umfaßt). Der große Umfang des Stücks, das immerhin schon mit V. 676 die Parabase erreicht, ist offensichtlich dadurch bedingt, daß der Dichter diesmal besonders viele epeisodische Szenen bieten wollte. Er hat sie in zwei Sequenzen unterteilt, die von der Nebenparabase (1058–1117) getrennt werden, wobei die Ereignisse der einen Szenenreihe (801–1057) während der Stadtgründung und die der anderen (1118–1705) unmittelbar danach stattfinden; es folgt noch die Exodos (1706–1765). In der Parabase, die den epeisodischen Szenen vorausgeschickt ist (676–800), werden erstmals innerhalb der auf uns gekommenen Komödien nicht Anliegen des Dichters vorgetragen, sondern aus ihr erfahren wir in jedem Abschnitt Belange der Vögel. Im ersten, dem Kommation, rufen diese die Nachtigall an. Dann rechtfertigen sie in Teil 2, der «eigentlichen» Parabase, durch den Mund des Chorführers mit einer «ornithomorphen» Kosmologie und Theogonie ihren Anspruch auf die Weltherrschaft. Indem sie Elemente der *Theogonie* Hesiods sowie pseudo-orphische und vorsokratische Texte auf komische Weise miteinander vermengen, behaupten die Vögel (693–706):

Chaos, Nacht und der schwarze Erebos waren zuerst da und der weite Tartaros.
Doch Erde, Luft und Himmel waren nicht da. Und in des Erebos endlosen
                                Gründen
gebar zuallererst die schwarzgeflügelte Nacht das Windei,
aus dem in den umlaufenden Jahreszeiten der vielbegehrte Eros erwuchs,
strahlend am Rücken mit goldenen Flügeln, windschnellen Wirbeln gleichend,
und dieser, sich nächtlich paarend mit dem geflügelten Chaos im weiten Tartaros,
brütete aus unser Geschlecht und führte es als erstes ans Licht.
Zuvor war da kein Geschlecht der Unsterblichen, ehe Eros alles vermischte,
und indem sich eines mit dem anderen vermischte, entstanden Himmel,
                                Okeanos
und Erde und aller glückseligen Götter unvergängliches Geschlecht. So sind nun
die bei weitem ältesten aller Glückseligen wir. Daß wir von Eros abstammen,
ist an vielem deutlich. Denn wir fliegen und verbünden uns mit den Liebenden.
Vielen schönen Knaben, die Eros abschworen, haben nahe dem Ende ihrer
                                Blütezeit
dank unserer Macht ihre Liebhaber die Schenkel auseinandergebreitet,
der mit einer Wachtel als Gabe, der mit einem Purpurhuhn, der mit einer Gans,
                             der mit einem persischen Vogel.

Wie schnell ist Aristophanes doch mit seinen theologisierenden Vögeln wieder beim Vögeln! Es kommt hier mit Hilfe von Vögeln als Geschenken von Päderasten für ihre Lieblinge zustande. Aber die Piepmätze sorgen laut ihrer Aussage nicht nur dafür, daß es in der Liebe funktioniert. Darüber hinaus verkünden sie die wechselnden Jahreszeiten, helfen den Menschen durch Vogelzeichen in allen Lebenslagen und gewähren ihnen, wenn sie als Götter verehrt werden, eine Reihe von Wohltaten bis hin zu Reichtum. Außerdem bieten die Vögel, wie sie nach der an die Muse des Waldes gerichteten Ode verraten, den sich zu ihnen begebenden Leuten eine verkehrte Welt; so heißt bei ihnen zum Beispiel einer, der bei den Menschen als entflohener Sklave gebrandmarkt wurde, einfach «buntes Haselhuhn», gilt also – so darf man wohl ergänzen – nicht als vogelfrei. Und auf die Antode, welche die Ode fortsetzt, folgt der oben größtenteils zitierte Passus, in dem die Vögel auf die Möglichkeiten hinweisen, die sich eröffnen, wenn man sich Flügel wachsen läßt (S. 21 f.).

Mit Fittichen bereits versehen sind Peisetairos und Euelpides, als sie nach der Parabase wieder auf der Bühne erscheinen. Bei ihrem Dialog, der die eine von zwei Sequenzen epeisodischer Szenen einleitet und an dem sich der Chorführer beteiligt, geht es um erste Maßnahmen im Hinblick auf die Stadtgründung. Die neu entstehende Polis erhält den Namen Wolkenkuckucksheim; zur Schutzgottheit, der man das Festgewand näht und die das Pelargikon (dazu gleich mehr) innehat, wird statt der zunächst in Betracht gezogenen Göttin Athene der Hahn erklärt; Peisetairos gibt, bevor er erste Vorbereitungen zum Opfer für die Götter der Stadt trifft, seinem Gefährten Instruktionen für den Mauerbau sowie den Auftrag, je einen Herold an Götter und Menschen zu entsenden (Euelpides tritt dann nicht mehr auf, weil der Akteur andere Rollen übernehmen muß). Schon jetzt wird erkennbar, daß Wolkenkuckucksheim als komisches Abbild Athens zu denken ist. Denn die Erwähnung des Festgewands spielt darauf an, daß auch in der neuen Polis jährlich eine Panathenäen-Prozession veranstaltet werden soll. Und es soll hier wie in Athen eine Pelargikon genannte Mauer geben. Folglich beabsichtigt Peisetairos den Bau einer Akropolis: Auf derjenigen in seiner Heimatstadt trägt die Mauer denselben Namen wie die für Wolkenkuckucksheim geplante. Während der weiteren Handlung der *Vögel* zeichnet sich mehr und mehr ab, daß die Vögelstadt doch primär im Interesse der Menschen und speziell in dem des Protagonisten errichtet ist, ja daß nicht die Gemeinschaft der Vögel, sondern er die Weltherrschaft übernimmt. Seine Entwicklung zum Tyrannen – in V. 1708 wird das Wort für ihn verwendet – bahnt sich gleich nach dem Abgang des Euelpides in sechs Szenen an, die ein Motiv gemeinsam haben: die Abfertigung von Menschen, die von der Verwirklichung des Großen Plans profitieren wollen und daher an den Protagonisten herantreten. Dieses Motiv steht in der Szenenreihe, die nach der Nebenparabase beginnt, erneut im Vordergrund.

Der erste, den Peisetairos zum Fortgehen nötigt, ist ein Priester, der zunächst herbeizitiert wird, damit er bei dem Opfer für die neuen Götter den Festzug anführt. Er verscherzt es sich bei dem Athener dadurch, daß er, wie dieser meint, bei seiner nicht enden wollenden Anrufung «göttlicher» Vögel einen Fehler macht; deswegen vollzieht Peisetairos das Opfer nun allein, und bereits das weckt die Ahnung, daß er in der neuen Polis in allen übrigen Angelegenheiten als einziger das Heft in der Hand haben wird. Nach dem Priester zeigt sich als erster, der zur Stadtgründung beitragen möchte, ein Dichter, der während der gesamten Szene mit Peisetairos ständig lyrische Verse singt, wobei er sich vor allem an Pindar (um 520–nach 446) anlehnt. Was er parat hätte, wären Lieder zum Lobpreis Wolkenkuckucksheims, und aus den von ihm dargebotenen Kostproben erhellt, daß er sich ein Geschenk erhofft. Peisetairos läßt ihm denn auch ein Fellgewand überreichen, weil er ihn loswerden will. Aber erst, als der Verseschmied sich auch noch einen Chiton erbettelt hat, macht dieser sich davon. Keineswegs so gut wie er werden alle weiteren Männer behandelt, die sich als Helfer bei der Errichtung der neuen Polis präsentieren. Der nächste in der Reihe ist ein Orakeldeuter, der aus einer Papyrusrolle die in Hexametern formulierten Prämissen verliest, unter denen dem Stadtgründer das Erringen einer Machtposition möglich sei: Dieser könne nur zum «Adler in den Wolken» werden, wenn er nach Opferung eines Widders dem zuerst zu ihm kommenden Wahrsager einen Mantel, neue Sandalen, Opferwein und Fleisch gebe. Peisetairos will an die einzelnen Bedingungen nicht glauben, und als der Orakeldeuter ihn mehrfach aufgefordert hat, den Text selbst einzusehen, erklärt er, ihm sei von Apollon ein ganz anderer Spruch verkündet worden. Er hat nämlich auf einmal gleichfalls eine Rolle zur Hand und rezitiert daraus (983–985; ich übertrage metrisch):

Aber wenn ungeladen ein Mensch, der ein Großmaul ist, herkommt,
opfernde Leute belästigt und Lust auf Stücke vom Fleisch hat,
dann hat man ihn auf die Stelle inmitten der Rippen zu schlagen.

Als nun wieder der Orakeldeuter die Authentizität des Spruches bezweifelt, ermuntert Peisetairos ihn zur Lektüre seines Textes und fährt fort, den an den Stadtgründer adressierten Spruch zu rezitieren (987 f.):

Du auch verschone nur ja nicht den Adler hoch in den Wolken,
ist er auch Lampon oder der große Prophet Diopeithes.

Also wird der Orakeldeuter davongeprügelt. Nach ihm erscheint der Geometer Meton – ihn läßt Aristophanes als die Karikatur eines (historisch nachweisbaren) Zeitgenossen auftreten – mit seinen Geräten und wünscht, die Luft zu vermessen. Doch die sehr präzisen Vorstellungen von der zu schaffenden Anlage der neuen Stadt, die er deren Gründer entwickelt, interessieren diesen nicht, und so wird er unter Bezugnahme auf ein Dekret, dem zufolge alle Großmäuler zu verprügeln seien, geschlagen und davongejagt. Nicht besser ergeht es einem der athenischen Beamten, welche die Funktion hatten, die im Attischen Seebund vereinten Poleis zu inspizieren. Da Wolkenkuckucksheim ein neues Mitglied ist – wir sollen offenbar voraussetzen, daß die Stadt der Vögel bereits dem attischen Imperium einverleibt wurde –, hat der Herr Inspektor gleich zwei Urnen für das Abstimmen vor Gericht mitgebracht. Dadurch kommt Peisetairos wieder mit der Prozeßwut seines Heimatortes in Berührung, vor der er und Euelpides geflohen waren. So versteht es sich von selbst, daß auch dieser Ankömmling in einem kurzen Wortwechsel abgefertigt und von dem Stadtgründer mit dem Stock davongejagt wird. Peisetairos hat sich gerade wieder seiner Opfertätigkeit zugewandt, als er folgende in Prosa gesprochene Worte vernimmt (V. 1035):

Wenn aber der Wolkenkuckucksheimer dem Athener Unrecht tut –

Wieder verliest jemand aus einer Papyrusrolle einen Text, und jetzt ist es ein Volksbeschlußverkäufer. Als er sich Peisetairos vorgestellt hat und den Anfang eines weiteren Dekrets zitiert, wird er sofort von der Bühne geprügelt, aber da erscheint wieder der Herr Inspektor und verliest aus einer Rolle, er lade Peisetairos wegen beleidigender Verletzung der Würde einer Person auf den Monat Munichion (April) vor Gericht. Der Stadtgründer jagt den Mann erneut davon, bekommt deswegen von dem zurückgekehrten Volksbeschlußverkäufer das Dekret verlesen, das die Vertreibung von Staatsbeamten untersagt, und schon ist auch der Inspektor wieder da. Es gelingt Peisetairos aber, beide Männer in die Flucht zu schlagen. Heutige Betrachter einer solchen Szene dürften sich an Slapstick-Filme der zwanziger Jahre erinnert fühlen und allmählich genug davon haben. Immerhin unterbricht Aristophanes nun die Bühnenaktion durch die Nebenparabase, aber danach geht es weiter mit Abfertigungsszenen. Kann es sein, daß es sogar dem zeitgenössischen Publikum damit zu viel wurde und die *Vögel* sich deshalb mit Platz 2 im Komödienwettbewerb begnügen mußten? Doch wir werden sehen, daß der Dichter die Situationskomik, welche die bisher behandelten epeisodischen Szenen aufzuweisen haben, in den übrigen durchaus zu steigern wußte.

Zuvor noch ein Wort zur Nebenparabase (1058–1117)! Sie besteht wieder einmal aus der zweimaligen Abfolge von Ode und Epirrhema und vertritt wie die Parabase durchgängig Anliegen der Vögel. In dem ersten Lied singen sie, ihnen, den «Allesüberschauern» und «Allesbeherrschern», würden die Sterblichen in Zukunft mit Gebeten opfern – noch ist also keine Rede davon, daß Peisetairos sich zum Monarchen aufschwingen wird –, und heben in diesem Zusammenhang ihre Fähigkeit hervor, alle Frucht auf Erden durch Vertilgung von Ungeziefer jeder Art zu beschützen. Ganz aus dem Hochgefühl ihrer Allmacht und ihres segensreichen Wirkens heraus wiederholen sie im Epirrhema mit der Stimme des Chorführers die athenische Proklamation (von 417 v. Chr.?), die eine Belohnung für die Tötung des Atheisten Diagoras und aller Tyrannen aussetzte, und verheißen selbst eine Prämie für Tötung oder Gefangennahme des Vogelhändlers und Vogelmißhandlers Philokrates. Und Leuten im Publikum, die Vögel eingesperrt im Hof halten und nicht freilassen, wird gedroht, man werde sie ihrerseits einsperren, um sie als Lockvögel zu verwenden. Das liest sich höchst amüsant, und nach dem zweiten Lied, in dem die Vögel in lieblichen bukolischen Tönen ihre Lebensweise und Tätigkeit im Laufe der Jahreszeiten schildern, bietet das Antepirrhema ein weiteres Beispiel witziger «ornithologischer» Selbstdarstellung: Der für den Komödienwettbewerb zuständigen Jury werden für den Fall, daß sie für die *Vögel* stimmt (also dem Stück den ersten Preis zugesteht), Geld und weitere Wohltaten versprochen; doch wenn es ein negatives Votum geben sollte, droht jedem der Richter, der kein Schutzdach über dem Kopf hat, daß er von den Vögeln «bekackt» wird (V. 1117). Wer weiß, ob die Herren am Ende nicht sogar tatsächlich dafür, daß sie sich für Platz 2 entschieden, mit einem Alptraum à la Hitchcock bestraft wurden!

Der neue Zeus

Wie in der ersten Szene nach der Parabase ist auch gleich nach der Nebenparabase von Wolkenkuckucksheims Mauer die Rede. Ein Bote berichtet Peisetairos ausführlich von der Errichtung des Baus durch die Vögel: 30 000 Kraniche aus Libyen lieferten in ihren Kröpfen die Grundsteine; die Häher behauten sie mit ihren Schnäbeln, 10 000 Störche fertigten die Ziegelsteine; Taucher und andere Wasservögel brachten das Wasser in die Luft hinauf; Reiher schafften den Lehm in Kübeln herbei, nachdem die Gänse ihn mit den Füßen hineingeschaufelt hatten; Enten mit Schürzen legten die Ziegelsteine, während die Schwalben den Mörtel für den Verputz herbeitrugen; Spechte hieben mit ihren Schnäbeln die Torflügel zurecht. Mittlerweile wird die Mauer schon überall durch Posten bewacht, und einer von ihnen kommt nach dem Abgang des Boten gelaufen, um zu melden, daß ein geflügelter Gott «durchs Tor in die Luft» (V. 1173) hineingeflogen sei; er werde aber bereits gejagt (1178b–1183):

> Wir schickten
> 30 000 Falken als berittene Bogenschützen,
> und alles ist unterwegs mit gekrümmten Krallen:
> Turmfalke, Bussard, Geier, Habicht, Adler,
> und vom Schlagen und Schwirren der Flügel
> dröhnt der Äther, während nach dem Gott gesucht wird.

Als Peisetairos befiehlt, Schleudern und Bogen zum Abschießen des Eindringlings bereitzuhalten, stellt sich heraus, wer es ist: Am Bühnenkran hängend wird die Götterbotin Iris herbeigeschwungen. Sie verkündet, sie fliege von Zeus zu den Menschen, um ihnen zu sagen, sie sollen den Göttern opfern. Doch Peisetairos macht ihr klar, die Vögel seien jetzt die Götter der Menschen, droht mit Strafaktionen gegen Zeus, falls dieser ihn weiter belästige, und fügt hinzu, bevor er sie davonjagt (1253–1256):

Wenn du mich aber irgendwie ärgerst, werde ich zuerst der Dienerin
die beiden Beine hochziehen und die Schenkel auseinanderbreiten
Iris höchstpersönlich, so daß sie sich wundert, wie ich
als alter Mann noch einen Steifen mit der Wucht von drei Rammspornen kriege.

Da Iris außer der Nachtigall als einziges weibliches Wesen in den *Vögeln* auftritt, muß eben auch sie, die Göttin, für obszöne Bemerkungen herhalten. Aristophanes kennt da keine Grenzen.

Als Iris davongeflogen ist, kehrt der zu den Menschen geschickte Herold von ihnen zurück und berichtet, auf Erden werde Peisetairos hoch geehrt und es sei eine «Ornithomanie» ausgebrochen: Die Leute verhielten sich in vielfacher Hinsicht wie die Vögel, trügen sogar deren Namen und würden nun in einer Zahl von mehr als 10 000 kommen, weil sie sich Flügel und eine «krummklauige Lebensweise» (V. 1306) wünschten. Sofort befiehlt Peisetairos seinen Sklaven, Körbe und Kübel voller Federn herbeizuholen; er selbst werde die Ankömmlinge in Empfang nehmen. Während der Auftrag ausgeführt wird, erscheint schon der erste: ein junger Mann, der nach den Gesetzen der Vögel leben möchte, speziell nach demjenigen, welches gestatte, dem eigenen Vater Gewalt anzutun. Peisetairos bestätigt, daß ein solches existiert, bringt den Jüngling aber von dessen Wunsch ab, den Erzeuger zu erwürgen und zu beerben: Er solle lieber Feinden Gewalt antun, etwa in Thrakien (wo Athen nach wie vor die Stadt Amphipolis von den Spartanern zurückzuerobern bestrebt war), und dazu erklärt sich der junge Mann bereit, bevor er die Bühne verläßt. Es ist interessant zu sehen, daß in dieser Komödie der Krieg nicht wie etwa in den *Acharnern* abgelehnt, sondern dessen Notwendigkeit als ganz selbstverständlich betrachtet wird. Das ergibt sich aber zwangsläufig aus einem Kontext, in dem es um die Erringung der Weltherrschaft durch einen Athener geht; der Mann scheut ja nicht einmal vor dem Einsatz von Waffen gegen eine Göttin zurück. Gewiß, darin zeigt sich eine ganz andere Art von «Politik» als die, welche der Protagonist der *Acharner* repräsentiert. Doch man nähme die Welt der Komödie zu ernst, würde man fragen: Besteht nicht ein Widerspruch zwischen dem Wunsch des Dikaiopolis nach Frieden und der positiven Auffassung des Peisetairos vom Krieg? Aristophanes charakterisiert seine Helden, wie er sie gerade braucht; auch das ist ein Element seiner Komik.

Auf den jungen Mann folgt der Dithyrambendichter Kinesias, wie Meton die Karikatur eines (nachweisbaren) Zeitgenossen des Aristophanes. Da seine Art von Poesie im übertragenen Sinne hoch in den Lüften schwebt, möchte er von Peisetairos ganz konkret beflügelt werden, um sich im Fluge aus den Wolken «neue luftdurchwirbelnde und schneewerfende Präludien» zu holen (V. 1383-1385). Aber der Athener verspottet ihn nur, und so macht er sich davon. Weil in den Kostproben dithyrambischer Kunst, die Aristophanes dem Dichter in den Mund legt, die Gattung parodiert wird, hatte das mit ihr gut vertraute zeitgenössische Publikum mehr zu lachen als wir, die wir nur noch über geringe Bruchstücke der persiflierten Texte verfügen. Besser als den Witz der Kinesias-Szene können wir den Spaß würdigen, der anschließend den athenischen Zuschauern durch einen Dialog zwischen Peisetairos und einem Sykophanten bereitet wurde. Letzterer braucht Flügel, damit er von Athen auf eine der Inseln des Attischen Seebundes fliegen kann. Dort will er irgendwelchen Leuten eine Vorladung vor ein Athener Gericht überbringen, dann schnell zurückfliegen, die Leute verklagen und den zuständigen Beamten dazu bewegen, den Anhörungstermin so früh anzusetzen, daß die Vorgeladenen nicht rechtzeitig erscheinen können. Sie werden also in Abwesenheit schuldig gesprochen, und falls das die Konfiszierung des Vermögens nach sich zieht, darf der Sykophant diese vollstrecken und sich einen Anteil nehmen. Mit Hilfe der Flügel möchte er das während der Zeit bewerkstelligen, in der die Vorgeladenen nach Athen unterwegs sind, so daß er besonders leichtes Spiel hat. Doch Peisetairos gefällt ein solcher Plan gar nicht, und deshalb jagt er den Sykophanten mit Peitschenhieben in die Flucht. Damit endet die Reihe der Szenen, in denen Peisetairos sich mit Menschen konfrontiert sieht. Bevor sich wieder ein Unsterblicher zeigt, singt der Chor ein Stasimon, in dem der Schildwegwerfer Kleonymos und der Manteldieb Orestes Zielscheibe von Schimpf und Spott sind (1470-1493).

Der Gott, welcher nach dem Stasimon die Bühne betritt, ist so vermummt, daß Peisetairos ihn nicht erkennt. Es handelt sich um Prometheus, der wie im Mythos ohne Wissen des Zeus mit den Menschen Kontakt aufnimmt; der Sage nach hatte er ihnen gegen den Willen des obersten Olympiers das Feuer verschafft. Um von ihm aus der Höhe des Götterhimmels nicht gesehen zu werden, läßt er sich von Peisetairos, als er sich vor ihm enthüllt hat, unter einem Sonnenschirm verbergen. Er verrät dem Athener, daß die Olympier hungern müssen, weil die Menschen ihnen nicht mehr opfern, und daß die Götter der Barbaren, Triballer genannt, für die das gleichermaßen gelte, Zeus bekriegen würden, wenn dieser nicht dafür sorge, daß Opferfleisch wieder «eingeführt werden kann» (V. 1524). Dann kündigt Prometheus das Erscheinen einer von

Zeus und den Triballern geschickten Gesandtschaft an und rät Peisetairos, Frieden nur zu schließen, wenn Zeus das Szepter wieder den Vögeln aushändige und dem Athener Basileia («Königin») zur Frau gebe. Sie, ein wunderschönes Mädchen, sei Aufseherin über den Blitz des Olympiers sowie über alles andere: politische Weisheit, staatliche Ordnung, Sittlichkeit, die Werften, Verleumdung, die Diätenzahlmeister und die Dreiobolenangelegenheiten. Wenn Peisetairos Basileia von Zeus erhalte, habe er alles. Um ihm das mitzuteilen, sei er, Prometheus, hergekommen; er sei ja den Menschen stets wohlgesinnt. Den Menschen, nicht den Vögeln! Wer es bisher nicht geahnt hat, sieht jetzt klar: Der von Zeus zurückzufordernde Herrscherstab wird nicht an diejenigen übergehen, denen er vorher gehörte, sondern an Peisetairos. Dieser führt denn auch, nachdem Prometheus sich entfernt hat, die Verhandlung mit der Götterdelegation allein in seinem Interesse, und als er erreicht hat, daß ihm Basileia als Frau versprochen wird, ist die entscheidende Voraussetzung dafür geschaffen, daß er und nur er allein der neue Zeus sein wird.

Der Dialog des Atheners mit den Gesandten – als solche fungieren Poseidon, Herakles und ein Triballer (der gebrochen Griechisch spricht) – bildet Höhepunkt und Ende aller epeisodischen Szenen der *Vögel*. Aristophanes präsentiert hier eine besonders amüsante Götterburleske. Als die drei unsterblichen Herren die Bühne betreten haben, wird das Ekkyklema herausgerollt, auf dem außer Peisetairos und zwei Sklaven ein Tisch mit Speisen und Küchengeräten sowie ein Bratrost stehen. Was der Athener darauf brät? Vögel! Und wie richtet er das Fleisch an? Mit geriebenem Käse und Silphium! Er tut also genau das, was er im epirrhematischen Agon den Vögeln gegenüber zumindest indirekt verurteilt hatte (S. 127)! Und warum? Es sind (1583b–1585a)

> gewisse Vögel,
> die einen Aufstand machten gegen die demokratischen Vögel
> und schuldig gesprochen wurden.

Mancher Aristophanes-Interpret leitet speziell aus dem, was Peisetairos da von sich gibt, die These ab, der Dichter charakterisiere den Athener negativ. Eine solche Interpretation weckt den Verdacht, dabei sei ein von christlicher Nächstenliebe, *Amnesty International* und dem Tierschutzverein Sektion «Helft den armen Vögeln» geprägtes Empfinden im Spiel. Etwas Vergleichbares dürfte im Athen des 5. Jahrhunderts v. Chr. niemand gefühlt haben, auch nicht Aristophanes. Es war für die Bürger der Polis ganz selbstverständlich, daß Mitbürger, die man der Rebellion gegen das herrschende System für schuldig hielt, hingerichtet wurden; erst ein Jahr vor der Aufführung der *Vögel* hatte das mehrfach stattgefunden. Wir sollten uns doch wohl hüten, bei den Zuschauern des Aristophanes Empathie mit ihrer Ansicht nach rechtmäßig zum Tode Verurteilten vorauszusetzen. Und vor allem ist ganz und gar auszuschließen, daß man – im Sinne mehrerer Äußerungen des Vögelchors – nur einen Hauch von Mitleid mit den von Peisetairos gegrillten Piepmätzen hatte. Nein, ihr Fleisch aß man damals nur zu gerne, vor allem, wenn es so schmackhaft zubereitet wurde, wie es auf der Bühne geschieht. So ist da gleich einer in der Götterdelegation, der sich ganz gierig nach dem Braten zeigt: Herakles, der notorische Vielfraß der Komödie. Dieser reagiert auch positiv, als Peisetairos erklärt, er werde Frieden mit den Göttern machen, wenn sie «uns, den Vögeln», die Herrschaft zurückgeben, und die Gesandten unter der Bedingung, daß er mit ihnen einig wird, zum Essen einlädt. Gewiß, bevor die drei Götter zusagen, bedarf es noch einigen Argumentierens von seiten des Atheners, und als er, mit seiner Forderung erfolgreich, überdies Basileia zur Frau verlangt, stößt er bei Poseidon auf Widerstand. Aber dann erweist es sich für ihn als vorteilhaft, daß der Herakles des komischen Dramas gern speist und noch dazu ein Einfaltspinsel ist. Also vermag Peisetairos ihn erneut verhältnismäßig leicht auf seine Seite zu ziehen, und da das Votum des Triballers gleichfalls zugunsten des Atheners ausfällt, wird Poseidon überstimmt.

Nichts mehr steht jetzt dem Grande Finale im Wege. Herakles ermuntert Peisetairos, mit ihm und den beiden anderen Göttern in den Himmel zu kommen, damit er Basileia «und alles dort» (V. 1687) in Empfang nehmen kann. Aber als der Athener sagt, die Vögel auf dem Bratrost seien gerade zur rechten Zeit für die Hochzeit geschlachtet worden, fragt Herakles, ob er, während die anderen davonzögen, dableiben und das Fleisch braten solle. Er muß die anderen aber begleiten, Peisetairos verläßt ebenso die Bühne, und der Chor überbrückt die für die Abholung der Braut benötigte Zeit mit einem kurzen Lied. Zur Exodos kehrt Peisetairos, von einem Herold angekündigt und dabei als Tyrann bezeichnet, mit Basileia zurück. Er hält in der Hand den Donnerkeil des Zeus, und deshalb apostrophiert ihn der Chor, nachdem er ihn in Preisgesängen als Herrscher begrüßt hat und das Brautpaar abgegangen ist, um sich im Hochzeitsbett zu vereinen, im letzten Vers als «der Götter Höchsten». Wie erwähnt, wurde mehrfach die Meinung vertreten, diesen Protagonisten habe Aristophanes nicht als positive Figur beurteilt wissen wollen. Und zugegeben: Wer will, mag sich durch ihn an Politiker erinnert fühlen, die sich durch falsche Versprechungen gegenüber dem Volk und Liquidierung von Oppositionellen skrupellos den Weg zur Macht bahnen; Sommerstein geht sogar so weit, die Vögel mit den Tieren in George Orwells *Ani-*

mal Farm zu vergleichen, weil sie wie diese lediglich die Herren wechseln (1980 ff., Bd. 6, 3). Aber bedeutet das, wir sollen am Ende der Meinung sein, Aristophanes habe mit den *Vögeln* sein zeitgenössisches Publikum vor der Tyrannis warnen wollen? Mir fällt es schwer zu glauben, ein solches Drama wolle zwischen den Zeilen als Lehrstück verstanden sein. Es ist denn doch zu komisch, was hier abläuft. Da kommt einer aus Athen zum Herrn Wiedehopf und verheißt ihm und den Vögeln, er werde sie in die Weltherrschaft, die angeblich von ihnen an Zeus überging, wieder einsetzen. So bringt er sie dazu, eine Stadt zu bauen, von der aus man sich Götter und Menschen botmäßig machen kann. Aber nicht den Vögeln fällt dann das Regiment über das Universum zu, sondern dem Initiator des Großen Plans ganz allein. Und warum? Vor allem deshalb, weil er sich von Prometheus dazu anstiften läßt, durch die Heirat mit Basileia die Allgewalt des Zeus zu übernehmen. Dazu, daß eine Vereinbarung getroffen wird, die das ermöglicht, verhelfen dem Athener in erster Linie Herakles durch seine Gefräßigkeit und Einfalt sowie ein Barbarengott, der gebrochen Griechisch redet. Und wodurch wird der Appetit des Zeus-Sohnes angeregt? Durch gebratene Vögel! All das ist nicht nur ungemein witzig, sondern auch total absurd. Deshalb kann ich mir nicht vorstellen, Aristophanes hätte seine Athener im Dionysostheater damit zu tieferem Nachdenken über die Gefahren der Manipulation einer demokratischen Gesellschaft durch einen machthungrigen Staatsmann anregen können. Wer die *Vögel* unvoreingenommen betrachtet und Humor für die Komik des Stücks hat, wird vor lauter Lachen schwerlich den Drang verspüren, sich gleichzeitig vor Augen zu führen, welch schmutziges Geschäft Politik sein kann.

Frauen gegen Krieg und Euripides:
Lysistrate und *Thesmophoriazusen*

Im Frühling 413 v. Chr., ein Jahr nach der Aufführung der *Vögel*, wurde Syrakus von den Athenern immer noch belagert, und inzwischen hatten diese so große Verluste erlitten, daß der Stratege Demosthenes seinem Kollegen Nikias, der in Sizilien allein den Oberbefehl hatte – Lamachos war 414 gefallen –, mit einem Heer zu Hilfe kam. Aber auch er konnte weitere Mißerfolge nicht verhindern, und so traten die Athener im Sommer 413 unter Zurücklassung fast ihrer gesamten Flotte den Rückzug an. Dabei wurden sie von den Syrakusanern angegriffen, welche die immer noch rund 40 000 Mann bis auf etwa 7000 niedermachten – diese starben größtenteils in Gefangenschaft – und die beiden Strategen hinrichteten. Athen befand sich somit in einer katastrophalen Situation. Die Polis hatte etwa ein Drittel ihrer männlichen Bevölkerung eingebüßt, und zudem sah sie sich seit dem Frühjahr 413 permanenter Belagerung ausgesetzt. Denn König Agis II. von Sparta hatte den nur 25 Kilometer von Athen entfernten Ort Dekeleia erobert, und da die Spartaner ihn von jetzt an okkupiert hielten, konnten sie die Nahrungszufuhr aus Euböa abschneiden sowie die Versorgung der Polis mit deren eigenen landwirtschaftlichen Produkten erheblich beeinträchtigen. Gleichwohl war der Wille der Athener, wieder aufzurüsten und den Krieg gegen Sparta irgendwann doch noch siegreich zu beenden, ungebrochen. Dieses Ziel konnte nach Meinung einer Gruppe von Politikern und Flottenkommandeuren mit dem Demagogen Peisander an der Spitze am besten durch die Umwandlung der attischen Demokratie in eine Oligarchie erreicht werden, und ebendies gelang im Sommer 411 durch einen Putsch. Schon 413 war eine für die Verfassungsänderung günstige Voraussetzung geschaffen worden: In diesem Jahr hatte man die Verfügungsgewalt der Volksversammlung dadurch eingeschränkt, daß man sie einschließlich der Prytanen unter die Aufsicht von zehn älteren Probulen («Ratsherren») stellte.

Bei dem Probulengremium handelte es sich um eine Notstandsbehörde, von der man erwartete, sie werde sich besonders effektiv um die Rettung der vom Untergang bedrohten Polis, also vor allem um deren militärische Stärkung bemühen. Daran ist nun in der Tat der Probule interessiert, den Aristophanes in der *Lysistrate*, der einen seiner beiden auf uns gekommenen Komödien von 411, auftreten läßt. Der Amtsträger gerät dabei in Konflikt mit der Protagonistin, nach der das Stück benannt ist. Ob es dem athenischen Theaterpublikum an den Lenäen oder an den Großen Dionysien dargeboten wurde, kann man nicht eindeutig entscheiden, da weder für die *Lysistrate* noch für die ebenfalls 411 auf die Bühne gebrachten *Frauen beim Thesmophorienfest* das Aufführungsdatum überliefert ist. Nun haben aber diejenigen, die glauben, daß Aristophanes die *Lysistrate* für die Lenäen verfaßte, die besseren Argumente, und deshalb betrachte ich sie als erstes der beiden Frauenstücke.

Großes Ding gegen das große Ding

Die Voraussetzungen für die Handlung werden uns in der *Lysistrate* erstmals innerhalb der erhaltenen Aristophanes-Stücke nicht durch eine Expositionsrede mitgeteilt, sondern im Verlauf des Prologs (1–253) durch das, was die agierenden Personen sagen. Daraus ergibt sich, daß auch der Große Plan der Hauptfigur erst während des Bühnengeschehens erkennbar wird. Lysistrate, deren Großer Plan zwei Vorhaben miteinander kombiniert, möchte diese einer Gruppe von Frauen entwickeln, die von ihr um eine Unterredung gebeten wurden. Freilich ist, als sie aus einer von zwei (oder drei) Türen der Skene auf die Bühne tritt, noch keine der Damen zu sehen. Doch bald kommt Kalonike aus einer anderen Tür (also offenbar aus dem Nachbarhaus), erklärt Lysistrate, die sich verärgert über das Säumen der anderen Frauen äußert, dafür könne es verschiedene plausible Gründe geben, und dann geht der Dialog so weiter (20–25):

LYSISTRATE: Aber es gäbe andere Dinge, die wichtiger wären für sie.
KALONIKE: Was ist es denn, liebe Lysistrate, wozu du uns Frauen zusammenrufst? Was ist das Ding? Wie groß ist es?
LYSISTRATE: Groß!
KALONIKE: Etwa auch dick?
LYSISTRATE: Auch dick, beim Zeus!
KALONIKE: Und wieso sind wir dann nicht da?
LYSISTRATE: Nicht von *der* Sorte! Dann wären wir nämlich schnell
                    zusammengekommen!

Es ist klar, daß die beiden Frauen zwei verschiedene «Dinge» im Sinn haben: Lysistrate ihren Großen Plan und Kalonike das männliche Glied, das sie offensichtlich besonders schätzt, wenn es groß (und dick) ist. Vorläufig erfahren wir nur, daß Lysistrates «großes Ding» zur Rettung Griechenlands verhelfen soll, und erst rund 100 Verse später, daß es gegen den

Genuß der Freuden, die das andere «große Ding» den Frauen verschaffen kann, gerichtet ist. Denn der inzwischen vollständig versammelten Damengruppe verkündet Lysistrate, alle Griechinnen müßten sich «fernhalten ... vom Schwanz» (V. 124). Sie, deren Namen «die das Heer Auflösende» bedeutet, hofft dies: Hellas, dem durch den Peloponnesischen Krieg der Untergang drohe, könne dadurch gerettet werden, daß die Frauen sich ihren Männern im Bett so lange verweigern, bis diese willens sind, Frieden zu schließen.

Durch das Wortspiel mit dem «großen Ding» baut Aristophanes gleich zu Beginn der *Lysistrate* ein Spannungsfeld auf, das für diese Komödie charakteristisch ist. Es wird gebildet durch das Nebeneinander eines seriös wirkenden politischen Programms und einer Reihe höchst derber Obszönitäten. Auf der einen Seite ist der von Lysistrate vorgeschlagene Liebesstreik Mittel zu einem guten Zweck: Er zielt auf die nicht allein für das militärisch stark geschwächte Athen, sondern für ganz Hellas sicherlich nützliche Beendigung der Kämpfe gegen Sparta. Und alles, was die Protagonistin im Laufe des Bühnengeschehens über die politische Situation der einander bekriegenden Griechen äußert, klingt so, daß man es als ernstgemeinte Aussage des Dramas begreifen darf. Auf der anderen Seite wird, was sich höchst vernünftig anhört, dadurch konterkariert und geradezu unterminiert, daß mit dem Pathos des staatsethischen Manifests immer wieder die Komik von Zoten und mehr oder weniger offen ausgeführten sexuellen Handlungen einhergeht. Schon im Prolog geben sich die Frauen, die am Ende dieses Teils der Komödie ihre Bereitschaft zur Rettung Griechenlands feierlich schwören, ausgesprochen lasziv, etwa in dem Moment, als Lampito, die Vertreterin Spartas, auftritt. Ich zitiere die ersten Worte, die wir bei ihrem Erscheinen vernehmen (78–84; der dorische Dialekt ist durch den altbaierischen «verdeutscht»):

LYSISTRATE: Lampito, liebste Spartanerin, sei gegrüßt!
Wie deine Schönheit erstrahlt, süße Freundin!
Was für eine gesunde Farbe du hast, und wie dein Körper vor Kraft strotzt!
Du könntest einen Stier erwürgen!
LAMPITO: Freili, des glaub i aa, bei die zwoa Götter!
I mach halt mei Gymnastik, und wenn i hupf, dann kumm i nauf bis zum
Arsch mit meine Fiaß.
KALONIKE: Was für ein schönes Paar Titten du hast!
LAMPITO: Wia a Opfertier langts ihr mi o.

Zum vollen Verständnis dieser Verse muß man sich klarmachen, daß die drei hier redenden Frauen von Männern gespielt werden. Folglich haben wir es bei Lysistrate, Lampito und Kalonike de facto mit einem Voyeur, einem Transvestiten und einem «Busengrapscher» zu tun. Gewiß, bei der *Lysistrate* handelt es sich um die älteste uns überlieferte griechische Komödie, ja vermutlich die erste überhaupt, in der eine Frau Hauptfigur ist, weitere Frauen in wichtigen Rollen zu sehen sind und weibliche Interessen dominieren. Aber die Griechinnen dieses Stücks werden uns ausschließlich aus der Perspektive von Männern des 5. Jahrhunderts v. Chr. präsentiert. Deshalb entsprechen sie in ihrem Verhalten ganz dem damals herrschenden Vorurteil gegenüber der Damenwelt. Sie haben ständig Verlangen nach Sex, weshalb sie sich von Lysistrate nur widerwillig durch einen gemeinsam abgelegten Eid zum Liebesstreik verpflichten lassen. Und sie sind trinkfreudig, was sich vor allem daran zeigt, daß sie bei der Zeremonie kein Tieropfer vollziehen, wie es der Brauch verlangen würde, sondern einen Humpen Wein «schlachten».

Wie gesagt, die Erpressung der Männer durch die Verweigerung von Bettfreuden bildet nur die eine Hälfte des großen «Dings», das Lysistrate erdacht hat, also Plan A. Plan B sieht vor, daß – so hören wir von ihr vor dem Schwur – die ältesten Frauen unter dem Vorwand, sie wollten opfern, die Akropolis besetzen. Das bedeutet, wie dem zeitgenössischen Publikum sofort klar war: Die Verschwörerinnen bekommen, wenn sie die Burg tatsächlich erobern können, die Kontrolle über die Staatskasse, aus der Athen den Krieg finanziert. Was aus ihrer Aktion wird, erfahren wir gegen Ende des Prologs durch Geschrei, das hinter dem Bühnenhaus ertönt. Es signalisiert das Gelingen von Plan B. Lysistrate verkündet daraufhin, sie und die anderen Damen würden sich jetzt zu den Frauen in der Burg begeben. Sie gehen entweder durch eine von zwei Türen oder durch die mittlere von dreien. Auf jeden Fall verwandelt sich so die Skene, die bisher die Häuser der Protagonistin und der Kalonike repräsentiert hat, in die Akropolis. Diese wiederum wollen zwölf alte Männer, die von beiden Seiten die Spielfläche betreten und von denen jeder zwei Holzscheite aus Olivenholz, eine Fackel und einen Topf mit glühenden Kohlen trägt, mit Gewalt zurückgewinnen. Dargestellt werden sie von der Hälfte der Mitglieder des Chors, und so beginnt die Parodos (254–386). Der Anführer der Greise erklärt, sie würden alle Burgbesetzerinnen auf einem Scheiterhaufen verbrennen, und seine Mannen verweisen darauf, daß sie einst den Spartanerkönig Kleomenes von der Akropolis vertrieben hätten. Aber das ist gewiß nicht wörtlich zu nehmen, da sie dann über 110 Jahre alt sein müßten; es soll einfach ihr Bekenntnis zu bewährtem altattischem Heldentum zum Ausdruck bringen. Um so komischer wirkt es, daß sie sich beim Blasen auf die Kohlen in Rauch einhüllen und schon durch diese Ungeschicklichkeit nicht gerade heroisch und entsprechend gefährlich erscheinen. Daher verwundert es nicht, daß zwölf alte Frauen, die kurz nach den Greisen als der zweite Halbchor auftreten, die Akropolis-Stürmer außer Gefecht zu setzen vermögen.

Was verhilft den Damen zum Sieg? Sie begießen die Herren einfach mit Wasser aus Krügen, die sie herbeigeschleppt haben. Vorher beschimpfen die beiden Gruppen von Senioren sich gegenseitig, und das eröffnet eine Nebenhandlung, der sich in den erhaltenen Aristophanes-Stücken nichts Vergleichbares an die Seite stellen läßt: Wie die Frauen, die sich auf Anregung der Protagonistin ihren Ehemännern verweigern, so führen die zwölf Greisinnen über mehrere Szenen hin eine Art Krieg mit Repräsentanten des maskulinen Geschlechts. Und in beiden Fällen kommt es am Ende des dramatischen Geschehens zu Versöhnung und Frieden. Die eine «battle of sexes» spiegelt sich mithin in der anderen. Das verleiht dem Plot der *Lysistrate* Geschlossenheit, und da ist noch etwas. In der Haupthandlung wird der Streit zwischen zwei Parteien, deren eine sich um die Hauptfigur schart, nicht wie sonst vor der Parabase durch den Sieg der Hauptfigur beendet, so daß diese gleich danach in den epeisodischen Szenen ihren Triumph auskosten könnte. Nein, Lysistrate erreicht das Ziel ihres Großen Plans erst unmittelbar vor der Exodos, weswegen in diesem Stück auch die nach der Parabase beginnenden Szenen Stationen auf dem Weg zum Happy-End sind. Man fühlt sich daher geradezu an die Handlungsstruktur einer Tragödie erinnert, und sicherlich hat Aristophanes sich bei der Konzeption der *Lysistrate* von der Schwestergattung, speziell von Stücken des Euripides, beeinflussen lassen. Dafür spricht allein schon, daß es 411 v. Chr. bereits mehrere Tragödien gab, in denen eine Frau Protagonistin und das Drama nach ihr benannt war, etwa die Euripideische *Medea* von 431.

Die Titelheldin der *Lysistrate* und ihre Mitverschwörerinnen setzen sich mit der Gegenpartei erstmals in einer längeren Szene auseinander, die von der Parodos zum epirrhematischen Agon überleitet (387–475). In dieser Szene versucht ein Probule, der von der Akropolis Geld für die Bezahlung von Ruderstangen holen will (421 f.), gewaltsam in die von den Frauen okkupierte Festung einzudringen. Er befiehlt den ihn begleitenden vier skythischen Polizisten, das Burgtor mit Hilfe von Brechstangen zu öffnen. Doch bevor die Männer ans Werk gehen können, tritt Lysistrate aus dem Tor und sagt, hier würden keine Brechstangen, sondern Sinn und Verstand gebraucht. Damit möchte sie offensichtlich das Signal zu einer kontroversen Diskussion über die momentane Situation geben, aber der Probule fordert einen der Skythen zur Fesselung der Lysistrate auf. Als sie diesen durch eine Drohung zurückschreckt und der Probule seine Aufforderung wiederholt, kommt eine alte Frau aus der Burg und wehrt den Polizisten erneut ab, indem sie ihm Angst einjagt. Zwei gleich darauf hintereinander erscheinende Greisinnen leisten ihr Hilfe, und als der Probule seine Leibgarde wiederum auf die Frauen hetzt, ruft Lysistrate in die Akropolis (456–460):

Ihr Waffenschwestern, eilt von innen heraus,
ihr Hülsenfruchtgemüsemarktverkäuferinnentöchter,
ihr Knoblauchwirtshausbrotverkäuferinnen,
zerrt sie zu Boden, prügelt sie, zerschmettert sie,
beschimpft sie, seid schamlos!

Ein ganzer Trupp von alten Frauen, der daraufhin aus dem Tor herausstürmt, schlägt die vier Skythen in die Flucht, und nunmehr läßt sich der Probule, obwohl der Halbchor der alten Männer ihn im voraus deswegen tadelt, auf eine Debatte mit den Frauen ein.

«Der Krieg ist Sache der Frauen!»

Wie in den *Vögeln* vertritt im epirrhematischen Agon der *Lysistrate* (476–613) allein die Hauptfigur ihren Standpunkt. Der Probule trägt zum Gespräch nur kurze Fragen und Zwischenbemerkungen bei, während Lysistrate breit darlegt, weshalb die Frauen die Akropolis besetzt haben: Das hätten sie getan, um das Geld in Sicherheit zu bringen, und damit die Männer deswegen nicht Krieg führten. Die Frauen würden es verwalten wie schon immer das Haushaltsgeld und für die Sicherheit Athens sorgen. Bisher hätten die Frauen, wenn die Männer etwas über Krieg und Frieden beschlossen hatten, dazu geschwiegen, auch wenn es oft zu einer schlechten Entscheidung gekommen sei. Und als die Volksversammlung später noch schlechter entschieden habe und die Frauen ihre von dort zurückgekehrten Männer gefragt hätten, warum sie da «so hirnlos» (V. 518) Politik machten, sei unter (impliziter) Bezugnahme auf eine bekannte Homer-Stelle (*Ilias* 6.492) erklärt worden (V. 520):

«Der Krieg ist Sache der Männer!»

Als die Frauen überdies auf der Straße aus Männermund vernommen hätten, es gebe keinen Mann mehr im Lande, seien sie zu dem Entschluß gelangt, sie müßten Hellas gemeinsam retten. Und wenn die Männer den Frauen nun, falls diese etwas Nützliches vorbrächten, zuzuhören bereit wären, würde ihnen auf die Beine geholfen. Als der Probule sagt, er könne

vor Lysistrate nicht schweigen, noch dazu, wo sie einen Schleier trage –
das kennzeichnet sie als Frau –, legt sie ihm diesen um, und eine der alten
Damen übergibt ihm ihren Wollkorb. Dann fordert Lysistrate den auf
solche Weise «Feminisierten» zur Wollarbeit auf und höhnt (V. 538):

«Der Krieg ist Sache der Frauen!»

Im weiteren Verlauf des Agons erklärt Lysistrate dem Probulen, die Männer würden, wenn sie nur etwas Verstand hätten, mit allen Staatsgeschäften wie Frauen mit der Wolle umgehen, und zwar so (574b–586):

Zuerst müßtet ihr, wie man es mit der rohen Wolle macht, in der Badestube
den Schafsdreck herauswaschen aus dem Staat, diesen dann auf eine Bank
legen, die Schurken herausklopfen und die Dornen ablesen,
und all das, was sich zusammenballt und verfilzt,
um die Ämter zu kriegen, durchkrempeln und an den Häuptern beschneiden,
dann sie krempeln in den Korb der einträchtigen guten Gesinnung, alle
miteinander vermischt, und auch die Einwanderer und jeden Fremden, der
                                      euch freundlich gesinnt ist,
und jeden, der der Staatskasse etwas schuldet, hineinmischen.
Und ja, beim Zeus, die Staaten, die Kolonien dieses Landes sind –
erkennen müßtet ihr, daß diese euch wie Wollflocken herumliegen
jeder für sich. Und dann solltet ihr von ihnen allen das Geflock nehmen,
vereint hierherführen, in eins zusammenbringen, danach ein großes
Knäuel machen und dann daraus dem Volk einen Wollmantel weben.

Der Probule, dem der Vergleich gar nicht gefällt, wird am Schluß des
Agons noch einmal gedemütigt. Jetzt geben die Frauen ihm Kränze und
Kopfbinden, mit denen man Leichen zu schmücken pflegte, und verspotten ihn als einen bereits Toten, woraufhin er mit seiner Cortège die Bühne
verläßt. Auf das somit beendete Streitgespräch folgt, nachdem Lysistrate
und ihre Begleiterinnen in die Akropolis gegangen sind, der Teil des
Stücks, der die Parabase repräsentiert (614–705), aber als eine weitere
«Kampfszene»: Die beiden Halbchöre der alten Männer und Frauen beschimpfen sich gegenseitig, ja drohen jeweils mit Gewalt und ziehen sich
«nackt» aus. Dies bedeutet der Theaterkonvention gemäß, daß sie nur
noch bis zu den Füßen reichende Trikots und den für alle Agierenden
(auch in Frauenrollen!) obligatorischen Phallos tragen. Wie in den *Vögeln*
behalten die Chorsänger den von ihnen übernommenen Part bei, und dadurch ist die Parabase in das Spielgeschehen integriert – hier sogar so organisch, daß die Bühnenillusion nicht durchbrochen wird.

Der Agon und der «Parabasen-Ersatz» sind Handlungsabschnitte, die von Plan B, der Akropolis-Besetzung, ihren Ausgang nehmen. Plan A, der Sexstreik, wird nur im Agon und dort auch nur einmal andeutungsweise angesprochen (551–554). Der Probule erfährt mithin nichts von der Liebesverweigerung; beherrschendes Thema ist sie erst wieder in den epeisodischen Szenen. Hat man daher mit Recht gesagt, Aristophanes habe zwei komische Ideen nicht zu einer Einheit verbunden? Dagegen ist folgendes einzuwenden: Zwischen den von Plan A und B betroffenen Lebensbereichen – es sind (A) die Familie, innerhalb welcher der Liebesstreik sich auswirkt, und (B) der ihr übergeordnete Stadtstaat, den die Akropolis symbolisiert – besteht durchaus ein enger Zusammenhang. Wie besonders das Wollegleichnis erkennbar macht, verknüpfen die Frauen durch ihre beiden Aktionen die Organisation des heimischen Haushalts mit derjenigen der Polis und demonstrieren so, daß die Familie die Keimzelle des Stadtstaates ist und man sie deshalb nicht durch Kriege auseinanderreißen sollte. Ort des Liebesstreiks wird, nachdem zunächst vereinbart worden war, die Frauen sollten sich den Ehegatten in ihren Häusern verweigern, während der epeisodischen Szenen die Burg Athens. Rein äußerlich kommt das dadurch zum Ausdruck, daß die Skene sich von einer Häuserfront, aus deren Türen Lysistrate und Kalonike heraustreten, in die Akropolis mit ihrem zugesperrten Tor verwandelt. Und bereits in dem Moment, als die alten Männer, um das Tor zu öffnen, sich «wie ein Rammbock» (V. 309) darauf stürzen, werden Plan A und B erstmals im übertragenen Sinne amalgamiert. Denn was hier sinnbildlich geschieht, ist der Versuch einer Penetration, und er mißlingt – ebenso wie das später in einer der epeisodischen Szenen gezeigte Bemühen des «bestreikten» Ehemannes Kinesias, seine Frau zum Koitus zu überreden, nicht zum Ziel gelangt.

Der Kinesias-Szene geht eine Sequenz kürzerer Auftritte einzelner Frauen voraus. Sie werden von der Protagonistin daran gehindert, die Akropolis zu verlassen und sich zu ihren Männern zu begeben (706–780). Zuerst erscheint Lysistrate «mit finst'rer Miene», wie die Chorführerin bemerkt, auf der Bühne und beklagt sich im Tonfall der Heroine einer Tragödie über «verruchter Weiber Werke». Was sie damit meint, erfährt man erst, nachdem es zwischen Lysistrate und der Chorführerin eine Weile paratragisch hin und her gegangen ist (713–715; ich übersetze die jambischen Trimeter metrisch):

LYSISTRATE: 'S ist schändlich, es zu sagen, und zu schweigen schwer.
CHORFÜHRERIN: Verhehl mir nicht das Üble, das uns widerfuhr!
LYSISTRATE: In Kürze sei es denn gesagt: Wir wollen – ficken!

Das plötzliche Heruntersteigen der Sprache vom hohen Kothurn des Trauerspiels in die Niederungen des obszönen Lust-Spiels könnte schwerlich drastischer erfolgen. Lysistrate berichtet nun von zwei Fluchtversuchen und sagt zu einer Frau, die heimgehen will, um Wolle auf dem Bett auseinanderzubreiten, sie werde nichts «auseinanderbreiten». Einer weiteren Dame wird das «Durchwalken», dem sie angeblich Flachs unterziehen will, verboten, und einer dritten, die mit der Behauptung, sie sei schwanger, einen gewölbten Bauch vorweist und nach Hause zur Hebamme eilen will, holt Lysistrate einen Helm unter dem Gewand hervor. Schließlich zitiert sie, als noch eine vierte Frau gerannt kommt, aus einer Papyrusrolle ein in Hexametern verfaßtes Orakel, das, wie sie verkündet, den Frauen, wenn sie sich nicht entzweien, den Sieg verheiße. Die ersten vier Verse werden freilich von der Frau, welche die Schwangerschaft vorgetäuscht hatte, mißverstanden (770–773, metrisch übertragen):

LYSISTRATE: «Aber wenn alle Schwalben an *einem* Ort sich verkriechen,
fliehend die Wiedehopfe, und fern von den Phalloi sich halten,
dann ist zu Ende die Not, und es kehrt das Obre zuunterst
Donnerer Zeus –»
DRITTE FRAU: Sollen *wir* dann oben liegen in Zukunft?

Doch den Rest des Spruches begreift die Frau. Lysistrate ermahnt also ihre Geschlechtsgenossinnen, das Orakel nicht zu verraten, und betritt mit denjenigen von ihnen, die sich noch auf der Bühne befinden, die Akropolis. Danach setzen die Halbchöre in einer Art Entreakt ihren Geschlechterstreit fort: Nachdem die Männer die Geschichte vom Frauenhasser Melanion gesungen haben, geraten Chorführer und -führerin aneinander, worauf die Frauen die Geschichte vom Männerhasser Timon singen und erneut Chorführer und -führerin aneinandergeraten (781–828). Auch dabei fehlt es nicht an Obszönitäten.

Mag sein, daß es Leute gibt, die von Humor solcher Art irgendwann im Laufe der Komödie genug haben. Aber niemand dürfte sich dem Charme der auf das Chor-Intermezzo folgenden erotischen Szene (829–979) entziehen können – für mich jedenfalls ist sie eine der faszinierendsten, welche die gesamte uns kenntliche Theaterproduktion der Antike zu bieten hat. Man kann es eigentlich kaum glauben: Auf einer Bühne des späten 5. Jahrhunderts v. Chr. wird gezeigt, wie ein Mann sich mit erigiertem Glied auf ein Bett legt, seine Frau bittet, mit ihm zu schlafen, diese alle Vorbereitungen dafür trifft, ihn stimuliert, sich küssen läßt und am Ende – ja, was tut? Nun, der Pornofilm *avant la lettre* beginnt so: Kinesias, dem seine Frau Myrrhine sich verweigert – die beiden Namen sollen *kineîn* und *myrtíne* in der Bedeutung «bumsen» beziehungsweise «Vagina» evozieren –, tritt, über den «Krampf» (*spasmós*) in seinem steifen Phallos jammernd, mit einem Sklaven, der das Kind der beiden Eheleute auf dem Arm trägt, vor das Tor der Akropolis. Er bittet Lysistrate, die auf das Dach der Skene gestiegen ist, Myrrhine zu ihm herauszurufen. Schon vorher war diese von der Protagonistin, die den Mann hatte kommen sehen, dazu aufgefordert worden, ihn «zu rösten und zu foltern und zum Narren zu halten» (839 f.), indem sie ihm alles bis auf das gewährt, was den Männern nicht zu gewähren die Frauen geschworen haben. Genau das geschieht, nachdem Myrrhine sich Kinesias genähert, ihr Kind liebkost und dem Gatten erklärt hat, sie werde nicht nach Hause gehen, wenn die Männer nicht Frieden schließen.

Bei ihrer frechen Aktion verfährt Myrrhine höchst raffiniert. Sie läßt sich, nachdem Kinesias den Sklaven mit dem Kind fortgeschickt hat, zum Schein darauf ein, mit ihrem Gatten vor dem Eingang zur Burg zu schlafen. Doch sie besteht darauf, erst ein Bett zu besorgen, auf dem es stattfinden soll. Also verläßt sie die Bühne, um kurz darauf zurückzukehren, und das wiederholt sich noch viermal, da Myrrhine der Reihe nach eine Matratze, ein Kissen, eine Bettdecke und ein Salbfläschchen herbeiholt. Gleichzeitig macht sie den ungeduldig auf dem Bett Wartenden immer ungeduldiger – etwa in dem Moment, als sie das Kissen gebracht hat, Kinesias kurz aufgestanden ist, sie das Kissen aufs Bett und auch er sich wieder dorthin gelegt hat (929b–936):

MYRRHINE: Habe ich nun alles?
KINESIAS: Ja, alles. Komm jetzt her, mein Goldstück!
MYRRHINE: Schon mache ich mein Busenband auf. Doch denk dran: Betrüge mich nicht in Sachen Friedensschluß!
KINESIAS: Beim Zeus, ich will sterben, wenn ich das tu!
MYRRHINE: Du hast keine Bettdecke!
KINESIAS: Beim Zeus, ich brauche keine, nein, ich will ficken!
MYRRHINE: Keine Sorge, das wirst du tun. Ich komme ja gleich wieder.
KINESIAS: Das Frauenzimmer bringt mich um mit seinem Bettzeug!

Daß dies und alles andere ein Hinhaltespiel ist, erkennt Kinesias, als Myrrhine nach dem Herbeischaffen des Salbfläschchens sagt, sie ziehe ihre Schuhe aus, den Mann ermahnt, für den Friedensschluß zu stimmen, und, als er erwidert, er werde darüber nachdenken, in die Burg rennt. Die Szene endet mit einem paratragischen Rezitativ, in dem Kinesias sein Mißgeschick beklagt, wobei der Chorführer ihn bedauert und über Myrrhine schimpft, die Chorführerin sich dagegen positiv äußert. Die letzten

Worte des Geprellten lauten, in deutsche anapästische Dimeter übertragen (972–979):

Ja, verrucht, ja, verrucht! O Zeus, o Zeus,
o daß du sie doch wie Haufen von Spreu
mit gewaltigem Sturm und mit sengendem Wind
herumgewirbelt, herumgedreht
von hinnen trügest und losließest dann,
so daß nach dem Sturz auf die Erde zurück
ganz plötzlich nun
auf meiner Eichel sie ritte!

Insgesamt geht es in der Kinesias-Szene primär um das sexuelle Verlangen des von seiner Geschlechtspartnerin verlassenen Mannes. Doch bevor es zu der Prellung des auf einen Koitus hoffenden Atheners durch Myrrhine kommt, artikuliert er seine Sorge um die Familie, um den Haushalt und vor allem um sein der mütterlichen Fürsorge beraubtes Kind; er hält es, als Myrrhine noch nicht aus der Akropolis getreten ist, in die Höhe, woraufhin es «Mami! Mami! Mami!» ruft (V. 879). Das Kind bedarf auf jeden Fall dringend der Rückkehr seiner Mutter nach Hause, und Familienzusammenführung im Interesse der Polis stellt, wie spätestens am Schluß der Komödie deutlich wird, das eigentliche Ziel der Verwirklichung von Lysistrates Großem Plan dar.

Kinesias befindet sich noch auf der Bühne, als ein spartanischer Herold erscheint. Zwar läßt die Ausbuchtung seines Gewandes klar erkennen, daß er eine Erektion hat, aber nachdem er dies eine Weile nicht so recht zugegeben hat, sagt er am Ende doch folgendes (1002b–1006; sein Dorisch ist wieder durch Altbaierisch «verdeutscht»):

Mia leidn! In der Stadt
genga mia umanand, krumm und schiaf wia die Laternenträger.
Weil die Weiber lassn uns ned ihre Fotzn
olanga, bevor daß mia alle einmütig
an Friedn gschlossn habn in Griechenland.

Jetzt ist es heraus: Wie Kinesias werden der Herold und alle anderen spartanischen Männer von einer Dauererektion gequält. Deshalb empfiehlt der Athener ihm, nach Sparta zurückzukehren und seinen Landsleuten zu sagen, sie sollen Gesandte schicken, damit man wegen einer Aussöhnung verhandeln kann; er selber wolle den Rat seiner Polis um dasselbe bitten und dabei seinen «Schwanz» präsentieren. Beide gehen ab, und die

Zuschauer dürfen erwarten, es werde in den letzten Szenen der Komödie dazu kommen, daß ein Friedensschluß dem Priapismus der Athener und Spartaner «Entspannung» verschafft.

Entspannung durch Frieden

Hat man nicht zu unserer Zeit immer wieder gehofft, in Krisengebieten wie dem Nahen Osten könne es zur Entspannung und durch sie zum Frieden kommen? Da gibt es bekanntlich nach wie vor Probleme. Doch schon vor 2500 Jahren hat Lysistrate bei Aristophanes gezeigt, wie dieser Vorgang umgekehrt verlaufen und zu einem positiven Resultat führen kann. Der Dichter dürfte allerdings auf gar keinen Fall an die Möglichkeit geglaubt haben, daß ein Liebesstreik, der allgemeine maskuline «Verspannung» bewirkt, in seiner Zeit hätte organisiert werden können. In einer Gesellschaft, die ausschließlich Männern die Bekleidung eines Staatsamtes gestattete, wäre jede Art politischer Tätigkeit von seiten einer Frau und deswegen natürlich auch die Okkupation der athenischen Akropolis durch Griechinnen absolut undenkbar gewesen. Lysistrates Aktion ist wie die des Dikaiopolis in den *Acharnern*, des Trygaios im *Frieden*, des Peisetairos in den *Vögeln* und, wie wir noch sehen werden, der Praxagora in den *Ekklesiazusen* und des Chremes im *Plutos* nichts weiter als die fiktionale Verwirklichung einer komischen Idee. Das Publikum im Dionysostheater sollte durch diese realitätsfernen Utopien gewiß primär zum Lachen gebracht werden. Doch natürlich war es jedem einzelnen Zuschauer unbenommen, aktuelle Bezüge herzustellen und daraufhin eine kritische Haltung gegenüber der durch Aristophanes jeweils evozierten politischen Situation einzunehmen. Was jedoch in die *Lysistrate* ganz sicher von niemandem hineingelesen wurde, ist der Aufruf zur Gynäkokratie und zur sofortigen Beendigung des Krieges. Wie gesagt, erstere hätte es niemals geben können, und für eine friedliche Versöhnung aller Hellenen fehlte Anfang 411 v. Chr., wie uns die Althistoriker lehren – hier kann das nicht im einzelnen dargelegt werden –, die Verhandlungsbasis. Dennoch hat man die *Lysistrate* in jüngerer Zeit mehrfach als Manifest des Feminismus und Pazifismus inszeniert. Aber das steht selbstverständlich jedem Regisseur frei. Man sieht daran, wie lebendig Aristophanes-Komödien trotz ihrer historischen Patina heute wirken können.

Bevor es im fiktiven Griechenland des Jahres 411 zur «Entspannung» kommt, schließen erst einmal die beiden Halbchöre Frieden. In einer Szene, die offensichtlich die Nebenparabase ersetzen soll (1014–1042), werden die alten Männer von den alten Frauen, die schon vorher ihre Gewänder wieder angezogen haben, gleichfalls bekleidet, die Chorführerin holt dem Chorführer eine Schnake aus dem Auge, und dann geben Senioren und Seniorinnen einander sogar Küsse. Also können sie jetzt zusammen einen Chor bilden und ein gemeinsames Lied singen. Es umfaßt vier Strophen; die erste lautet in metrischer Übertragung, die gegenüber dem Original vereinfacht ist (1043–1057):

Über irgendeinen Bürger
etwas Schlechtes auszusagen,
Männer, sind wir nicht bereit,
sondern, ganz im Gegenteil,
nichts als Gutes nun zu reden
und zu tun. Denn Schwierigkeiten
haben wir nun schon genug.
Mann und Frau, ein jeder sage,
ob er etwas Geld benötigt,
ob zwei Minen, drei – wir haben's
drinnen, Beutel gleich dazu.
Gibt's nun Frieden, muß, wer von uns
etwas borgt, nichts wiedergeben –
falls er was bekommen hat.

Der Witz des Textes besteht darin, daß den Zuschauern erst Geld angeboten wird, sich aber am Ende zeigt, daß sie keines erhalten werden. In eine Überraschungspointe wie diese münden auch die unmittelbar folgende zweite Strophe (1058–1071) sowie die Strophen 3 und 4 (1188–1215), welche die letzte der epeisodischen Szenen (1072–1187) von der Exodos (1216–1321) trennen. In den älteren der von Aristophanes überlieferten Komödien werden in Chorliedern, die dort an den entsprechenden Stellen plaziert sind, in der Regel Personen des öffentlichen Lebens verspottet. Wie sich aus dem Anfang der ersten Strophe ergibt, verzichtet der Chor hier auf dergleichen, und das gilt ebenso für das übrige Stück: Aristophanes hält sich in der *Lysistrate* mit Attacken auf Mitbürger auffallend zurück. Das mag daran liegen, daß Athen, wie ich bereits kurz ausgeführt habe (S. 140f.), sich in der Zeit, als die Komödie auf die Bühne gebracht wurde, innen- und außenpolitisch in einer schweren Krise befand. Mithin hat man vielleicht zu Recht vermutet, Aristophanes habe mit seinem weitgehenden Verzicht auf jambisches Schimpfen einen Beitrag zu Ausgleich und Versöhnung in der Polis leisten wollen. Anhand des Textes läßt sich das freilich nicht belegen.

Nach den ersten beiden Strophen des Liedes betreten eine Schar spartanischer Gesandter und kurz darauf eine athenische Delegation die Bühne. Sie und der Chorführer reden eine Weile über die Erektionen, welche bei allen Männern beider Gruppen, nachdem sie ihre Mäntel ausgezogen haben, deutlich zu sehen sind. In diesem Zusammenhang erwidert der Sprecher der Athener, als der Chorführer ihn gefragt hat, ob die Herren in seiner Delegation am frühen Morgen ein «Krampf» packe (1090–1092):

Ja, beim Zeus! Ganz erledigt sind wir, wenn es uns so geht.
Deshalb werden wir, wenn uns nicht jemand schleunigst miteinander versöhnt, nicht umhin kommen, Kleisthenes zu ficken.

Der Genannte ist ein femininer Mann, der bei mann-männlichem Sex den passiven Part übernimmt (er spielt in den wie die *Lysistrate* 411 v. Chr. szenisch dargebotenen *Thesmophoriazusen* eine nicht unwichtige Rolle; vgl. auch S. 34 und 112). Wenn ihn hier einer der «bestreikten» Griechen als Partner anstelle der sich verweigernden Partnerin in Betracht zieht, ist es das einzige Mal, daß die Möglichkeit einer Ersatzbefriedigung erwähnt wird. An und für sich wären außer Männern wie Kleisthenes Hetären, Prostituierte und Sklaven beiderlei Geschlechts jederzeit verfügbar, und außerdem könnten die vom Priapismus geplagten Männer sich durch Masturbation Erleichterung verschaffen. Aber das hat Aristophanes außer in den zitierten Versen offenbar bewußt ausgeblendet. Denn wie bereits die Kinesias-Szene zeigt und dann das Finale bestätigt, sollen durch Frieden unter den Griechen, nach dem die Frauen verlangen, Eheleute wieder vereinigt werden. Darum konzentrieren sich die an Dauererektion leidenden Männer ganz darauf, die Voraussetzung für die Beendigung dieses Zustandes durch ein Arrangement mit Lysistrate und den anderen Frauen zu schaffen. Es dürfte mithin bei dem Seitenhieb auf Kleisthenes weniger um einen Hinweis auf alternativen Sex als um folgende implizite Aussage des athenischen Gesandten gehen: «Die Frauen haben uns in so große Not gebracht, daß wir vielleicht mit einem weibischen Kerl wie Kleisthenes schlafen müssen, und das wäre mehr als fürchterlich!»

Die Athener und Spartaner beschließen nun, Lysistrate herbeizurufen, und schon kommt sie aus der Burg. Sie präsentiert ihnen die Versöhnung in Gestalt einer jungen Frau, die nackt ist (vgl. S. 87 f.). Lysistrate fordert diese auf, die Spartaner an der Hand (oder am «Schwanz») zu ihr zu führen und danach die Athener, damit sie eine Rede halten kann. Darin wirft sie beiden Parteien als erstes vor, durch dieselben Kulte verbunden, würden sie trotz der Bedrohung durch die persischen Feinde griechische Männer und Städte zugrunde richten. Nehmen ihre Zuhörer sich das ernsthaft zu Herzen? Es sieht nicht so aus, da der Sprecher der Athener dazu lediglich bemerkt (V. 1136):

Und *ich* gehe hier zugrunde an meinem steifen Schwanz.

Er schaut dabei vermutlich ganz sehnsüchtig auf den Körper der personifizierten Versöhnung, denkt also nicht an das, was sie verkörpert. Gleichermaßen verhält sich der Leiter der Spartaner-Delegation, als Lysistrate ihn und seine Landsleute daran erinnert, daß ihnen einst, als sie im Krieg mit Messenien standen, auf ihre Bitte hin die Athener mit einem Heer die Rettung brachten. Zwar kommentiert der athenische Sprecher, die Spartaner täten Unrecht – das zielt sicher auf deren Rolle im Peloponnesischen Krieg –, aber der spartanische Sprecher sagt nur, wobei auch er seine lüsternen Augen auf die nackte Miss Versöhnung heften dürfte (V. 1148; ich gebe das Dorische erneut altbaierisch wieder):

Mia dean Unrecht, ja. Aber ned zum sagn, wia schee der Arsch da is!

Das wiederholt sich, nachdem Lysistrate den Athenern ins Gedächtnis gerufen hat, daß die Spartaner ihnen halfen, den Tyrannen Hippias zu vertreiben. Da erklärt zwar der Spartaner, er habe noch nie eine edlere Frau gesehen, und meint damit sicherlich Lysistrate, aber der Athener spricht zweifelsfrei von Miss Versöhnung, wenn er bekennt (V. 1158):

Und ich habe noch nie eine schönere Fotze gesehn!

Selbst als dann beide Parteien ihre Bedingungen für den Friedensschluß nennen, sind sie dazu nur mit Blick auf die vor ihnen stehende nackte Frau in der Lage. So verlangt der Spartaner Pylos zurück – die Stadt wurde seit 425 von den Athenern besetzt gehalten (S. 61) –, aber bevor er den Ortsnamen nennt, redet er von dem «runden Ding» (V. 1162). Denn mit *Pýlos* assoziiert er *pýlē*, was eine Öffnung und so auch den Anus bezeichnet. Der Athener wiederum erhebt Anspruch auf die Stadt Echinos, weil das Wort «Igel» bedeutet und er dabei primär das Stachelhaar über der Vagina von Miss Versöhnung im Auge hat, und überdies haben es ihm «der malische Meerbusen dahinter» – *kólpos*, wovon «Golf» abgeleitet ist, kann ebenso «Busen» wie «Scheide» heißen – und «die Schenkel von Megara» angetan; damit sind die langen Mauern gemeint, die das von den Spartanern okkupierte Megara mit dem von den Athenern okkupierten Hafen Nisaia verbanden. Man sieht ganz klar, daß die Vertreter der beiden Kriegsparteien einfach nur in der Hoffnung auf Sex mit Versöhnung zur Versöhnung bereit sind. Doch Lysistrate genügt das offenbar. Sie erklärt den Männern, nach dem Friedensschluß könnten sie sich ihre Wünsche erfüllen. Also sollen sie sich reinigen, damit die Frauen sie auf der Akropolis bewirten können, und wenn sie einander Eide und Bürgschaft gegeben haben, werde ein jeder mit seiner Gattin davonziehen. Alle sind damit einverstanden, und man geht in die Burg, woraufhin der Chor die Strophen 3 und 4 des vor der Szene begonnenen Liedes singt (1188–1215).

Die Exodos wird durch eine Szene eröffnet, in der uns wieder einmal Metatheater geboten wird. Der Sprecher der athenischen Gesandtschaft tritt zusammen mit einem Landsmann aus der Akropolis und fragt spartanische Sklaven, die sich bei dem Burgtor aufhalten, warum sie da säßen und ob er sie mit seiner Fackel verbrennen solle. Und er fügt hinzu, es handle sich hier um ein ordinäres Komödienmotiv, weshalb er das nicht mache. Wenn es aber unbedingt getan werden müsse, würden er und der andere Athener als Zugabe für das Publikum die Mühe auf sich nehmen. Nach einem kurzen Dialog der beiden Männer, aus dem unter anderem erhellt, was sie bei dem Festmahl erlebt haben, treten die spartanischen Gesandten aus der Burg. Ihr Leiter übergibt an den Flötenbläser, der auf der Bühne steht, einen Dudelsack und bittet ihn, nun das Instrument zu spielen, damit er dazu tanzen und singen kann. Als er sein Lied gesungen hat – darin erinnert er an den gemeinsamen Kampf der Athener und Spartaner gegen die Perser und ruft Artemis zur Sicherung des Friedensvertrages herbei –, kommt Lysistrate an der Spitze der Athenerinnen und Spartanerinnen aus der Akropolis, fordert deren Männer auf, sie heimzuführen und zuvor paarweise zu tanzen. Sie eröffnet den Reigen durch ein Lied, und danach singt der Chor, der ebenfalls tanzt (1291–1294):

Alalai! Iä, Paian!
Hoch das Bein, iai,
wie bei einem Sieg, iai!
Euoi, euoi, euai, euai!

Das hört sich an wie ein Abschiedsgesang. Denn es ging in der *Lysistrate* nicht um Sieg, sondern um Frieden, und deshalb will der Chor wohl vorweg die Erringung des ersten Platzes im Komödienwettbewerb feiern und so das Urteil der Kampfrichter zu beeinflussen versuchen. Wir wissen nicht, wie deren Votum ausfiel. Aber daß der Chor mit den gerade zitierten Versen an ihr Wohlwollen appellierte, ist denkbar, und deshalb wäre der Vierzeiler gut als Schlußbemerkung geeignet. Im Text folgen jedoch noch 27 Verse, in denen Lysistrate den Leiter der Spartaner-Delegation um ein weiteres Lied bittet (V. 1295) und er es singt (1296–1321). Darin geht es einzig und allein um spartanische Themen, und am Ende heißt es, die spartanische Muse (die gleich zu Anfang des Liedes angerufen wird) solle Athene preisen. Somit wird der Schutzgöttin Athens im letzten Vers einer attischen Komödie von dem Angehörigen eines Staates gehuldigt, der in der Realität nach wie vor als Erzfeind galt. Das wirkt befremdlich. Vielleicht wurden die Verse 1295–1321 für eine Wiederaufführung der *Lysistrate* in Sparta, die im 4. Jahrhundert v. Chr. stattgefunden haben könnte, von einem Unbekannten dem Originaltext hinzugefügt (Revermann 2006, 254 ff.). Wir werden uns mit der Möglichkeit, daß eine uns überlieferte Passage in einer Aristophanes-Komödie als späterer Zusatz zu betrachten ist, auch in den *Fröschen* konfrontiert sehen.

Anklage wegen Frauenverleumdung

Die *Frauen beim Thesmophorienfest* (griech. *Thesmophoriázousai*, daher im folgenden einfach *Thesmophoriazusen*) gelten unter Kennern als das witzigste Stück des Aristophanes. Aber eben nur unter Kennern. Denn die Komik steckt hier nicht allein in Obszönitäten, die jeder versteht, und Slapstick-Szenen, die denen anderer Zeiten vergleichbar sind. Lachen wird außerdem durch ein metatheatralisches Spiel erzeugt, das literarisches Wissen voraussetzt. Ein wesentliches Element dieses Spiels ist die Integration von vier Tragödien des Euripides in die zweite Hälfte der Komödie: *Telephos*, *Palamedes*, *Helena* und *Andromeda*. Aber nicht erst dort, sondern während des gesamten Stückes wird ein «Drama im Drama» nach dem anderen präsentiert, da mehrere agierende Personen sowie der Chor auf der Bühne in andere Rollen schlüpfen als diejenigen, welche ihnen primär zugewiesen sind. Dabei verwandeln sich fast jedesmal entweder Männer in Frauen oder Frauen in Männer, was einen zusätzlichen Reiz dadurch erhält, daß Akteure und Chorsänger im antiken Athen ausnahmslos maskulinen Geschlechts waren. In keinem seiner Stücke gewährt Aristophanes dem Publikum so tiefe Einblicke in die Poetik, also die «Machart» einer Komödie; (*téchnē*) *poiētikē*, was «Dichtkunst» bedeutet, ist von *poieîn* = «machen» abgeleitet. Der Dichter läßt eine Handlung, die durch eine Intrige ausgelöst ist, zielstrebig bis zur letzten Szene ablaufen, und dabei orientiert er sich zunächst am Strukturmuster Euripideischer Intrigenstücke. Doch diese dekonstruiert er anschließend durch eine selbst-«gemachte» Intrigenhandlung, die das Geschehen rasch zum Happy-End führt. Das klingt kompliziert, soll aber noch näher erklärt werden. Wir sahen bereits in der *Lysistrate*, wie der Große Plan, der eine gewisse Verwandtschaft mit einer Intrige aufweist, erst am Schluß sein Ziel erreicht. Dort wirkte die Tragödie ein, soweit sie ein einheitliches, durchgehend auf das Ende hin orientiertes Geschehen aufweist. Von der Schwestergattung beeinflußt sind gleichfalls die *Thesmophoriazusen*, und hier wird das durch Metatheater klar erkennbar.

Die Intrige richtet sich in dem Stück, das nach den Frauen beim Thesmophorienfest benannt ist, gegen diese. Was sie bezweckt, erfahren wir im Prolog (1–294), der damit beginnt, daß zwei Männer ebenso wie Euelpides und Peisetairos am Anfang der *Vögel* gerade unterwegs sind. Es handelt sich dabei um Euripides und einen alten Mann, der mit dem Tragödiendichter verwandt ist, dessen Name im Text aber nicht fällt. Als die beiden während eines kurzen Wortwechsels, der noch nichts über die Vorgeschichte verrät, zur Tür des Bühnenhauses gelangt sind, teilt Euripides seinem Begleiter mit, dort wohne der Tragödiendichter Agathon, sagt aber nicht, warum er ihm einen Besuch abstattet. Immerhin vernimmt der Verwandte jetzt schon, daß der Mann sich anderen Männern als passiver Partner beim Geschlechtsakt hinzugeben pflegt, und das treibt den Alten während der nun folgenden Szene, in der erst der Sklave Agathons und dann dieser selbst auftritt, immer wieder zu derben obszönen Äußerungen. Der Sklave erscheint mit einem Lied, in dem er in pathetischen lyrischen Tönen die poetische Tätigkeit seines Meisters preist; ich zitiere einen Ausschnitt zusammen mit den Zwischenbemerkungen des Verwandten (46–57; die Anapäste sind metrisch übersetzt):

SKLAVE: Der Gefiederten Schar sei vom Schlaf übermannt,
dem wälderdurchziehenden wilden Getier
fest hafte der Fuß –
VERWANDTER: Blaba, blaba!
SKLAVE: Denn der lieblich sprechende Agathon,
mein Herr, ist bereit –
VERWANDTER: daß geficket er wird?
SKLAVE: Wer ist es, der sprach?
VERWANDTER: Die windstille Luft.
SKLAVE: – zu legen auf Kiel sein begonnenes Stück.
Neue Felgen von Worten krümmt er zum Rad,
leimt Lieder zusammen, dann drechselt er sie;
er schmiedet Sentenzen, er nennt Dinge um,
macht aus Wachs ein Modell und rundet es ab,
gießt die Form aus –
VERWANDTER: und lutscht auch manchem den Schwanz.

Als Euripides den Sklaven bittet, Agathon aus dem Haus zu rufen, bekommt er zur Antwort, dieser werde gleich selbst erscheinen, weil er dabei sei, ein Lied zu komponieren, was in der Sonne besser gehe. Euripides und der Verwandte müssen also etwas warten, und währenddessen erfährt letzterer, «was hier los ist» (V. 73): Weil Euripides die Frauen zum Thema seiner Tragödien macht und darin ihrer Ansicht nach schlecht von ihnen redet – von ihm stammen ja mehrere Stücke wie die *Medea* und der *Hippolytos*, in denen jeweils eine Frau als schuldhaft handelnd dargestellt wird –, würden diejenigen, die das Thesmophorienfest feiern, heute, am zweiten Tag, ein Urteil fällen, ob der Dichter weiterleben darf oder sterben muß. Deshalb wolle er Agathon dazu bewegen, in weiblicher Kleidung vor der «Volksversammlung» der Frauen seinen Kollegen zu verteidigen. Der Verwandte kommentiert den Plan so (93 f.):

Eine feine Sache und ganz nach deiner Art!
Beim Intrigieren gebührt uns der Kuchen <als Siegespreis wie beim Symposion>.

Recht hat er. Denn Euripides schrieb mehrere Tragödien, in denen eine Intrige ein Happy-End herbeiführt; eine davon, die *Helena*, spielt in den *Thesmophoriazusen* später eine wichtige Rolle. Doch der Plan des Dichters, mit Agathon eine Intrige nunmehr im eigenen Interesse zu inszenieren, scheitert an dessen Weigerung, den ihm zugedachten Part zu übernehmen. Doch das Inszenieren liebt Agathon durchaus, wie sich bei seinem Auftritt zeigt. Er wird auf einem Ekkyklema aus der Skene gerollt, wobei er in einem gelben Frauengewand mit einer Lyra in der Hand auf einem Bett sitzt, über das weibliche Kleidungsstücke und vorwiegend von Frauen benutzte Gegenstände verstreut sind. Dabei bietet er eine Chorszene dar, indem er abwechselnd als Chorführerin und als weiblicher Chor singt. Das ist das erste «Drama im Drama», und dem Verwandten wird auch gleich begründet, warum Agathon das zum Liedvortrag passende Kostüm trägt: Ein Theaterdichter, so dieser, müsse in seinem Verhalten den Stücken, die er verfaßt, entsprechen. Wenn er etwa Dramen über Frauen schreibe, müsse sein Körper an ihrem Verhalten teilhaben. Das paßt zu der im Altertum durchaus ernsthaft vertretenen Mimesis-Theorie (Aristoteles, *Poetik* 1455a22–34). Aber die Umsetzung in die Praxis durch Agathon wirkt komisch, weshalb der Verwandte fragt (V. 153):

Du nimmst also die Reiterstellung ein, wenn du eine *Phädra* dichtest?

Darauf folgt ein kurzer Wortwechsel zwischen Agathon und dem Alten, und anschließend unterbreitet Euripides dem Kollegen sein Anliegen.

Wie gesagt, dieser lehnt ab, und so kommt es, daß der Verwandte Euripides auffordert, Agathon zu sagen, dieser solle sich zum Teufel scheren, und ihn selbst zu verwenden, wozu immer er wolle. Darauf schreitet Euripides sofort zur Geschlechtsumwandlung. Er rasiert erst einmal dem Verwandten den Bart ab und sengt ihm die Haare an den Geschlechtsteilen sowie am After weg. Danach bittet er Agathon, ihm aus der «Garderobe» auf dessen Bett der Reihe nach Safrangewand, Busenband, weibliche Perücke, Umhang und Damenschuhe zu reichen, damit er den alten Mann damit kostümieren kann. Der Vorgang dürfte dem entsprechen, was geschieht, wenn ein Akteur sich hinter der Bühne für seinen Auftritt zurechtmacht, und insofern wird erneut Metatheater gezeigt. Als Euripides den Verwandten dann zu gehen heißt, läßt dieser den Dichter schwören, ihn mit allen Mitteln zu retten, falls ihm etwas Schlimmes zustoße. Und genau das erwartet ihn: Die Frauen werden den Alten enttarnen und gefangennehmen, und dies hat zur Folge, daß Euripides im letzten Drittel der Komödie zwei Intrigen, die fehlschlagen, und eine, die gelingt, ins Werk setzt, um seinen Verwandten aus dessen Notlage zu befreien.

Nachdem der Tragiker die Bühne verlassen und der in eine Frau verwandelte alte Mann sich zu einem Altar in der Mitte der Spielfläche begeben hat – dieser repräsentiert das Thesmophorion, einen geweihten Bezirk in Athen –, beginnt die Parodos (295–371). Jetzt treten die Frauen auf, welche die Thesmophorien feiern, ein Fest, von dem Männer ausgeschlossen sind. Es pflegte in Athen vom 11. bis 13. des Monats Pyanopsion (etwa Oktober) zu Ehren der Demeter und ihrer Tochter Persephone stattzufinden, hat als solches aber wenig Bedeutung für das Verständnis der *Thesmophoriazusen*. In der Parodos wird denn auch nicht das Ritual des zweiten Festtages – er bildet ja den zeitlichen Hintergrund für das Bühnengeschehen –, sondern das einer Volksversammlung evoziert. So erleben wir nun Frauen (aber natürlich in Wahrheit Männer in weiblichen Kostümen) in einer den Männern vorbehaltenen Rolle. Das fängt damit an, daß eine Dame namens Kritylla in Prosa ein Gebet spricht, in dem sie göttlichen Segen für die Kongregation erfleht und derjenigen Rednerin, die «das Beste tut und sagt für das Volk der Athener und das der Frauen» den Sieg wünscht. Der Chor bekräftigt das Gebet gleich darauf in einem Lied, worauf wiederum in Prosa aus dem Munde Krityllas die Verfluchung derer ertönt, die Feinde der Frauen sind und ihnen Schaden zufügen. Einen solchen bringt in Krityllas Augen zum Beispiel das Denunzieren einer Frau, die ein fremdes Baby als ihr eigenes ausgibt. Dadurch, daß sie das ausspricht, wird etwas in Gang gebracht, was im Laufe des Stückes immer wieder für Heiterkeit sorgt: daß die angeblich zu Unrecht von Euripides verleumdeten Damen sich implizit zu den Missetaten bekennen, die ihnen die Männer unterstellen. Krityllas Fluchgebet wird ebenfalls durch ein Chorlied bekräftigt, worauf die Dame zum dritten Mal ihre Stimme vernehmen läßt, aber diesmal in jambischen Trimetern. Damit eröffnet sie eine Szenenreihe, die bis zu einer die Parabase ersetzenden Chorszene reicht (372–784) und mit dem Disput der «Volksversammlung» über Euripides beginnt. Jetzt verliest Kritylla aus einer Papyrusrolle in einer Diktion, die sich eindeutig an die in der Ekklesie gebräuchliche Formelsprache anlehnt, dies (372b–379):

«Beschlossen hat der Rat der Frauen
folgendes; dabei hatte Timokleia den Vorsitz,
Lysilla führte Protokoll und Sostrata stellte den Antrag:
eine Versammlung abzuhalten bei Morgengrauen am mittleren Tag
des Thesmophorienfestes, wenn wir am meisten freie Zeit haben,
und zuerst über Euripides zu verhandeln,
was für eine Strafe er erleiden soll. Denn daß er Unrecht tut,
meinen wir alle.» Wer will sprechen?

Das Wort ergreift zuerst Frau Mika, die ihr von einer Amme getragenes Wickelkind dabeihat und deshalb später in einer turbulenten Szene einen weiteren Auftritt haben wird. Thema ihrer Rede ist, Euripides habe die Frauen bei ihren Ehegatten an allen Orten, wo Tragödien aufgeführt werden, in so schlechten Ruf gebracht, daß die Männer ihnen überhaupt nicht mehr trauen würden. So sähen diese, sobald sie von den Zuschauerbänken nach Hause kommen, sofort nach, ob nicht irgendein Liebhaber im Haus versteckt ist. Zu Mikas weiteren Beispielen für Situationen, in denen Frauen von Männern verdächtigt würden, gehört die Entlarvung einer Frau, die ein fremdes Baby als ihr eigenes ausgibt; damit wird fortgesetzt, daß die Frauen sich indirekt selbst bezichtigen. Am Ende ihrer Rede vertritt Mika die Ansicht, sie und die anderen müßten Euripides töten, worauf der Chor Eloquenz und Argumentation der Frau in einem kurzen Lied preist. Nach ihr spricht als Anklägerin des Tragikers eine Kranzverkäuferin. Eine solche konnte wohl normalerweise mit einem nicht gerade schlechten Absatz ihrer Ware rechnen, da man stets Kränze für Götterbilder benötigte. Aber der Rednerin wird, wie sie behauptet, nicht einmal mehr die Hälfte von dem abgenommen, was sie früher verkaufte. Und das erklärt sich für sie so: Euripides – sie nennt ihn sehr amüsant den, «der auf dem Tragödienmarkt dichtet» (V. 450), als ob er wie Gewerbetreibende mit seinen Kollegen in einem bestimmten Stadtteil anzutreffen wäre – habe die Männer davon überzeugt, daß es keine Götter gebe. Der Tragiker wird somit in die Nähe des Sokrates der *Wolken* gerückt. Darin spiegelt sich ein zeitgenössisches Vorurteil gegen Euripides wider. Es heftete sich an ein in seinen Texten erkennbares Interesse für die Sophistik und an isoliert betrachtete Verse, in denen jemand die Existenz der Unsterblichen leugnet oder beim *Aithḗr* («Himmel») schwört. Diesen läßt Aristophanes den Tragiker in V. 272 der *Thesmophoriazusen* als Eidzeugen anrufen, indem er fast wörtlich einen Vers aus der (verlorenen) *Weisen Melanippe* des Euripides zitiert (Kannicht 2004, 536, Fragment 487).

Wie für den Sokrates der *Wolken*, der gleichfalls einmal zum *Aithḗr* betet (V. 265), gilt für den Euripides der *Thesmophoriazusen* (wie auch der *Acharner* und der *Frösche*), daß Aristophanes nicht ein getreues Abbild der historischen Gestalt, sondern deren Karikatur und damit lediglich den Typus des komisch wirkenden Tragödiendichters auf die Bühne brachte. Für eine solche Figur mochte Euripides sich deshalb besonders gut eignen, weil er sich mit seiner Dramatik auf bisher unbetretene Wege wagte (S. 23 f.). Nun ließ sich aber Aristophanes, wie wir sahen, von den Innovationen des Tragikers im Bereich der dramatischen Technik zu eigenen Neuerungen auf der Bühne anregen. Allein schon deswegen ist unwahrscheinlich, daß der Komödiendichter persönliche Abneigung gegen Euripides empfand und aus dieser Haltung heraus die in Athen über den Tragiker verbreiteten Vorurteile durch seine Stücke bekräftigte. Es ist doch einfach witzig, nichts weiter, daß eine Kranzverkäuferin Euripides die Schuld am Sinken ihres Umsatzes gibt. Gewiß, in den *Thesmophoriazusen* bringt ihn das bei den Frauen, die über sein künftiges Schicksal beraten, in große Schwierigkeiten. Aber er hat ja als seinen Fürsprecher den Verwandten in die «Volksversammlung» geschmuggelt. Und da dieser nach der Kranzverkäuferin (die wie Mika vom Chor in einem kurzen Lied gepriesen wird) das Wort ergreift, besteht für den Tragiker Hoffnung, daß jetzt endlich etwas Positives über ihn zur Sprache kommt.

Telephos sticht zu

Die *Thesmophoriazusen* wären keine Komödie, wenn der Verwandte des Euripides eine Rede hielte, durch die der Freispruch des Dichters erwirkt würde. Denn in einer solchen müßte er nicht allein diesen entlasten, sondern doch wohl ebenso die Verleumdung, die Euripides unterstellt wird, als unzutreffend oder zumindest übertrieben dartun, also sich zugleich lobend über die Frauen äußern. Aber es ist nun einmal fest in der Komödie verankert, daß dort die angeblich typisch weiblichen Untugenden immer wieder thematisiert und dem Spott der (vielleicht ausschließlich oder jedenfalls überwiegend) männlichen Zuschauer ausgesetzt werden. Daher überrascht es eigentlich nicht, daß der Verwandte, nachdem er eingangs in seiner Rolle als Frau verkündet hat, auch er hasse Euripides als einen Verleumder des weiblichen Geschlechts, unter Berufung darauf, daß man doch jetzt unter sich sei, folgendes fragt: Warum die Frauen ärgerlich seien, wenn Euripides von zwei oder drei ihrer Verbrechen gesprochen hat, wo dieser doch genau wisse, daß sie unzählige begangen haben. Das wiederum verschafft dem Alten die Überleitung zu einem Reigen von Geschichten, durch die er die vermeintliche Lasterhaftigkeit der Frauen anschaulich belegen kann; Otto Seel hat den Katalog zu Recht mit Novellenkränzen verglichen, wie sie uns heute am besten durch *Tausendundeine Nacht* und Boccaccios *Decamerone* bekannt sind und als deren ältester Vertreter vielleicht die um 100 v. Chr. von einem Aristeides geschriebene (nicht auf uns gekommene) Sammlung der *Milesischen Geschichten* anzusehen ist (1960, 115 ff.). Der Verwandte beginnt mit der Behauptung, er, «die Frau», habe selbst «viele schlimme Taten» auf dem Gewissen; «das Schlimmste von allem» sei geschehen, als «sie» nur drei Tage verheiratet gewesen sei und «ihr» Mann neben «ihr» geschlafen habe (479b–490):

Ich hatte einen Freund,
der mich entjungfert hatte, als ich sieben Jahre alt war.
Dieser kam aus Sehnsucht nach mir und kratzte an der Tür.
Und da wußte ich sofort, daß er es war. Da gehe ich heimlich nach unten.
Mein Mann aber fragt: «Wohin gehst du da nach unten?» «Wohin?
Eine Kolik habe ich im Magen, Mann, und Schmerzen.
Also gehe ich aufs Klo.» «Nun, so geh.»
Und da begann er, Wacholderbeeren, Dill und Salbei zu zerreiben,
ich aber goß Wasser auf die Türangel
und ging hinaus zu meinem Liebhaber. Und da wurde ich, nach vorne gebeugt,
immer wieder gestoßen neben dem Altar des Apollon Agyieus und hielt mich
        dabei am Lorbeerbaum fest.
Schaut, darüber hat Euripides nie etwas gesagt.

Anschließend nennt der Verwandte noch weitere Fälle von außerehelichen Affären, wie sie für Frauen charakteristisch sein sollen. Den zuletzt von ihm angeführten schildert er ausgiebig (502–516):

Von einer anderen Frau weiß ich, die zehn Tage lang behauptete,
sie sei in den Wehen, bis sie ein Baby kaufen konnte.
Ihr Mann lief herum und kaufte Arznei zur Erleichterung der Geburt.
Eine alte Frau brachte es – das Baby meine ich – in einem Topf,
den Mund mit einer Honigwabe verstopft, damit es nicht schrie.

Als dann sie, die es brachte, ein Zeichen gab, schreit die Frau sofort:
«Geh hinaus, geh hinaus, Mann, denn jetzt, glaub ich, werde ich
niederkommen.»
Das Baby hatte nämlich mit dem Fuß gegen den Bauch des Topfes gestoßen.
Und der freute sich und lief davon, die aber zog dem Baby
die Honigwabe aus dem Mund, und es schrie.
Dann läuft die ruchlose alte Frau, die das Baby brachte,
mit strahlendem Gesicht zu dem Mann und sagt:
«Ein Löwe, ein Löwe ist dir geboren, ganz dein Ebenbild
in absolut jeder Hinsicht, einschließlich dem Schwänzchen,
das dem Deinen ähnlich ist, leicht gebogen wie ein Blütenzapfen.»

Wieder also geht es darum, daß eine Frau ein fremdes Baby als ihr eigenes ausgibt. Es sieht so aus, als wäre eine solche Tat den Athenerinnen des 5. Jahrhunderts v. Chr. von ihren Ehemännern sehr häufig angelastet worden. Das Thema erschien späteren Vertretern der attischen Komödie noch so interessant, daß fünf von ihnen – darunter Menander – je ein (heute verlorenes) Stück mit dem Titel *Hypobolimaios* («Das unterschobene Kind») auf die Bühne brachten.

Die Rede des Verwandten kommentiert der Chor mit einem Lied, in dem er sein Befremden äußert, und die Chorführerin fügt hinzu (531 f.; wie im Original in katalektischen jambischen Tetrametern):

Es gibt nichts Schlechteres – und dies in jedem Punkt – als Frauen,
die von Natur aus schamlos sind, nur Frauen ausgenommen.

Vermutlich soll das heißen, daß nur die von Natur aus schamlosen Frauen besonders schlimm seien, aber die Chorführerin formuliert (offenbar unfreiwillig) so, daß man auch verstehen kann, es existiere nichts Übleres als die Frauen. Bedenkt man, daß die Dame von einem Mann gesprochen wird, wirkt der Witz um so besser. Aber Mika, die Frau mit dem Wickelkind, ist «not amused», sondern verlangt Bestrafung der vermeintlichen Rednerin, weil diese alle Frauen beschimpft habe. So kommt es zu einem Wortwechsel zwischen ihr und dem Verwandten, der nun weitere Fälle weiblicher Untaten nennt. Er beginnt seinen neuen Katalog mit den Worten: «Denn das habe ich noch nicht gesagt, wie ...» (V. 556), wird aber bei dem, was er erzählen will, von Mika unterbrochen, und das wiederholt sich mehrfach. Deshalb kann er nicht alle seine Beispiele für die von ihm behauptete Verworfenheit der Frauen vollständig vorbringen. So beendet er die Reihe, indem er direkt zu Mika sagt (564 f.):

... und auch nicht, wie du den Jungen, den eine Sklavin geboren hatte, dann als deinen ausgabst, dein eigenes Töchterchen aber ihr überließest.

Das ist in den *Thesmophoriazusen* immerhin das vierte, aber zugleich letzte Mal, daß die Rede auf Kindesunterschiebung kommt. Und die Motivserie erreicht gewissermaßen ihren Höhepunkt, da bereits ein zweites Baby betroffen ist.

Als Mika den Verwandten nach dessen gerade zitierten Worten tätlich angreifen will und er seine Bereitschaft zur Gegenwehr signalisiert, erscheint, bartlos und in femininer Kleidung, Kleisthenes auf der Bühne; weil er sich, wie allseits bekannt ist (S. 153), Männern hingibt, hat er Zugang zum Thesmophorienfest. Er darf sich daher unter den Frauen bewegen, als wäre er eine von ihnen, und somit wird das Motiv «Geschlechtsrollentausch» um eine Variante erweitert. Kleisthenes hat sich herbegeben, um den Damen etwas zu berichten, was er auf der Agora gehört hat: Euripides habe einen als Frau verkleideten alten Mann zu den Feiernden geschickt. Deshalb fordert der Überbringer der Nachricht, daß alle anwesenden Frauen durchsucht werden, und als man damit beginnt, fällt sein Verdacht schnell auf den Verwandten. Dieser wird entkleidet, und es gelingt ihm danach nicht, wenigstens seinen Phallos zu verstecken. Zweimal läßt er das Lederring in einer sehr komischen Szene zwischen den Beinen hindurch nach hinten zeigen, aber Kleisthenes erblickt es dann doch. Daraufhin erteilt dieser den Frauen den Auftrag, den Alten zu bewachen, erklärt, er wolle die Sache den Prytanen melden, und geht mit Kritylla ab. Während Mika auf den Verwandten, der sich wieder angezogen hat, aufpaßt, führt der Chor eine Suche nach weiteren unter den Frauen versteckten Männern durch, wobei er singt und tanzt. Kaum ist die Aktion ohne Resultat beendet, entreißt der Verwandte der Amme, die neben Mika steht, das Wickelkind, rennt damit zum Altar, der ihm den Schutz der Götter gewährt, und droht, das Baby mit einem Messer zu durchbohren. Es folgt eine Szene voller Tragödienpathos, da Mika und die Chorführerin ihrem Entsetzen über den Kindesraub Ausdruck verleihen und dem Verwandten, da er ja nicht leicht entfliehen könne, Strafe verheißen. Mika tritt denn auch mit der Amme kurz von der Bühne ab, um Brennholz zu holen, damit sie rings um den Altar ein Feuer anzünden können. Sie ist also, wie man vermuten muß, in dem Bemühen, die Beendigung der Geiselnahme zu erreichen, zum Äußersten entschlossen.

Wer die *Acharner* kennt, der weiß, daß Aristophanes hier wieder die Szene im *Telephos* des Euripides parodiert, in welcher der König den kleinen Orestes als Geisel nimmt (S. 41 f.). Diesen tötet Telephos ja ebensowenig, wie Dikaiopolis dem Kohlenkorb «Gewalt antut». Doch der

«Telephos» der *Thesmophoriazusen* wird zustechen. Das geschieht noch nicht gleich, da er erst einmal, vorübergehend von Mika und der Amme allein gelassen, das Wickelkind entkleidet und dabei etwas Überraschendes entdeckt (733–738):

Was ist denn das hier? Zu einem Schlauch geworden ist das Mädchen,
voll von Wein, und trägt noch dazu Perserschuhe.
O ihr überhitzten, durch und durch versoffenen Frauen,
die ihr euch aus allem etwas zu trinken besorgt,
o großer Segen für die Schankwirte, für uns aber ein Fluch,
ein Fluch auch für die Haushaltsgeräte und den Einschlagfaden am Webstuhl!

Auf einmal wird klar: Mika ist nicht eine verzweifelte Mutter, die darum kämpft, ein ihr gewaltsam entrissenes und vom Tod bedrohtes Baby zurückzubekommen. Nein, eine trunksüchtige Frau bemüht sich um die Wiedererlangung ihres Weinschlauchs, den sie in sicher scheinender Verpackung zu einem religiösen Fest mitbrachte – am zweiten Tag der Thesmophorien, an dem die Komödie spielt, wurde gefastet! – und dessen Verlust sie jetzt fürchten muß. Man gewinnt immer mehr den Eindruck, daß zumindest einige der an den Thesmophorien versammelten Damen sich zu Unrecht über üble Nachrede empören. Mika jedenfalls bestätigt die von den Männern gegen das weibliche Geschlecht gehegten Vorurteile sogar durch einen besseren Beweis, als man bisher erwarten durfte. Denn Begierde nach Wein galt in der Antike, wie der Verwandte in den oben zitierten Versen bestätigt, als eine Schwäche speziell der Frauen. So macht nun die vermeintliche Mutter, als sie auf die Bühne zurückgekehrt ist, tatsächlich Anstalten, den Verwandten, der nach wie vor die Herausgabe des «Kindes» verweigert, zu verbrennen. Deshalb schneidet der Alte seiner «Geisel» die «Kehle» durch, woraufhin Mika ein Opferbecken unter den Weinschlauch hält, um, wie sie sagt, «das Blut» aufzufangen. Genau diese Szene hat ein unbekannter Künstler um 370 v. Chr. auf einen apulischen Glockenkrater gemalt – alles ist genau zu sehen, selbst die unten an dem Weinschlauch befestigten «Perserschuhe» –, der heute im Martin-von-Wagner-Museum der Würzburger Residenz aufbewahrt wird (Taplin 1993, Nr. 11.4). Aus dem ikonographischen Befund darf man folgern, daß die *Thesmophoriazusen* irgendwann in der zweiten Hälfte des 4. Jahrhunderts v. Chr. in einem unteritalischen Theater wiederaufgeführt wurden.

Als der Weinschlauch leer ist, wirft der Verwandte ihn Kritylla zu, die gerade die Bühne betritt und natürlich Mika ihr Mitleid bekundet; offenbar liebt auch sie einen guten Tropfen. Mika begibt sich zusammen mit der Amme zu den Prytanen, um den Bericht des Kleisthenes über die Enttarnung des Verwandten zu bekräftigen. Nachdem Kritylla die Bewachung des alten Mannes übernommen hat, besinnt er sich darauf, daß Euripides ihn in seine Notlage gebracht hat, und deshalb macht er jetzt seinen ersten Versuch, nach dem Vorbild einer Figur in einer Euripideischen Tragödie seine Rettung im wahrsten Sinne des Wortes zu inszenieren. Er entscheidet sich für ein Verfahren, das er aus dem (verlorenen) *Palamedes* von 415 v. Chr. kennt. Der Titelheld, im Mythos einer der Trojakämpfer auf der Seite der Griechen und Erfinder der Schrift, wird in dem Stück aufgrund einer Intrige des Odysseus zu Unrecht des Verrats angeklagt und durch Steinigung getötet. Sein Bruder Oiax schreibt einen Bericht über den Justizmord auf Ruderblätter, die das Meer nach Euboia zu Nauplios, dem Vater der beiden, trägt. Offenbar hofft der Verwandte, mit dieser Art von Nachrichtenübermittlung Euripides erreichen zu können. Er greift sich also Votivtafeln, die er unter dem Altar hervorholt, ritzt Schriftzeichen ein und läßt dazu anapästische Verse ertönen, die wieder einmal zum Teil an die Tragödiendiktion anklingen und in denen er Hände, Holz und Täfelchen anredet (776–784; metrisch übersetzt):

O Hände mein,
ein Werk, das den Weg weist, müßt anpacken ihr.
Nun auf denn, ihr Tafeln aus glattem Holz,
nehmt Schriftzüge an des Messers,
die Boten meiner Nöte. Weh mir,
das Rho hier bereitet mir Not.
(zu dem Messer) Geh voran, voran – welche Kerbe!
Geht nun und eilt alle Wege entlang,
dorthin, hierher; es muß schnell sein.

Ob Euripides, dessen Name wohl nicht leicht zu schreiben ist – der Alte dürfte in V. 781 von einem der darin enthaltenen Buchstaben sprechen –, Hilfe bringen wird? Das bleibt für weitere 61 Verse offen, da sich eine Chorpartie anschließt, die man als Parabase bezeichnen darf (785–845); sie beginnt nämlich mit den Worten (V. 785):

Laßt uns also nun danebentreten und gut über uns selbst sprechen!

Und für das deutsche «danebentreten» steht im Original die (partizipiale) Verbform *parabâsai*. Dennoch handelt es sich wie in den *Vögeln* und der *Lysistrate* nicht um eine Parabase in der von Aristophanes bis spätestens zum *Frieden* von 422 verwendeten Form und mit dem entsprechenden

Inhalt. Die Frauen, welche die Thesmophorien feiern, lassen sich mit einem Lob ihres Geschlechts vernehmen (was natürlich wieder besonderen Reiz dadurch gewinnt, daß die Chorsängerinnen verkleidete Männer sind), und dabei kommt allein die Chorführerin zu Wort. Der Parabase fehlen mithin – innerhalb der überlieferten Stücke findet sich das allein in den *Thesmophoriazusen* – Chorlieder. Uns werden nur zwei Epirrhemata präsentiert, eines in anapästischen Tetrametern, das in ein Pnigos mündet, und eines in trochäischen Tetrametern. In dem ersten Epirrhema reagieren die Frauen darauf, daß jeder nur Schlechtes über sie sage, mit einer Probe aufs Exempel. Sie vergleichen zunächst einzelne namentlich genannte Athenerinnen mit Athenern, wobei sie auch deren Namen zum Teil angeben, und behaupten jedesmal, daß die ersteren den letzteren überlegen seien; danach erklären sie anhand einiger Beispiele von Untaten, sie könnten beweisen, daß «viele der Männer hier», also im Publikum, solche begehen würden, nicht aber Frauen. Im Antepirrhema wird etwas thematisiert, was die Frauen besonders erbost: daß Mütter feiger Männer Athens offenbar bei Frauenfesten Ehrenplätze einnehmen, obwohl sie doch hinter den Müttern braver Männer und noch dazu mit geschorenen Haaren sitzen sollten. So sei es eine Schande, daß die Mutter des Hyperbolos (S. 106) neben der des Lamachos (S. 43 ff. und 140) sitzen dürfe. Diese Parabase enthält, wie man sieht, im Gegensatz zu derjenigen der im gleichen Jahr aufgeführten *Lysistrate* den sonst üblichen Personenspott (freilich eher harmlosen). Doch eines ist ungewöhnlich an ihr: Während der Darbietung durch den Chor ist die Bühne nicht wie sonst leer von Akteuren. Denn der Verwandte sitzt, von Kritylla bewacht, neben dem Altar, und er wartet dort auf die Rettung durch Euripides.

Intrige in Mythos und Wirklichkeit

Der *Palamedes*-Trick – so muß der Verwandte des Euripides zu Beginn der ersten epeisodischen Szene feststellen (846–946) – funktioniert nicht. Deshalb versucht er, den Tragödiendichter im wahrsten Sinne des Wortes herbeizuzitieren, indem er dessen *Helena* inszeniert. Sogleich spricht er in der Rolle der Titelheldin die Verse 1–3, wobei er die ersten beiden wörtlich wiedergibt, den dritten dagegen verballhornt (855–857; im folgenden sind alle Euripides-Zitate und -Parodien metrisch übertragen):

Das sind des Nils jungfräulich schöne Wellen hier,
die statt des Himmelstaus Ägyptens weiße Flur
benetzen und das abführmittelschwarze Volk.

Wie man sieht, befindet Helena sich bei Euripides am Anfang des Bühnengeschehens in Ägypten. In der Tragödie wird vorausgesetzt, daß die von Paris nach Troja entführte Gattin des Menelaos ein Phantom war. Die echte Helena hielt sich während des Trojanischen Krieges im Palast des ägyptischen Königs Proteus auf, und nach dessen Tod begehrte sein Sohn Theoklymenos die Griechin zur Frau. Doch sie nahm am Grab des Proteus Zuflucht. Von dort aus spricht sie die gerade zitierten ersten Verse der Tragödie, deren Haupthandlung wie folgt verläuft: Menelaos, der auf der Heimreise von einem Sturm nach Ägypten verschlagen wird, befreit seine Gattin, so daß er mit ihr nach Sparta zurückkehren kann. Bei seiner Aktion, für welche die Überlistung des Theoklymenos, also eine Intrige, erforderlich ist, hilft dem Mann der Helena die ägyptische Seherin Theonoë, die Schwester des jungen Königs. Es ist mithin bei Aristophanes die Rolle des Befreiers Menelaos, die der Verwandte dem Euripides zugeteilt hat, und daher spricht der Alte nun weitere Verse vom Anfang des Stükkes, um die Ankunft des Tragikers zu erwarten. Dabei hört ihm natürlich seine Bewacherin Kritylla zu, und da sie nicht begreift, um was es geht, macht sie Zwischenbemerkungen, die auf amüsante Weise ihr Unverständnis zum Ausdruck bringen. Ich gebe eine Kostprobe des Wechsels zwischen tragischem Pathos und unfreiwillig komischem Kommentar, der wie derjenige eines Bomolochos klingt (859–868):

VERWANDTER: Die Erde meiner Väter ist nicht unbekannt,
     's ist Sparta, und mein Vater ist Tyndareos.
KRITYLLA: Der, du Veruchter, ist dein Vater? Eher wohl <der Schurke>
                                       Phrynondas.
VERWANDTER: Und Helena ward ich genannt.
KRITYLLA: Schon wieder wirst du
                                                                            zur Frau,
noch bevor du für die andere Frauennummer bestraft worden bist?
VERWANDTER: Und viele Seelen starben an Skamanders Flut
     um meinetwillen.
KRITYLLA: Und das hättest auch du tun sollen.
VERWANDTER: Und ich bin hier nun, doch der arme Gatte mein,
     mein Menelaos kommt noch immer nicht herbei.
     Warum noch leb ich also?
KRITYLLA: Weil die Raben nichts taugen!

Als mit V. 871 Euripides in der Rolle des Menelaos auftritt, spricht auch er Verse, die aus wörtlich zitierten und parodierten zusammengesetzt sind. Während er und sein Verwandter ein «Spiel im Spiel» veranstalten, um so mit Blick auf die Intrige in der *Helena* die Befreiung des alten Mannes vorzubereiten, wirft Kritylla weiterhin ihre auf grober «Fehlinterpretation» beruhenden Äußerungen ein; man glaubt eine gewisse Vorstellung davon zu bekommen, was der eine oder andere einfache Mann im Dionysostheater im Laufe der Aufführung einer Tragödie von sich gegeben haben könnte. Kritylla, die von den beiden Männern dann sogar noch als «Theonoë» vereinnahmt wird, ist, obwohl sie das «Spiel im Spiel» mißversteht, dennoch schlau genug, die zwei nach deren Darbietung sich nicht davonmachen zu lassen. Da jetzt der Prytane mit einem skythischen Bogenschützen auftaucht, sucht Euripides allein das Weite, und die erste von einem seiner Stücke angeregte Intrige ist gescheitert. Aber beim Abgang sagt der Tragödiendichter zu seinem Verwandten (925b–927):

Bleib ruhig.
Ich werde dich niemals preisgeben, solange ich atme,
falls mich nicht meine zahlreichen Strategien im Stich lassen.

Doch bevor Euripides einen zweiten Befreiungsversuch unternehmen kann, wird die Notsituation seines Verwandten noch erschwert: Der Prytane befiehlt dem Skythen, den alten Mann «hinein», also in das Bühnenhaus zu bringen – was es gerade repräsentieren soll, darf man nicht fragen – und «an dem Brett» zu befestigen (V. 930 f.). Damit meint er eine Art Marterpfahl, an den ein zum Tode Verurteilter mit einem eisernen Kragen um den Hals und Klammern an Hand- und Fußgelenken genagelt wurde. Nach Aufstellung des Bretts reichte er mit den Füßen nicht bis zum Boden und erlitt ein qualvolles Sterben durch Hunger, Durst und Entkräftung, das sich länger als einen Tag hinziehen konnte.

Weil der Verwandte und sein neuer Bewacher nun ebenso wie der Prytane und Kritylla abtreten, bleibt der Chor allein zurück. Von der Chorführerin dazu aufgefordert, tanzen die Frauen gemäß dem Ritual der Thesmophorien und rufen dabei in einem mehrere Strophen umfassenden Lied der Reihe nach die olympischen Götter Apollon, Artemis, Hera, Hermes und Dionysos an, wobei sie dem Weingott die meisten Verse widmen (947–1000). Danach beginnt die zweite epeisodische Szene (1001–1135) mit dem Auftritt des Bogenschützen, der das Brett mit dem daran befestigten alten Mann hinter sich her schleppt und es dann an die Skene lehnt. Nach einem kurzen Wortwechsel der beiden geht der Skythe zurück ins Haus, um sich eine Matte zu holen, auf der er während der Bewachung des Verwandten liegen will. Dieser erblickt jetzt, während er zur Seite schaut, etwas, was die Zuschauer erst später zu sehen kriegen, und das ermuntert ihn, eine weitere Euripideische Tragödie zu wählen, von deren Inszenierung er sich Rettung erhofft: die *Andromeda*. Dieses Stück wählt er aus folgendem Grund: Wie er an dem Brett festgenagelt ist, so sieht man die Titelheldin am Anfang des Bühnengeschehens an einen Felsen geschmiedet; ihr Vater, der den ihm zürnenden Meergott Poseidon versöhnen möchte, hat sie einem Seeungeheuer zum Fraß preisgegeben. Aber es befreit sie der junge Held Perseus, der, weil sein Hut und seine Sandalen geflügelt sind, das Monstrum aus der Luft angreifen und töten kann. Die *Andromeda*, von der nur Bruchstücke auf uns gekommen sind, wurde zusammen mit der (vollständig überlieferten) *Helena* an den Großen Dionysien von 412 v. Chr., also vermutlich genau ein Jahr vor den *Thesmophoriazusen* aufgeführt. Das Publikum der Komödie dürfte sich daher noch an beide Tragödien erinnert und somit erkannt haben: Hier handelt es sich um Dramen mit Protagonistinnen, die durch ihr edles Verhalten die Behauptung der Frauen beim Thesmophorienfest, Euripides schmähe und verleumde sie in seinen Stücken, als nicht generell zutreffend erweisen.

Der Verwandte eröffnet das neue «Spiel im Spiel» damit, daß er in der Rolle der Andromeda eine Arie singt, in der Originalzitate und komische Zusätze, die auf die Situation des Alten Bezug nehmen, nebeneinanderstehen. Die verlorene Tragödie begann mit einem Klagelied der Protagonistin, auf das aus einer Felsengrotte die Nymphe Echo antwortete, und sie läßt Aristophanes nun leibhaftig auftreten, noch dazu in Gestalt einer alten Frau. Sie stimmt, von dem Verwandten dazu aufgefordert, in das von ihm nachempfundene Klagelied der Andromeda ein, indem sie von den einzelnen Versen stets wenige Wörter wiederholt. So verlangt es zwar die «Inszenierung», aber dem Alten geht das nach einer Weile doch so sehr auf die Nerven, daß er ihr sagt, sie möge aufhören, und als das nicht geschieht, beschimpft er sie. Da aber die wenigen Worte, die er dabei wählt, auch jetzt noch ein zweites Mal ertönen und sich das fortsetzt, als der Bogenschütze wieder die Bühne betritt und gleichfalls nur kurze Sätze von sich gibt, verselbständigt sich das Echo-Spiel. Es bekommt überdies Slapstick-Charakter, weil der Skythe gebrochen Griechisch redet und die «Nymphe» das ebenso nachäfft. Da er sie aber dann zu ergreifen versucht, läuft sie von der Bühne, und gleich darauf zeigt sich endlich «Perseus». Es ist Euripides, der in der Kostümierung des Helden am Bühnenkran hängt und Verse deklamiert, die Perseus bei seinem ersten Erscheinen in der *Andromeda* spricht. Wie in der *Helena*-Szene erfolgt, nachdem der Tragiker sich auf die Bühne hinuntergelassen hat, ein amüsantes Wechselspiel von Tragödienpathos und derben Bemerkungen einer Komödienfigur, die dafür kein Sensorium hat; ich zitiere wieder einen Textausschnitt (1115–1125):

EURIPIDES: Auf, gib des Mädchens Hand mir, daß ich es berühr'.
Schau, Skythe: Alle Menschen sind von Leidenschaft
befallen; Liebe zu dem Mädchen hier hat auch
mich selbst ergriffen.
BOGENSCHÜTZE: Ick nix dir beneiden.
Aber wenn Arslock is gedreht 'ier'er,
ick nix Problem, du ihm nehmen und fick in Ars.
EURIPIDES: Warum, o Skythe, läßt du mich sie nicht befrein,
damit auf Pfühl und Ehebett ich sink' mit ihr?
BOGENSCHÜTZE: Wenn du viel geil bist auf Arsfick mit altes Mann, du bohren
Lock in Brett und macken in Arslock von 'inten!
EURIPIDES: O nein, beim Zeus, ich lös' die Bande.
BOGENSCHÜTZE: Dann ick dir geben
mit Peitse!

Angesichts dieser Passage mag man sich fragen, wie wohl der «echte» Euripides, falls er bei der Aufführung der *Thesmophoriazusen* im Publikum saß, auf die zitierten Verse reagierte. Sein als komischer Typ auf der Bühne agierender Namensvetter ergreift schon bald nach dem Wortwechsel wieder die Flucht, und somit ist die zweite von einer seiner Tragödien angeregte Intrige gescheitert. Der bei dem Verwandten verbleibende Skythe legt sich nun auf seine Matte, und während die Frauen, die den Chor bilden, in einem kurzen Lied Athene, Demeter und Persephone anrufen (1136–1159), schläft er ein.

Die dritte epeisodische Szene, mit der die Komödie endet (1160–1231) – diesmal gibt es keinen Schlußakt, den man als Exodos bezeichnen könnte –, bringt eine der größten Überraschungen innerhalb der erhaltenen Stücke des Aristophanes: Euripides inszeniert eine Intrigenhandlung, wie man sie von einer Komödie erwartet und wie sie auch in der Realität durchaus ablaufen könnte. Er betritt, als Kupplerin verkleidet – das ist der letzte Geschlechtsrollentausch in dem Stück –, in Begleitung der Tänzerin Elaphion und des Flötenspielers Teredon die Bühne. Bevor er seine «Nummer» beginnt, macht er der Chorführerin ein Friedensangebot: Wenn er seinen Verwandten zurückhaben kann, wolle er nie mehr irgend etwas Böses über die Frauen sagen. Das wird akzeptiert. Dann fordert er Elaphion auf, die Hüften schwingend zur Bühnenmitte zu schreiten, und Teredon, eine persische Melodie, also eine solche zu blasen, die Zuhörer sexuell stimulieren kann. Als der Skythe davon erwacht, läßt Euripides die Tänzerin sich nackt ausziehen und auf den Knien des Mannes Platz nehmen, worauf dieser sie gleich betastet. Als er, von Elaphion geküßt, mit ihr schlafen möchte, darf er gegen Hinterlegung seines Bogenkastens bei Euripides mit ihr ins Bühnenhaus gehen. Daraufhin befreit der Dichter seinen Verwandten, und beide entfernen sich von der Bühne. Der gleich darauf mit Elaphion aus dem Haus zurückkehrende Skythe versucht, nachdem das Mädchen abgegangen ist, die vermeintliche Kupplerin und den Verwandten zu finden. Dabei narrt ihn der Chor, indem er ihm nacheinander zu verschiedenen Seiten der Bühne zu rennen rät. Der Skythe wird dadurch so verwirrt, daß er davoneilt. So kann der Chor mit einem kurzen Lied das Stück abschließen.

Ja, was der Euripides der *Thesmophoriazusen* da gemacht hat, kann man wohl mit einem Begriff der modernen Literaturwissenschaft «dekonstruieren» nennen. Denn er hat die zwei jeweils von einem Mythos vorgegebenen und zuvor vom «echten» Euripides in Tragödienhandlungen entfalteten Intrigen, die ihr Ziel, die Befreiung des Verwandten, nicht erreichten, durch eine solche ersetzt, mit der er, der Tragiker, ein kleines komisches Drama inszeniert. Mit diesem finalen «Spiel im Spiel» zeigt er zum einen im Namen des Aristophanes, daß die Gattung Komödie ein wirklich dramatisches Geschehen bieten kann, demgegenüber die in die *Thesmophoriazusen* eingebauten Szenen aus *Helena* und *Andromeda* konstruiert und zudem statisch wirken (auch wenn sie natürlich aufgrund der Paratragodie ebenso amüsant sind wie die Szene mit der Verführung des Bogenschützen). Zum anderen wird daran, daß man sich ebendiese Verführung ohne weiteres als real stattfindenden Vorgang denken könnte, eine zwischen den Zeilen steckende Aussage deutlich: Die Komödie präsentiert, wie die antike Dichtungstheorie lehrt, einen Spiegel des Lebens, und selbst Aristophanes, der sein Publikum doch so oft in Phantasiewelten entrückt, läßt die Gattung diese Funktion immer wieder ausüben.

Rekapitulation vor der Kapitulation:
Frösche

Im Sommer 411 v. Chr., nicht lange nach der Aufführung der *Lysistrate* und der *Thesmophoriazusen*, kam es in Athen durch einen Putsch dazu, daß die Volksversammlung entmachtet wurde und an ihre Stelle eine oligarchische Regierung, der «Rat der Vierhundert», trat. Doch weder diese neue Herrschaftsinstitution konnte sich lange behaupten – nach vier Monaten war es mit ihr zu Ende – noch die sie ablösende halb oligarchische, halb demokratische der «Fünftausend». Schon im Sommer 410 etablierte Athen wieder die Staatsform der radikalen Demokratie. Zu ihr hatte sich mittlerweile auch wieder Alkibiades bekannt. Er war von den Befehlshabern der athenischen Flotte, die vor Samos lag, zu deren Admiral ernannt worden und hatte im Frühjahr 410 die gegnerische Flotte bei Kyzikos so vernichtend geschlagen, daß Sparta ein Friedensangebot machte. Doch das lehnte Athen auf Anraten des Demagogen Kleophon ab, und da Alkibiades weitere Erfolge errang, durch die unter anderem die Zufuhr von Getreide aus dem Schwarzmeergebiet gesichert wurde, fühlte Athen sich zur Fortsetzung des Krieges stark genug. Als Alkibiades im Juni 408 in die Stadt zurückkehrte, wählte man ihn sogar zum Oberbefehlshaber der Land- und Seestreitkräfte mit unbeschränkter Vollmacht. Ihm stand freilich auf der Seite der Spartaner mit Lysander ein ebenbürtiger Stratege gegenüber. Es gelang diesem im Jahre 407, Persien für die finanzielle Unterstützung seiner Polis zu gewinnen und die athenische Flotte in der Schlacht bei Notion zu besiegen. Obwohl Alkibiades nicht das Kommando innegehabt hatte, wurde er seines Amtes enthoben, und er begab sich ins Exil, wo er noch bis 404 lebte. Im Sommer 406 schlossen die Spartaner die athenische Flotte bei Mytilene auf Lesbos ein, woraufhin die Athener ein neues Schiffskontingent ausrüsteten und ihre Feinde bei den Arginusen, die zwischen Lesbos und dem Festland liegen, in einer gewaltigen Seeschlacht bezwangen. Doch wieder war Athens Volksversammlung unter dem Einfluß Kleophons nicht bereit, auf eine spartanische Friedensinitiative einzugehen.

Konnte Athen noch hoffen, den Krieg zu gewinnen? Einiges sprach dagegen. Denn der Sieg bei den Arginusen war mit 2000 Toten und dem Verlust von 25 Schiffen erkauft worden, und die Polis beging zudem den Fehler, die Feldherrn, weil sie angeblich das Ertrinken der Schiffbrüchigen durch mangelnde Hilfeleistung verschuldet hatten, anzuklagen und nach einem juristisch fragwürdigen Prozeß acht von ihnen hinzurichten. So mangelte es den Athenern für den Fall, daß sie sich wieder auf eine Seeschlacht einlassen müßten, an guten Admirälen, und überdies befanden sie sich in einer pekuniären Notsituation. Die Spartaner indes konnten auf die persischen Ressourcen bauen, so daß sie im Gegensatz zu ihren schwer angeschlagenen Feinden weitere Seegefechte ruhig ins Auge zu fassen vermochten. Daher riskierte der Gewinner der Arginusenschlacht mit der Ablehnung des Friedensangebots sehr viel, ja mußte eine Katastrophe befürchten. Sie trat nach der Seeschlacht bei Aigospotamoi im Herbst 405 tatsächlich ein: Besiegt und seiner letzten Flottenreserven beraubt, mußte Athen im Frühjahr 404 kapitulieren. Gut ein Jahr vorher, an den Lenäen 405, hatte Aristophanes seine *Frösche* auf die Bühne gebracht, das Stück also im Angesicht der drohenden Kapitulation seiner Stadt geschrieben. Aus einzelnen Passagen der *Frösche* spricht denn auch Sorge um die unsichere Lage des politisch einst so mächtigen Athen nach der Arginusenschlacht. Es ist vermutlich kein Zufall, daß Aristophanes als Dramatiker sich in diesem Zusammenhang auf die hohe Bedeutung der Polis im kulturellen Bereich besann, indem er die aktuelle Situation auf der Tragödienbühne rekapitulierte. Dort konnte nämlich gleichermaßen Endzeitstimmung aufkommen: 407/6 war Euripides und nicht lange nach ihm Sophokles gestorben. Aristophanes durfte folglich Anfang 405 ebenso als «Mitregierender» im demokratischen Stadtstaat wie als führende Persönlichkeit im Theaterleben Athens fragen: «Was nun?» Freilich war es eine Komödie, in der er antworten konnte, kein politisches Manifest, und das ist bei Betrachtung der *Frösche* zu berücksichtigen.

Der Gott mit der Maske

Das Stück besteht aus zwei inhaltlich nur locker miteinander verknüpften Teilen, die durch die Parabase getrennt sind, und diese ist enger an Teil 2 gebunden. Während dort wie in der Parabase die prekäre Lage Athens thematisiert wird, enthält Teil 1 des Stücks eine von politischen Anspielungen nahezu freie Slapstick-Komödie. Sie zeigt die amüsanten Erlebnisse eines Herrn und seines Sklaven, die ein wenig an das Paar Don Quixote/Sancho Pansa erinnern, auf dem Weg in den Hades und gleich nach der Ankunft dort. Die beiden bieten zunächst Metatheater, indem sie über Komödienscherze reden, die zu ihrer Situation passen würden, und treten dann vor das Bühnenhaus. Der Herr, der Löwenfell und Keule des Herakles trägt, sich aber inzwischen als der Gott Dionysos zu erkennen gegeben hat, läßt den Diener – er heißt, wie man später erfährt, Xanthias – anklopfen, und es erscheint, was das zeitgenössische Publikum sehr überrascht haben dürfte, der echte Herakles. Der Held möchte natürlich wissen, was der Gott mit der Maske will, so entwickelt sich ein Dialog, aus dem man den Großen Plan des Protagonisten Dionysos erfährt.

Wie kommt man am schnellsten in den Hades?

Der Gott, der unter dem Herakleskostüm wie eine Frau mit einem Safrangewand bekleidet ist, erzählt, er habe auf der «Kleisthenes» an der Arginusenschlacht teilgenommen, auf dem Schiff die *Andromeda* gelesen und sei plötzlich von heftiger Sehnsucht ergriffen worden. Herakles' Frage, ob er eine Frau oder einen Knaben begehrt habe, verneint er. Durch die weitere Frage, ob er mit Kleisthenes (S. 153) zusammen gewesen sei, fühlt er sich verspottet, und das Gespräch geht so weiter (58–67):

DIONYSOS: Mach dich nicht über mich lustig, Bruder. Mir geht es wirklich
schlecht.
Ein solches Verlangen quält mich.
HERAKLES: Was für eines, Brüderchen?
DIONYSOS: Ich kann es nicht erklären.
Dennoch will ich es dir wenigstens durch ein Gleichnis sagen.
Hast du schon einmal ganz plötzlich Lust auf Erbsensuppe gehabt?
HERAKLES: Erbsensuppe? Mannomann! Tausendmal in meinem Leben!
DIONYSOS: ‹So lehr' ich's deutlich?› Oder soll ich es anders erklären?
HERAKLES: Nein, nicht bei Erbsensuppe. Ich verstehe sehr gut.
DIONYSOS: Eine solche Sehnsucht also zerreißt mich
nach Euripides.
HERAKLES: Und das, obwohl er tot ist?

Herakles, der bereits vorher sehr anzüglich war, denkt jetzt sogar an Nekrophilie. Aber Dionysos läßt sich nicht beirren, sondern eröffnet dem Helden, er müsse sich zu Euripides in den Hades begeben, weil er Verlangen nach einem «guten (Tragödien-)Dichter» habe (V. 71b); denn die derzeit lebenden Vertreter der Gattung hält er für schlecht. Dionysos' Großer Plan ist somit, Euripides nach Athen zurückzuholen, und er insistiert auch dann auf dessen Person, als Herakles ihm Namen anderer Tragiker genannt hat, die ebenso dafür in Frage kämen. Sophokles allerdings – so erklärt der Gott – müsse unten bleiben, damit man prüfen könne, was sein noch lebender Sohn Iophon ohne ihn zu leisten imstande sei. Manche Interpreten betrachten diese und andere Stellen, an denen von Sophokles die Rede ist, als unorganisch eingefügte Zusätze: Aristophanes habe die Komödie gleich nach dem Tode des Euripides geschrieben und mit leichter Hand aktualisiert, als bald darauf Sophokles starb. Aber die *Frösche* konfrontieren in der zweiten Hälfte des Dramas den «Modernisten» Euripides mit dem Gattungsarchegeten Aischylos. Deshalb mußte der zwischen beiden Tragikern stehende «Klassiker» von Anfang an im wahrsten Sinne des Wortes aus dem Spiel bleiben, und das wird durch die kurzen Erwähnungen des Sophokles implizit bestätigt.

Weil Herakles schon einmal in der Unterwelt war, fragt Dionysos ihn, wie man am schnellsten dorthin kommt. Der Held, der weiterhin (wie in den *Vögeln*) als komische Figur agiert, verweist erst auf verschiedene Möglichkeiten des Selbstmordes, gibt dann aber eine Wegbeschreibung. Er nennt als Stationen die Überfahrt über den Acheron, unzählige Schlangen und andere fürchterliche Ungeheuer, einen schlammigen See voller Frevler, darunter Vatermörder und Meineidige, und die Schar der in die Eleusinischen Mysterien eingeweihten Frauen und Männer vor dem Eingang in die Unterwelt. Als Herakles in das Bühnenhaus zurückgekehrt ist, macht Xanthias den Vorschlag, man solle das von ihm transportierte Gepäck jemandem mitgeben, der gerade zu Grabe getragen wird. Es zeigt sich auch ein Leichenzug, und der auf der Bahre liegende Mann erklärt sich für zwei Drachmen zu der Dienstleistung bereit. Doch als Dionysos ihm weniger Geld anbietet, ruft er (V. 177b):

Da möchte ich doch gleich wieder leben!

Wäre er nicht tot, riefe er: «Da möchte ich doch gleich verrecken!» Aber diese Redensart muß er mit Rücksicht auf seine Situation abwandeln.
Jetzt erscheint der Unterweltsfährmann Charon mit seinem Kahn. Er kann Dionysos, aber nicht dessen Diener übersetzen. Das wäre ihm nur möglich, wenn Xanthias in der Arginusenschlacht mitgekämpft hätte, was aber nicht der Fall ist; die Athener hatten aus Mangel an Polisbürgern Sklaven als Ruderer angeheuert und dann freigelassen. Während nun Xanthias um den Acheron herumläuft, sitzt Dionysos im Kahn Charons und wird von ihm zum Rudern gezwungen. Auf die Frage des Gottes, wie er dabei vorgehen soll, sagt der Fährmann ihm, er werde, sobald er Hand anlege, sehr schöne Weisen von «Schwänen der Gattung Frösche» (V. 207) vernehmen. Und so ertönt, als Charon den Befehl zum Rudern gegeben hat, ein Chorgesang, der wie folgt beginnt (209–220):

Brekekekex koax koax,
brekekekex koax koax!

Sumpfige Kinder der Quellen,
laßt uns einen harmonischen Klang von Gesängen
von uns geben, mein wohltönendes
Lied, koax koax,
wie wir vom nysäischen
Dionysos, dem Sohn des Zeus
in Limnai es sangen,
wenn, im Rausch herumschwärmend,
am heiligen Kannenfest zieht
durch meinen geweihten Bezirk die Volksmenge.
Brekekekex koax koax!

Zwischen zwei Chören

Es singen also Frösche. Vom Titel des Stücks her könnte man meinen, das sei der Chor, der von hier bis zum Ende mit Liedern und Rezitativen am Geschehen teilhaben wird. Aber es handelt sich nur um einen Nebenchor, und er war bei der Uraufführung in Athen vielleicht sogar unsichtbar. Zumindest Dionysos, der sich mit den Fröschen auf eine Art Gesangswettbewerb einläßt und so ein Präludium zu dem Agon des Euripides mit Aischylos in Teil 2 der Komödie bietet, kann die Chorsänger vermutlich nicht sehen. Anfangs vermag der von dem Lied angetriebene Gott im Tempo nicht mitzuhalten und klagt über körperliche Beschwerden, die das Rudern bewirke, aber dann fällt er ein in den Quak-Refrain, verkündet laut seine Siegesbereitschaft und erreicht dadurch, daß die Frösche verstummen. So bringt er den Kahn ans Ziel und setzt mit Xanthias, der den Gott dort erwartet, den Marsch fort. Als Herr und Diener die Vatermörder und Meineidigen, von denen Herakles sprach, erblickt haben – Dionysos zeigt, während er feststellt, daß er sie vor Augen habe, ins Publikum –, sagt der Sklave, man befinde sich jetzt an dem Ort, wo die Ungeheuer seien. Dionysos gibt sich furchtlos, bis Xanthias behauptet, er sehe ein großes Monstrum, das abwechselnd als Kuh, Eselin, Frau und Hund erscheine sowie außer einem ehernen Bein eines habe, das aus Kuhfladen bestehe. Da erschrickt der Gott so sehr, daß er über die Spielfläche zur ersten Reihe der Zuschauersitze flüchtet, vor dem Dionysospriester, der dort auf einem Ehrenplatz thront, niederkniet und dabei ruft (V. 297):

Priester, beschütze mich, damit ich an deinem Gastmahl teilnehmen kann.

Daß ein Gott die Hilfe dessen erfleht, der die Verantwortung für seinen Kult trägt, ist allein schon amüsant. Denn normalerweise bittet der Priester den Gott um Beistand. Es kommt aber noch zweierlei hinzu: 1. Der Priester pflegt dem Gott für den Fall, daß dieser seine Bitte erhört, Opferfleisch zu verheißen, hier dagegen will der Gott gerettet werden, um an einem Gastmahl, das der Priester veranstalten wird, teilnehmen zu können. 2. Aus Dionysos spricht der Akteur, der auf den Sieg der Komödie im Wettbewerb und das anschließende Symposion hofft (Sommerstein 1980 ff., Bd. 9, 181). Doch nicht genug mit diesem Witz! Es folgt kurz darauf ein weiterer, auf den näher einzugehen sich lohnt, obwohl er nur vom Griechischen her verständlich ist. Xanthias sagt, nachdem er seinem Herrn das Ende der Gefahr verkündet hat (303 f., erst einmal ohne die Übersetzung des entscheidenden Wortes):

Wir können wie Hegelochos sagen:
«Aus stürmischen Wogen heraus sehe ich wieder *galên*.»

Diesen Vers vernimmt man aus dem Mund des Orestes in der gleichnamigen Euripides-Tragödie, als er vom Schlaf nach einem Wahnsinnsanfall erwacht ist (V. 279). Er sagt aber nicht wie Xanthias in unserem Text *galên*, sondern *galên'*, was bedeutet, daß er «(Meeres-)Ruhe» sieht. Das griechische Wort trägt auf dem $\bar{e}$ als Akzent einen Akut, der in der Antike anzeigte, daß man beim Reden die Stimme erhöhte. Der genannte Hegelochos, ein Schauspieler, beging offenbar einen Fehler bei der Intonation: Er sprach das $\bar{e}$, als säße ein Zirkumflex darauf, weshalb er gleichzeitig die Stimme erhöhte und senkte, also kiekste. Dabei wurde aus der (Meeres-)Ruhe ein Wiesel, und deshalb zitiert Xanthias:

«Aus stürmischen Wogen heraus sehe ich wieder ein Wiesel.»

Das klingt sehr lächerlich, zumal ein so übelriechendes Tier auf der erhabenen Bühne der Tragödie keinen Platz gehabt hätte. Im Deutschen könnte man den Wortwitz so nachahmen (Kock 1882 ff., III, 84):

«Nach Sturmes Toben wehet Läuse [= leise, affektiert gesagt] herab die Luft.»

Aber Aristophanes ist besser – sogar wenn er uns wie hier einen Joke präsentiert, den man hochgelahrt kommentieren muß.
Als Dionysos sich von seinem Schrecken erholt hat – aus Angst vor dem Monster, das Xanthias ihm beschrieb, hatte der Gott, wie wir sagen würden, «in die Hose gemacht» –, erscheint auf der Bühne der Chor, der die Handlung bis zum Ende der Komödie begleiten wird. Nur in der jetzt folgenden Parodos (323–459) treten die Sänger als Männer und Frauen

auf, die in die Eleusinischen Mysterien eingeweiht sind; danach fungieren sie einfach als eine Gruppe von Leuten, die das Geschehen kommentieren. Den Anfang der Parodos bildet ein Hymnos, gerichtet an den Mysteriengott Iakchos, der mit Dionysos gleichgesetzt wurde. Der in den *Fröschen* als lächerliche Figur auftretende Gott hört somit, wie der Chor sein «Alter ego» besingt. Xanthias und er reden zwischen den zwei Strophen des Hymnos ganz profan, so daß erneut komische Spannung zwischen Pathos und Clownerie entsteht. Die beiden sprechen von dem Tier, das man gerade opfert, wobei durch die von ihnen benutzten Wörter *choírea kréa* («Schweinefleisch») und *chordḗ* («Wurst»), die auch «Vagina» beziehungsweise «Penis» bedeuten, wohl dies impliziert wird: Xanthias wünscht sich Sexualkontakt mit einer Mystin, und Dionysos eröffnet ihm zudem die Möglichkeit der Penetration durch einen Mysten (337–339):

XANTHIAS: Hehre, hochgeehrte Tochter der Demeter, wie lieblich hat mich angeweht ein Duft von Schweinefleisch!
DIONYSOS: Also halt dich still, dann kriegst du vielleicht auch eine Wurst.

Der Mythos von Demeter und ihrer Tochter Persephone, die von dem Unterweltsherrscher Pluton entführt wird und nach der Wiederentdeckung durch die Mutter künftig nur die eine Hälfte des Jahres mit ihr, die andere dagegen im Hades verbringen muß, spielte eine wichtige Rolle in den Eleusinischen Mysterien. Man kann die Geschichte von der Göttin, die ihre Tochter aus dem Reich der Toten zurückholt, als mythische Entsprechung zu der Hadesreise des Dionysos in den *Fröschen* lesen. Schon von daher wird verständlich, warum Aristophanes den auf der Persephone-Sage fußenden Kult als Hintergrund für die Chorszene wählte, die er unmittelbar vor dem Eingang zum Hades plaziert hat. Wir vernehmen hier außer einem Rezitativ und Liedern, welche die Eleusinien evozieren, Spott auf Zeitgenossen, einen gesungenen Wortwechsel des Chorführers mit Dionysos und Xanthias sowie ein die Parodos abschließendes Chorlied. Herr und Diener, die vom Chorführer erfahren, daß sie am Ziel sind, setzen dann bis zur Parabase (674–737) ihren Slapstick fort. Jetzt amüsieren die beiden uns mit einer Verwechslungskomödie, die sie beim Zusammentreffen mit Bewohnern der Unterwelt spielen.

Ein handfester Gottesbeweis

Als Dionysos nach der Parodos an die Tür der Skene klopft, die von nun an den Palast Plutons repräsentiert, kommt der Torhüter Aiakos heraus, beschimpft Dionysos, den er wegen dessen Kostümierung für Herakles hält, als Schurken – der Held hatte den Höllenhund Kerberos aus dem Hades geraubt –, verheißt ihm fürchterliche Strafen und geht gleich darauf ins Haus zurück. Dem Gott entleert sich sofort wieder der Darm, während Xanthias behauptet, er habe sich vor dem Wortschwall und den Drohungen nicht gefürchtet. Deshalb läßt er sich von seinem Herrn dafür gewinnen, Löwenfell und Keule zu tragen, und dieser mimt den Sklaven. Doch im Gegensatz zu dem Gott profitiert «Herakleioxanthias» (V. 499) von seiner Kostümierung: Vor das Tor tritt eine Magd, die den vermeintlichen Helden im Namen ihrer Gebieterin Persephone in den Palast einlädt; dort würden ihn diverse Delikatessen, Weine und eine bildschöne Flötenspielerin sowie zwei oder drei Tänzerinnen erwarten. Auch die Magd geht wieder ins Haus, und als Xanthias ihr folgen will, überredet Dionysos ihn zur Rückgabe von Löwenfell und Keule. Der Sklave warnt seinen Herrn daraufhin vor neuen Schwierigkeiten. Der Chor indes lobt, wenn auch wohl ironisch, das Handeln des Dionysos in der ersten Strophe eines Liedes, in dessen zweiter der Gott sagt, es wäre nicht richtig gewesen, wenn Xanthias eine Tänzerin geküßt, er jedoch währenddessen onaniert hätte. Doch schon stürzen zwei Schankwirtinnen aus dem Bühnenhaus und bedrohen «Herakles», weil er bei ihnen während seines Besuches im Hades 16 Brotlaibe, 20 Portionen Schmorfleisch, viel Knoblauch, gepökelten Fisch und frischen Käse mitsamt den Körben verspeist habe, ohne zu bezahlen. Wieder hat der Gott wegen seiner Verkleidung Strafe zu befürchten – die beiden Frauen kehren ins Haus zurück, um Kleon und Hyperbolos als Helfer bei der Vollstreckung zu holen –, und wieder gelingt es Dionysos, Xanthias zur Übernahme der Herakles-Rolle zu bewegen. In einem Lied, das dem gerade genannten korrespondiert, warnt der Chor den Sklaven, und dieser erklärt, er werde mannhaft sein.

So kommt es zu einer ganz besonders burlesken Szene, die den krönenden Abschluß von Teil 1 der *Frösche* bildet. Darin wird unter Anwendung von Gewalt ein «Gottesbeweis» geführt. Als drei Schergen und zwei Knechte des Aiakos Xanthias in seinem Herakles-Kostüm niederringen, leugnet er, jemals zuvor im Hades gewesen zu sein, und verlangt, daß man seinen Sklaven diesbezüglich durch Folterung verhöre; das entspricht einer im Athen des 5. Jahrhunderts v. Chr. gängigen Praxis. Dionysos bekennt sich nun zu seiner wahren Identität und bezeichnet Xanthias als seinen Diener. Da herausgefunden werden muß, ob er die Wahrheit redet, werden er und der Sklave abwechselnd mit einer Peitsche gezüchtigt. Denn laut Xanthias könne derjenige von beiden, der zuerst einen Wehlaut von sich gebe oder die Schläge irgendwie wahrnehme, kein Gott sein. Natürlich stöhnen dann beide, erklären das aber anders als durch

Schmerzempfinden. Also kann der «Gottesbeweis» auf diesem Wege nicht erbracht werden, und deshalb führt Aiakos Dionysos und Xanthias in den Palast, wo voraussichtlich Pluton und Persephone als Unsterbliche den Unsterblichen wiedererkennen werden. Der Chor bleibt allein auf der Spielfläche, und das Drama wechselt plötzlich von denkbar amüsanter Unterhaltung der Zuschauer zu ernsthafter Ermahnung über. Ausgesprochen wird diese in der (nur aus der zweimaligen Sequenz Ode/Epirrhema bestehenden) Parabase (674–737). Nach kurzer Anrufung der Muse in der ersten Ode beginnt das erste Epirrhema mit folgenden Worten des Chorführers (686–687a):

Es ist recht und billig, daß der heilige Chor daran teilnimmt, der Polis guten Rat zu geben und sie zu unterweisen.

Was nun kommt, ist zweifellos im Hinblick auf die politische Lage Athens zu Anfang des Jahres 405 v. Chr. gesagt. Dem Stadtstaat wird im Epirrhema empfohlen, die Bürger gleichzustellen und sie von ihren Ängsten zu befreien, und damit wird offensichtlich dafür eingetreten, daß diejenigen, denen als Teilnehmern am Putsch von 411 nach der Restauration der Demokratie ihre Bürgerrechte ganz oder partiell entzogen worden waren, diese zurückerhalten sollen. Im Antepirrhema ergänzt der Chorführer seinen Rat durch die Klage darüber, daß Athen sich zur Zeit nicht der edlen (*eugeneîs*) und tüchtigen Männer, sondern der Schurken zu allen Staatsgeschäften bediene, und mahnt dazu, wieder auf die tüchtigen Männer zurückzugreifen. Nach all dem fröhlichen Klamauk, den die *Frösche* vor der Parabase geboten haben, ist das, was wir hier lesen, so überraschend, daß man meinen könnte, Aristophanes signalisiere damit einen Stimmungswechsel; er bereite das Publikum also darauf vor, daß es in der zweiten Hälfte der Komödie, die, wie man erwarten darf, im Reich der Toten spielt, ernste Töne hören wird – wohl nicht durchgehend, aber doch hie und da. Schauen wir einmal, ob eine solche Annahme sich als berechtigt erweist.

Thronstreit der toten Dichter

Es ist, als wolle Aristophanes die von der Parabase nahegelegte Vermutung, daß es jetzt «ernst wird», gleich durch die ersten drei Verse von Teil 2 der Komödie als verfehlt zurückweisen; sie lauten (738–740):

SKLAVE <PLUTONS>: Beim Retter Zeus, ein edler (*gennádas*) Mann ist dein Herr!

XANTHIAS: Wie sollte er denn auch nicht edel sein,
wo er sich doch allein darauf versteht, zu saufen und zu ficken.

Ja, wenn es das ist, was einen Mann «edel» macht, dann mag man sich denn doch fragen, ob die «edlen und tüchtigen» Männer, die im Antepirrhema der Parabase für die Übernahme der Staatsgeschäfte empfohlen werden, sich vielleicht ebenso durch «Saufen und Ficken» qualifiziert haben. Man sollte daher alles, was in den *Fröschen* über Möglichkeiten einer Verbesserung der aktuellen politischen Lage Athens geäußert wird – das Thema kommt gegen Schluß der Komödie wieder zur Sprache –, sehr vorsichtig daraufhin überprüfen, ob es seriös gemeint sein kann. Im Moment jedenfalls wird man das bezweifeln.

Demokratie vs. Wehrertüchtigung

Von dem Sklaven Plutons, mit dem Xanthias nach der Parabase einen Domestikendialog führt, hört er, daß im Hades gerade ein Streit zwischen Euripides und Aischylos ausgebrochen ist. Voraussetzung dafür war, daß derjenige, welcher dort unten in einer Kunst alle Kollegen übertrifft, im Prytaneion speisen und auf einem Thron neben Pluton sitzen darf, bis einer erscheint, der wiederum besser ist als er. Im Bereich der Tragödie hatte bisher Aischylos den Thron inne, aber Euripides verlangte gleich nach seiner Ankunft den Rang für sich, und nun soll ein Wettkampf zwischen den beiden Dichtern stattfinden, bei dem Dionysos als guter Kenner der zur Debatte stehenden Kunst Schiedsrichter sein wird. Er agiert mithin nicht mehr als Euripides-Verehrer, sondern sieht sich als Theatergott gefordert. Dementsprechend ist von seinem Plan, Euripides nach Athen zurückzuholen, nicht mehr die Rede, und folglich hat man immer wieder gesagt, die *Frösche* bestünden aus zwei voneinander getrennten Handlungen. Gewiß, die Verknüpfung der beiden Teile wird nicht so stringent vollzogen, daß der zweite sich zwangsläufig aus dem ersten ergibt. Aber die Person des Dionysos ist in dem gesamten Stück als komische Figur gezeichnet, und bei einer solchen verwundert es nicht, daß sie sich in ihren Entschlüssen leicht beeinflussen läßt. War der Gott bisher davon ausgegangen, daß Euripides sich als einziger für die Wiederkehr auf die Erde eigne, so erfährt er jetzt, daß seine Erstplazierung des Tragikers für den Hades noch keine Gültigkeit hat, und hat die Aufgabe, zwischen seinem bisherigen Favoriten und dessen Rivalen eine Wahl zu treffen. Wenn Pluton dann kurz vor dem Ende der Komödie Dionysos verkündet, dieser könne denjenigen, für welchen er sich entscheidet, nach Athen mitnehmen (1415b–1416), erweist sich der Große Plan des Theatergottes als nicht gänzlich umgestoßen, sondern lediglich modifiziert: Mit Aischylos, dem Dionysos den Siegespreis zuerkennen wird, bringt er, der die derzeitigen Vertreter der Gattung als schlecht erachtet, den Athenern durchaus einen «guten (Tragödien-)Dichter» zurück (V. 71 b; S. 175). Im Dionysostheater dürfte sich direkt vor dem Wortwechsel der beiden Tragiker die Szenerie dadurch verändert haben, daß man das Ekkyklema herausrollte. Wenn es so war, trug die Plattform in der Mitte einen Thron, auf dem Pluton saß, und daneben einen weiteren, auf dem Aischylos Platz genommen hatte; der «Thronprätendent» Euripides und der Schiedsrichter Dionysos standen wohl vor ihnen. Im Text ist nun dies zu lesen: Nachdem Euripides und Aischylos einander beschimpft und sich danach beide zum Wortgefecht bereit erklärt haben, wird es durch Gebete des Dionysos, der Musen und der zwei Dichter eröffnet (830–894). Darauf folgt ein epirrhematischer Agon (895–1098), anschließend kommentiert in einem Stasimon des Chors (1099–1118), der vor dem Auftritt der beiden Kontrahenten in einem Lied auf das gesamte Streitgespräch eingestimmt hatte (814–829). Dieses setzt sich nach dem Agon in mehreren epeisodischen Szenen unter verschiedenen Gesichtspunkten fort (1119–1481), und nach einem weiteren Stasimon (1482–1499) endet das Stück mit einer kurzen Exodos (1500–1533).

In Teil 1 des Agons spricht überwiegend Euripides. Er wirft Aischylos vor, dieser beginne seine Stücke mit einer langen Szene, in der eine Person lediglich stumm dasitze, während er später mit unverständlichen Wortungetümen aufwarte (928–930a):

Nichts anderes als Skamander und Wallgräben und auf Schilden abgebildete
Greifenadler, aus Erz geschlagene, und hochtrabende Wörter,
die zu verstehen nicht leicht war.

Dazu äußern sich Dionysos, der Schiedsrichter und Bomolochos zugleich ist, und Aischylos so (930b–933):

DIONYSOS: Ja, bei den Göttern, ich jedenfalls
lag schon einmal während der langen Zeit der Nacht wach
und versuchte herauszufinden, welcher Vogel der lohfarbene Roßhahn ist.
AISCHYLOS: Er war als Emblem auf die Schiffe gemalt, du Riesendummkopf!

Der Aischyleischen Form von Beginn eines Dramas, wie Euripides sie sieht, hält dieser entgegen, er pflege seine Tragödien mit einer Prologrede anzufangen, in der ausgiebig die Vorgeschichte der Bühnenaktion dargelegt werde; das trifft ja auch zu (S. 184 f.). Bei ihm, so fährt er fort, sei von den ersten Versen an niemand untätig, und jeder komme bei ihm zu Wort: die Frau, der Sklave, der Herr, die Jungfrau und die Greisin. Aischylos findet das dreist – er geht davon aus, daß in einer Tragödie nur noble Charaktere auftreten dürfen – und meint, Euripides habe dafür den Tod verdient (den dieser schon erlitten hat!), doch der Attackierte begründet sein Handeln damit, daß es «demokratisch» sei (V. 952a). Dazu gehört für ihn, daß er die Athener sprechen gelehrt habe, und das ist für ihn mit der Beherrschung rhetorischer Fertigkeiten identisch. Aristophanes läßt mithin den Dichter sich selbst als Begründer des «bürgerlichen Trauerspiels» und als Schüler der Sophisten präsentieren. Beides ist ja wirklich kennzeichnend für den «Modernismus» des Euripides. Doch damit hat sich dieser laut Aischylos weit von Ästhetik und Ethos der frühen Tragödie entfernt, für die der ältere Dramatiker steht. Der Grandseigneur der Gattung hebt denn auch in Teil 2 des Agons hervor, statt Steuerverweigerern, Pflastertretern, Gaunern und Schurken stelle er Kriegshelden auf die Bühne, etwa in den *Sieben gegen Theben*, einem Drama «voller Ares» (V. 1021), das jeden männlichen Zuschauer zur Kampfbereitschaft angespornt habe. Außerdem sei er Nachfolger von Dichtern wie Orpheus, Musaios, Hesiod und Homer, denen die Menschen als ihren Lehrmeistern kulturelle Errungenschaften verdanken würden. Euripides jedoch habe Stoffe gewählt, die Schlechtigkeit, statt sie zu verhüllen, in Szene setzen und sie den Zuschauern beibringen würden, etwa in den Tragödien über «Huren» wie Phädra und Stheneboia. Ein wichtiges Thema in dieser ersten von fünf Runden des agonalen Wortgefechts ist also «die Schaubühne als moralische Anstalt». Das ist für heutige Leser leichter verständlich als die zwei anschließenden Diskussionen über Prologe und lyrische Passagen.

Salbfläschchen, Topfscherben und Waagschalen

Um den Witz der zweiten und dritten Runde im Tragikerduell adäquat würdigen zu können, muß man zwar nicht unbedingt Altgriechisch beherrschen, aber ein wenig mit Metrik vertraut sein; Teil 4 verlangt keine Vorkenntnisse. Doch zunächst zu Teil 2 (1119–1250). Darin werden die Prologe, mit denen Aischylos und Euripides jeweils ihre Stücke eröffnen, auf den Prüfstand gestellt. Der jüngere Tragiker versucht dem älteren anhand der ersten Verse der *Choephoren* – sie sind das zweite Drama der bekannten *Orestie* – zu belegen, Aischyleische Prologe seien unklar und voller unnötiger Wortwiederholungen. Doch der Angegriffene weiß sich durchaus geschickt zu verteidigen, und er macht überdies die Prologe des Euripides zum Gegenstand eines frechen Spiels. Sie beginnen, wie gesagt, meist mit einer Erzählung der Vorgeschichte, wobei oft zuerst einmal von einem Mann als handelnder Figur die Rede ist; so lautet etwa der Anfang der *Iphigenie bei den Tauern*, metrisch übertragen:

Der Tantalide Pelops, der nach Pisa kam
mit schnellen Rossen, nahm zur Frau Hippodame.

Der vom Dichter verwendete sechshebige jambische Vers («jambischer Trimeter»; S. 13 f.) weist innerhalb des fünften Metrums – hier in V. 2 nach der fünften Silbe – häufig einen Einschnitt, die sogenannte Zäsur, auf. Übrig bleibt eine Silbensequenz, die in deutscher Übersetzung durch *betont/unbetont/betont/unbetont/betont/unbetont/betont* wiedergegeben wird. Sie enthält in unserem Falle den Bericht darüber, was Pelops tat, als er nach Pisa kam. Aischylos erklärt nun, dieser Abschnitt innerhalb des Satzgefüges sei bei Euripides durch ein metrisches Äquivalent beliebig ersetzbar; offenbar will er sagen, die Prologtechnik des jüngeren Kollegen sei stereotyp. Um das zu belegen, wählt er einen Halbvers, der «wurde sein Salbfläschchen los» bedeutet, und verulkt Euripides folgendermaßen: Er läßt ihn Anfänge von Prologen stets bis zu der Stelle rezitieren, wo er seinen Halbvers anhängen kann, und sogleich macht er es. Das dürfte für die athenischen Zuschauer deshalb besonders komisch gewesen sein, weil das griechische Wort für Salbfläschchen, *lēkýthion*, wegen der phallischen Form eines solchen wahrscheinlich für das männliche Glied gebraucht werden konnte. Als Aischylos den Anfang der *Iphigenie* verballhornte, hörten sie, wie ich meine (1232 f., metrisch übertragen):

Der Tantalide Pelops, der nach Pisa kam
mit schnellen Rossen, *wurde seinen Pimmel los.*

Sechsmal treibt Aischylos sein «Ergänzungsspiel» mit Euripides, der immer wieder in der Hoffnung, der Kontrahent werde seinen Halbvers wenigstens einmal nicht anbringen können, neue Prologanfänge zitiert, aber auch immer wieder unweigerlich den «Refrain» serviert bekommt. Die Zuschauer sprachen diesen sicher schon bald im Chor mit, wie Kenneth Dover vermutet (1972, 338).

Für moderne Leser dürfte der Salbfläschchenspaß selbst dann, wenn sie nicht Griechisch gelernt haben, noch einigermaßen nachvollziehbar sein. Doch mit Runde 3 im Tragikerduell (1251–1369) müßte, wenn man den Witz des betreffenden Abschnitts der *Frösche* erklären würde, die Grenze dessen überschritten werden, was ein Sachbuch wie das vorliegende leisten kann. Thema sind jetzt die lyrischen Partien bei Aischylos und Euripides, also Lieder, die von Chor und Akteuren gesungen werden. Diejenigen des Aischylos haben laut Euripides einen monotonen Rhythmus, was letzterer mit zwei Liedern zu demonstrieren versucht: Er setzt sie willkürlich aus Aischyleischen Versen zusammen, die jeweils aus dem Kontext gerissen sind, und das Ergebnis ist in beiden Fällen ein Text ohne Sinn und Verstand. Der zweite wirkt besonders komisch, weil Euripides im jeweils zweiten Vers den Klang des Saiteninstruments, welches das Lied begleitet, mit der Silbensequenz *phlattothrattophlattothrat* imitiert (1286, 1288 usw.). Aischylos kontert, indem er zwei Lieder vorträgt, mit denen er die Lyrik des jüngeren Tragikers parodiert; dabei läßt er die «Muse» des Euripides, bei der es sich vermutlich um eine häßliche alte Frau in der Kleidung einer Prostituierten handelt, zur musikalischen Untermalung Topfscherben als Kastagnetten zum Klingen bringen. Mit dem einen Lied will Aischylos zeigen, wie unmelodisch und inhaltlich nichtssagend lyrische Verse des Euripides seien. In dem anderen erzählt eine junge Frau mit tragischem Pathos etwas, was nicht tragisch ist, sondern trivial: Ihr Haushahn wurde, wie sie in einem schrecklichen, aus dem Hades aufgestiegenen Traum gesehen habe, von ihrer Nachbarin Glyke gestohlen. Deshalb sei sie tränenüberströmt und wolle nun mit Hilfe kretischer Bogenschützen sowie der zwei Göttinnen Diktynna und Hekate Glykes Haus durchsuchen. Offenbar möchte Aischylos den Rivalen als «demokratischen» Dichter lächerlich machen, also als einen Verfasser von Tragödien, in denen einfache Leute zu Wort kommen, sich aber stilistisch auf dem von der Gattung verlangten Niveau bewegen.

Das alles ist auch in einer Verdeutschung, die sich um Nachahmung des Originaltons bemüht, etwa in derjenigen Ludwig Seegers, sicherlich sehr amüsant. Aber nur intime Kenner der Aischyleischen und Euripideischen Tragödien, die diese auf Griechisch gelesen haben, vermögen voll und ganz zu würdigen, wie Aristophanes beide Dichter als komische Figuren charakterisiert. Wohlgemerkt: beide. Gewiß, in Runde 1–3 folgt stets die Verspottung des Euripides durch Aischylos auf das Spiel, das der jüngere Kollege mit seinen Texten treibt, und das weckt schon jetzt die Erwartung, er werde den Sieg davontragen. Denn in der antiken Literatur gewinnt im Rededuell stets der zweite Sprecher. Doch bisher hat sich keiner der beiden Tragiker als dem anderen überlegen erwiesen. Und wenn Aischylos die vierte Runde (1370–1413) dann tatsächlich gewinnt, reicht das, was er hier dem Kontrahenten voraushat, keineswegs dazu aus, daß man ihm die Palme zubilligen möchte. Diesmal muß sich jeder der beiden Dichter neben eine der zwei Schalen einer Waage stellen und mehrmals einen möglichst gewichtigen Vers rezitieren, woraufhin Dionysos darüber befindet, welcher von beiden mehr wiegt. Dabei ist jedesmal Aischylos Sieger, etwa in diesem Verspaar (1402 f.; metrisch übersetzt):

EURIPIDES: Mit seiner Rechten nahm den eisenschweren Schaft –,
AISCHYLOS: Auf Wagen nämlich Wagen und auf Leiche Leich –.

Der zweite der beiden Verse hat natürlich ein «größeres Gewicht» als der erste, aber als Kriterium für einen Tragikerwettbewerb ist «Versewiegen» höchst albern. Dionysos sieht sich denn auch zu einem Schiedsspruch nicht in der Lage. So beendet er die vierte Runde, indem er zu Pluton sagt, beide Männer seien seine Freunde, und er treffe keine Entscheidung zwischen ihnen, da er sich keinen von beiden zum Feind machen wolle. Den einen halte er nämlich für weise, an dem anderen erfreue er sich. Es ist müßig zu fragen, wer jeweils gemeint sei, zumal Dionysos später doch einen der zwei Dichter zum Sieger im Duell erklären wird. Aristophanes bereitet das dadurch vor, daß er Pluton dem Gott nun verkünden läßt, dieser könne, wenn er ein Urteil fälle, mit einem von beiden davonziehen. Da leitet Dionysos zur fünften und letzten Runde über, indem er folgendes sagt: Er sei wegen eines Dichters hergekommen, weil er wolle, daß die Stadt gerettet werde und Feste mit Chören veranstalten könne; also werde er denjenigen nach Athen zurückbringen, welcher der Polis guten Rat gebe. Damit ist den beiden Tragikern eine Aufgabe gestellt, die zu übernehmen der Chorführer in der Parabase als etwas bezeichnete, was für ihn und die anderen Sänger recht und billig sei (686–687a; S. 181). Doch der unmittelbare Kontext der Parabase rät, wie gezeigt, eher nicht dazu, den politischen Empfehlungen des Chors zu viel Ernst beizumessen. Werden diejenigen der zwei Dichter seriös sein?

Poetenpolitik

Dionysos möchte zweierlei von Aischylos und Euripides wissen: 1. was für eine Meinung sie jeweils über Alkibiades haben; 2. welchen Weg zur Rettung der Polis sie vorschlagen. Auf die erste Frage antwortet Euripides, er hasse den Mann, der sich als langsam erweisen werde bei der Unterstützung der Vaterstadt, aber schnell darin, ihr sehr zu schaden, und erfindungsreich im eigenen Interesse, doch ideenlos in demjenigen der Polis. Das ist eine Charakteristik, wie sie nach der Emigration des Alkibiades wohl viele gegeben hätten. Aischylos hat dem nur dies entgegenzusetzen: Man solle in der Polis keinen Löwen aufziehen; denn wenn er herangewachsen sei, müsse man sich seinen Launen fügen. Hier haben wir Alkibiades aus einer anderen, aber ebenfalls negativen Sicht, und man versteht, daß Dionysos wieder keine Entscheidung trifft. So geht dieser zu Frage 2 über, und darauf antworten beide Dichter im überlieferten Text jeweils zweifach. Euripides behauptet zum einen, wenn man Kleokritos (wer immer das ist) mit Kinesias (dem Dithyrambendichter; S. 136) beflügele und sie sich in die Lüfte erhöben, könnten sie während einer Seeschlacht aus Krügen Essig in die Augen der Feinde spritzen. Das klingt komisch und gleicht dem Großen Plan eines Aristophanes-Stücks. Zum anderen schlägt der jüngere Tragiker zur Rettung der Polis vor, den Bürgern, denen man jetzt vertraue, zu mißtrauen und sich derer zu bedienen, derer man sich jetzt nicht bediene. Das erinnert deutlich an das vom Chor Geratene, wobei diesmal die Differenzierung zwischen guten Männern und Schurken nur impliziert ist. Man kann daher sagen, daß die erste Empfehlung phantastisch und deshalb unbrauchbar, die zweite dagegen realisierbar ist.

Ähnlich sieht es bei Aischylos aus. Er fragt Dionysos erst einmal, ob die Polis sich der Tüchtigen bediene. Als der Gott antwortet, sie würden von ihr gehaßt, will Aischylos wissen, ob sie an den Schurken Freude habe, und Dionysos erwidert, das sei nicht der Fall, aber sie bediene sich dieser Leute unter Zwang. Daraufhin stellt Aischylos die rhetorische Frage, wie man eine solche Polis retten könne, der weder ein guter Mantel noch ein zottiger Rock helfe. Das ist freilich kein richtiger Rat für die Polis, und deshalb wird Aischylos von Dionysos dazu gedrängt, einen solchen zu geben. Daraufhin schlägt der Dichter vor, man solle das Land der Feinde als das eigene und das eigene als das des Feindes sowie die Flotte als Mittel, sich zu helfen, und deren Mittel, sich zu helfen, als das Gegenteil betrachten. Damit rekapituliert er lediglich die Strategie, welche die Athener im Peloponnesischen Krieg bis zum Jahre 424 v. Chr. verfolgten (S. 32 und 61), bietet also nichts Besseres als der zweite Rat des Euripides. Mithin ist auch nach Runde 5 nicht klar, wem im Tragikerduell der Siegespreis zusteht. Wie kommt es nun, daß Dionysos für Aischylos votiert? Er verkündet zunächst, er werde denjenigen wählen, den seine Seele wünsche. Als Euripides den Gott daraufhin an dessen Schwur erinnert, er werde ihn heimführen, assoziiert Dionysos einen berühmten Euripides-Vers. Hier sagt Hippolytos spitzfindig (*Hipp.* 612):

Die Zunge hat geschworen, doch mein Herz steht nicht unter Eid.

Und daraus macht nun Dionysos (V. 1471):

Die Zunge hat geschworen, ich aber werde Aischylos wählen.

Welch eine Entscheidung! Sie paßt in zweifacher Hinsicht zu dem Schiedsrichter als einer komischen Figur, und mir erscheint sie deshalb sehr witzig: Einerseits ist sie willkürlich getroffen, andererseits verrät sie, daß Dionysos nach wie vor eine Schwäche für Euripides und speziell für dessen «sophistische» Verse hat. Haben also nicht im Grunde beide Tragiker das Duell gewonnen? Gut, es ist Aischylos, der in der Exodos von Pluton als Retter der Polis zurück nach Athen geschickt wird und dem der Chor am Ende der Komödie eine gute Reise wünscht. Aber er hat von den zwei Dichtern das höhere Alter, und bei Aristophanes sind es immer wieder die alten Männer, die am Schluß triumphieren; wir finden das in fast allen überlieferten Stücken. Auf keinen Fall resultiert aus Runde 5 des Streitgesprächs, daß Aischylos sich als potentieller Retter Athens profiliert hat. Überhaupt ist, wie deutlich geworden sein dürfte, nichts von dem als seriös zu betrachten, was die beiden Tragiker an politischen Äußerungen von sich geben. Wir hatten ja gesehen, daß auch der Rat, den der Chor dem Stadtstaat in der Parabase erteilt, gleich zu Beginn der nächsten Szene relativiert wird. Ich möchte daher nicht ohne weiteres glauben, was die antike Prosainhaltsangabe der *Frösche* unter Berufung auf den Aristoteliker Dikaiarch (2. Hälfte 4. Jh. v. Chr.) behauptet: Das Stück sei, weil man es wegen seiner Parabase bewundert habe, ein zweites Mal aufgeführt worden. Es soll ja auch den ersten Preis gewonnen haben; das braucht man nicht zu bezweifeln. Aber die Parabase ist wie in allen anderen Stücken des Aristophanes fest in den komischen Diskurs integriert. Nur wer sie isoliert betrachtet, kann sie als politisches Manifest lesen. Dikaiarch verstand sie offenbar als solches, und daraus könnte er kurzerhand gefolgert haben, der Dichter sei mit einer Reprise geehrt worden.

Wie dem auch sei – es ist nichts weiter als Spekulation, wenn die Aristophanes-Erklärer immer wieder versuchen, im überlieferten Text der Komödie Passagen zu orten, die der Urfassung mit Rücksicht auf eine zweite Inszenierung hinzugefügt sein könnten. So hat man nur den ersten politischen Ratschlag des Euripides der älteren, den zweiten dagegen einer jüngeren Version zugewiesen. Wer beide Empfehlungen nicht ernst nimmt – und ich meine, daß man das gar nicht kann –, tut gut daran, sie einfach als Teil einer komischen Szene zu begreifen und deshalb nebeneinander stehen zu lassen.

Große Pläne in einer neuen Zeit:
Ekklesiazusen und *Plutos*

Mit der Kapitulation Athens im Frühjahr 404 v. Chr. war der Peloponnesische Krieg zu Ende. Die Polis mußte die Langen Mauern niederreißen sowie ihre Flotte bis auf zwölf Schiffe ausliefern, und der Attische Seebund wurde aufgelöst. Wieder einmal trat an die Stelle der Demokratie eine Oligarchie, wobei diesmal dreißig pro-spartanisch gesinnte Tyrannen die Herrschaft innehatten. Doch schon im Herbst 403 erhielt die Volksversammlung ihre Souveränität zurück. Und obwohl Griechenland jetzt unter der Hegemonie Spartas stand, gelang es den Athenern nach weniger als einem Jahrzehnt, den Sieger von 404 mit einer Militärmacht zu bedrohen. Sie verbündeten sich mit Theben, Korinth und Argos und führten von 395 bis 387/86 den sogenannten Korinthischen Krieg gegen die Spartaner. Da diese im Jahre 394 durch die persische Flotte, die von dem Athener Konon befehligt wurde, in der Seeschlacht bei Knidos eine schwere Niederlage hinnehmen mußten und ihren griechischen Feinden bereits im Winter 392/91 ein Friedensangebot unterbreiteten, regte sich in Athen wieder Hoffnung auf die Rückkehr zu imperialer Macht. Fand nun das alles in den beiden Komödien des Aristophanes, die uns aus der Epoche des Korinthischen Krieges erhalten sind – es handelt sich um die *Ekklesiazusen* und den *Plutos* –, seinen Niederschlag? Ja, aber nur insofern, als auf einzelne Ereignisse, die für Athen von Bedeutung sind, hie und da angespielt wird. Sie haben jedoch keinen Einfluß auf das Bühnengeschehen. Lediglich mit einem Problem, das die neue Zeit mit sich gebracht hat, befassen sich die in den zwei Stücken auftretenden Personen: mit dem einer großen Armut, die Athen heimgesucht hat. Sie zu beseitigen und darüber hinaus das Leben der Menschen in jeder Hinsicht glücklich zu machen ist das Ziel des Großen Planes, den die Protagonisten in den *Ekklesiazusen* und im *Plutos* jeweils entwickeln.

Alle Macht den Frauen!

Die *Ekklesiazusen* (von *Ekklesiázusai* «Frauen in der Volksversammlung»), in Szene gesetzt vermutlich 391 – ob an den Lenäen oder den Großen Dionysien ist ebenso unbekannt wie der Platz, den sie im Komö-

Alle Macht den Frauen! 191

dienwettbewerb errangen –, fangen ähnlich an wie die *Lysistrate*: Auch hier eröffnet eine Frau das Geschehen mit Worten, aus denen hervorgeht, daß sie andere Frauen erwartet. Aber diesmal weckt sie, in der man wie in Lysistrate bald die Protagonistin erkennt, schon durch ihre äußere Erscheinung Spannung. Sie hat sich wie ein Mann bekleidet und hält in den Händen außer einer brennenden Lampe – es ist früh am Morgen – einen Spazierstock, zwei Kränze und einen genähten Bart. Was sie mit den Gegenständen und ihrer Kostümierung bezweckt, verrät sie nur partiell in einem längeren Monolog, in dessen erstem Abschnitt sie die Lampe anredet. Ihr allein würden die Frauen sich offenbaren und sie Intimitäten wie Heimlichkeiten sehen lassen, und deshalb werde sie in die von der Sprecherin und deren Freundinnen gefaßten Pläne eingeweiht. Einer davon, den wir bereits jetzt erfahren, sieht vor, daß die Frauen an der bei Tagesanbruch beginnenden Volksversammlung teilnehmen wollen. Das ist freilich nur möglich, wenn sie sich als Männer tarnen, und genau darum hat Praxagora, zu deutsch «die in der Versammlung Tätige» – so heißt sie als Protagonistin sinnigerweise –, die anderen Frauen gebeten. Also kommen diese dann ähnlich wie Praxagora ausstaffiert auf die Bühne. Manche hatten Mühe, dem Gatten rechtzeitig zu entrinnen; eine zum Beispiel (im Text «Erste Frau») vermeldet Praxagora dies (35b–40):

Ich hörte
dich, als ich gerade die Schuhe zuband, mit den Fingern an der Tür kratzen,
weil ich nicht schlafen konnte. Denn mein Mann, Liebste –
er, mit dem ich zusammen bin, ist doch Salaminier! –,
hat mich die ganze Nacht auf den Matratzen gerudert,
so daß ich eben erst seinen Mantel hier nehmen konnte.

Ja, die Männer! Das können sie! Speziell wenn sie von der Insel Salamis stammen, sind sie, wie man in Athen glaubt, ebenso zur See wie im Bett höchst tauglich. Aber mit den Männern als den für den Stadtstaat Verantwortlichen sind die Frauen unzufrieden. Deshalb wollen nunmehr sie die Geschäfte der Polis führen, um ihr etwas Gutes zu tun. Die Voraussetzung dafür kann geschaffen werden, wenn die Frauen in ihrer Verkleidung die Mehrheit in der Volksversammlung erringen, aber das Agieren dort will geübt sein. Denn auch nur vorübergehend aus der weiblichen Rolle herauszutreten, das fällt nicht allen leicht. So verkündet eine («Zweite Frau»), bevor man zur Generalprobe übergeht, sie wolle, während die Ekklesiasten ihre Sitze einnehmen, Wolle kämmen. So verärgert Praxagora darüber ist, so witzig war das sicherlich für das zeitgenössische Publikum, weil ein Mann sprach, der, als Frau kostümiert, einen Mann spielen sollte. Und gleichfalls amüsant fand man es gewiß, daß das andere Geschlecht beim Präparieren der «maskulinen» Aktion immer wieder Wesenszüge erkennen läßt, die in der Antike als typisch weiblich galten. Frau Nummer 2, welche sich als erste bereit erklärt, versuchsweise eine Rede zu halten, will, als sie einen Kranz umgelegt hat – das pflegten die Ekklesiasten zu tun, bevor sie das Wort ergriffen –, erst einmal etwas trinken. Auch Teilnehmer an einem Gelage bekränzten sich nämlich, und Frauen wurde unterstellt, daß sie dem Wein besonders zugetan seien. Als die Dame, die hier ihre Freude an einem guten Tropfen verrät, und Frau Nummer 1 noch weitere «feminine» Fehler gemacht haben, setzt Praxagora sich selbst den Kranz auf und hält die Rede, die sie offensichtlich für die Volksversammlung vorgesehen hat. Darin fordert sie unter Verweis auf das Versagen, das ihrer Ansicht nach die für Athen Verantwortlichen bisher gezeigt haben, die Polis solle jetzt den Frauen übergeben werden. Als Begründung führt sie in erster Linie an, daß sie und ihre Geschlechtsgenossinnen sich anders als die Männer nicht auf Experimente einlassen, sondern stets nach altem Brauch handeln würden (221–223a.223b–228):

Die Frauen rösten Korn im Sitzen ganz wie früher;
sie tragen auf dem Kopf ganz wie früher;
sie feiern ihre Thesmophorien ganz wie früher;
sie backen ihre Kuchen ganz wie früher;
sie nerven ihre Männer ganz wie früher;
sie haben Liebhaber drinnen ganz wie früher;
sich selber kaufen sie zusätzliches Essen ganz wie früher;
sie lieben den Wein pur ganz wie früher;
sie lassen sich gerne ficken ganz wie früher.

Kann man die Befähigung zu konservativer Politik besser begründen? Jedenfalls erreicht Praxagora durch ihre Rede, daß sie zur Strategin gewählt wird, also zur neuen Oberbefehlshaberin im Stadtstaat. Sie ist auch bestens darauf vorbereitet, angemessen zu reagieren, falls Männer sie in der Volksversammlung unterbrechen und stoßen. Denn sie werde sich, wie sie sagt, dagegenbewegen, weil sie ja nicht unerfahren sei in «vielen Stößen» (V. 257). Eine andere Dame sieht darin, daß man bei einer Abstimmung die Hände heben müsse, eine Schwierigkeit, da Frauen gewohnt seien, «die beiden Schenkel zu heben» (V. 265). Praxagora gibt zu, daß das ein Problem ist, doch dann beendet sie die «propädeutische» Debatte, indem sie alle anwesenden Damen auffordert, nun, wenn sie Bärte umgebunden und die gestohlenen Männermäntel über die Schulter geworfen haben, auf ihre Stöcke gestützt loszuziehen und dabei ein «Altmännerlied» (277 f.) anzustimmen. Das ist das Signal für das erste Chorlied in den *Ekklesiazusen* (289–310). Es ertönt, als die zuvor sukzessiv aufgetretenen Frauen sich als Chor aufgestellt haben. Hinter Praxagora sowie den beiden Damen, die sich in der Generalprobe vernehmen ließen – hier wie sonst meist bei Aristophanes sprechen innerhalb einer Szene nur drei Akteure –, gehen die Ekklesiazusen in Marschordnung von der Spielfläche ab und treiben einander singend zur Eile an; sie müssen nämlich rechtzeitig zum Empfang der drei Obolen Tagegeld auf der Pnyx eintreffen. Somit bietet diese Komödie statt einer Parodos («Zu-, Auftritt»), schon jetzt gewissermaßen die Exodos («Auszug»). Aber der Chor wird, wenn die Volksversammlung beendet ist, wieder in Marschordnung auf die Spielfläche zurückkehren, so daß doch noch eine Parodos stattfindet. Den Zeitraum bis dahin überbrückt eine Szene, in der erstmals «richtige» Männer, also Schauspieler in männlichen Rollen, agieren.

Die mittlere von drei Türen der Skene, die drei Häuser repräsentieren, öffnet sich, und heraus kommt mit einem safranfarbenen Frauengewand und Damenschuhen Blepyros, Praxagoras Mann. Er muß dringend seinen Darm entleeren. Das kann er, weil es noch dunkel ist, vor dem Haus erledigen. Aber er vermochte, bevor er nach draußen ging, seine Sachen nicht zu finden und hat daher mit der Ersatzkleidung vorliebgenommen, die er gerade trägt. Während er auf der Bühne sein Geschäft zu verrichten bemüht ist, tritt aus einer der beiden anderen Türen ein Nachbar hervor, der wie Blepyros seinen Mantel vermißt. Nach einem kurzen Dialog der beiden – Praxagoras Gatte setzt dabei die zuvor angefangene Tätigkeit fort – begibt sich der Nachbar wieder ins Haus, um noch einmal nach seinem Mantel zu suchen, ohne den er nicht in die Volksversammlung gehen möchte. Und Blepyros jammert in einem Monolog darüber, daß er verstopft ist; er erhofft sich von jemandem, der sich «hinten» auskennt, und von Hileithyia, der Geburtsgöttin (!), Hilfe (366–371):

Man rufe um jeden Preis den Antisthenes her!
Denn dieser Mann weiß, soweit es nach seinem Stöhnen zu beurteilen ist,
was es mit einem Arsch auf sich hat, der scheißen will.
O Herrin Hileithyia, laß es nicht zu,
daß ich platze, und auch nicht, daß ein Bolzen mir den Leib verriegelt,
damit ich nicht zum Nachttopf der Komödie werde!

Als «Nachttopf» fungiert dieser Vertreter der Spezies «Mann» in der von den Frauen in der Volksversammlung handelnden Komödie ganz offenkundig. Denn sein absolut lächerliches Betragen soll doch wohl als Kontrastfolie zu der kühnen Aktion seiner Frau und ihrer Genossinnen dienen, zumal wir gleich nach dem Monolog erfahren, wie es auf der Pnyx lief. Es erscheint ein älterer Herr namens Chremes, sagt, er kehre aus der Ekklesie zurück, und berichtet, was dort geschehen sei. Daß die «Bleichgesichter», die er dort sah, Frauen waren – solche hatten, weil sie das Haus hüten mußten, in der Regel einen helleren Teint als Männer –, ist ihm entgangen. Auf der Tagesordnung stand die Rettung der Stadt. Als ein Redner, der etwas dazu bemerken wollte, niedergeschrien wurde, noch bevor er anfing, stellte ein weiterer den Antrag, Bedürftige sollten von den Mantelmachern Wollmäntel erhalten und, wenn sie kein Bett und keine Dekken hätten, bei den Gerbern übernachten dürfen; Verweigerung solcher Zuwendungen solle durch die Zahlung von drei Pelzen gebüßt werden. Daraus erhellt, welch große Diskrepanz zwischen Armut und Reichtum in der Polis herrscht, und deshalb paßt es gut, daß laut der Erzählung des Chremes gleich nach dem zweiten Redner ein «hübscher junger Mann mit weißem Gesicht», also Praxagora, für einen Regierungswechsel plädierte, indem «er» die Übergabe der Stadt an die Frauen forderte. «Er» zeigte anhand mehrerer Beispiele die Überlegenheit des weiblichen über das männliche Geschlecht auf und bewirkte so, daß «sein» Antrag angenommen wurde. Blepyros kann es kaum fassen, daß nun die Frauen an der Macht sind. Er richtet ein paar diesbezügliche Fragen an Chremes, und dann setzt sich der Dialog wie folgt fort (465–470):

BLEPYROS: Das ist zu befürchten für die Männer in unserem Alter, daß, wenn die Frauen die Zügel der Polis übernehmen, sie uns dann mit Gewalt zwingen –
CHREMES: Was zu tun?
BLEPYROS: Sie zu ficken. Und wenn wir nicht können, werden sie uns kein Mittagessen geben.
CHREMES: Dann, bei Zeus, tu
du *dies*, damit du ißt und zugleich fickst.

Was soll Blepyros tun? Sommerstein hat zweifellos recht mit seiner Annahme, Chremes hebe, während er die Empfehlung ausspricht, seinen Lederphallos in Mundhöhe und reibe ihn dabei wie ein Masturbierender, betreibe mithin Autofellatio (1980ff., Bd. 10, 180f.). Blepyros hat dagegen nur einzuwenden, es sei schrecklich, das unter Zwang zu tun. Doch Chremes meint, wenn es der Polis zugute komme, müsse das jeder Mann machen. So etwas kann mithin in dieser Komödie die Verwirklichung des Großen Plans unterstützen. Und das ist schon mehr als grotesk.

Die beiden alten Herren wechseln nur noch wenige weitere Worte und verlassen die Bühne. Anschließend kehrt der Chor zurück. Die Frauen tragen immer noch Männerkleidung, und in dem Lied, das sie jetzt singen, ermahnen sie einander, erst noch wie Männer zu marschieren, damit ihre Tarnung nicht durchschaut wird, dann aber die Bärte abzulegen. Die danach auftretende «Strategin» fordert ihre Genossinnen auf, alles wegzuwerfen, das sie wie Männer aussehen läßt. Als es geschehen ist und die Chorführerin Praxagora fragt, was die Frauen noch Nützliches für sie tun sollen, werden sie von ihr darum gebeten, weiter als Beraterinnen zur Verfügung zu stehen. Freilich werden die Chorsängerinnen zum Bühnengeschehen kaum noch etwas beitragen.

Kommunistisches Womanifest

Die «Strategin» will in das Haus, in dem sie wohnt, gerade hineingehen, da tritt ihr Blepyros in den Weg, der noch immer das Kleid seiner Frau trägt. Auf seine Frage, warum sie am frühen Morgen stillschweigend mit seinem Mantel fortgegangen sei, antwortet sie mit einer Notlüge: Eine Freundin, die in die Wehen gekommen sei, habe sie rufen lassen. Im weiteren Verlauf des Gesprächs rechtfertigt Praxagora die Entwendung des Mantels damit, daß es kalt gewesen sei. Und als Blepyros erfahren möchte, weshalb sie auch seine Spartanerstiefel und den Stock mitgenommen habe, kriegt er von ihr die Erklärung, sie habe, um das Kleidungsstück vor Dieben zu schützen, ihn nachgeahmt, indem sie mit den Füßen getrampelt und die Steine mit dem Stock angestoßen habe. Blepyros zieht nicht in Zweifel, was sie behauptet, und deshalb kann sie, als er ihr erzählt, die Volksversammlung habe den Frauen alle Staatsgeschäfte übergeben, so tun, als wisse sie noch nichts davon. Doch gleich darauf heißt sie die Entscheidung gut und begründet das so: In Zukunft werde es den Unverschämten nicht mehr möglich sein, die Polis häßlich zu behandeln, falsche Zeugenaussagen zu machen, zu denunzieren, Kleider zu stehlen, die Nachbarn zu beneiden, nackt und arm zu sein, sich gegenseitig zu schmähen und den Schuldner zu pfänden. Das sind natürlich optimale Aussichten, aber es ist nun an der Zeit, daß die Strategin ausgiebig entfaltet, mit welchen politischen Maßnahmen sie das, was sie prophezeit, erreichen will. Und das erfolgt sofort im Rahmen eines epirrhematischen Agons, in dem außer Praxagora und ihrem Mann sich der Nachbar zu Wort meldet (571–710). Das System ist nicht mehr wie in den älteren der überlieferten Stücke des Aristophanes zweiteilig, hat also keine respondierenden Partien zu Ode, Katakeleusmos, Epirrhema und Pnigos aufzuweisen. Doch wir haben es ohnehin nicht mit einem richtigen Streitgespräch zu tun, sondern wie in den *Vögeln* und in der *Lysistrate* mit einem sogenannten «Darlegungsagon», in dem allein der Protagonist seinen Standpunkt artikuliert.

Die Szene beginnt wie üblich damit, daß erst der Chor und dann der Chorführer den Protagonisten zum Reden ermuntert. Von jetzt bis zu V. 1126 in der letzten Szene hören wir nichts mehr aus dem Munde der Chorsänger. Die *Ekklesiazusen* enthalten mithin keine Chorlieder zwischen epeisodischen Szenen. Statt dessen steht an den Stellen, wo man ein Stasimon erwarten würde, wie hinter V. 888 der *Wolken* die Notiz *CHOROU* (S. 107). Ob hier jeweils ein vom Dichter verfaßter Text ausgelassen ist oder darauf verwiesen wird, daß wie später in Menanders Komödien lediglich eine Tanzeinlage die Pause zwischen zwei Szenen überbrücken soll, kann man nicht sagen. In den Kodizes, in denen die *Ekklesiazusen* aufgezeichnet sind, findet sich die Notiz nach V. 729 und 876. Der *Plutos* bietet als längeren Abschnitt, in dem der Chorführer rezitiert und der Chor singt, allein die Parodos (253–321). Im übrigen Stück kommt der Chorführer nur noch mit einzelnen Versen zu Wort (328–331. 487f. 631f. 962f. 1208f.), während Chorgesang auf ganze drei Verse beschränkt ist (637. 639f.). Ansonsten haben wir den *CHOROU*-Vermerk sechsmal (nach 321, 626, 770, 801, 958 und 1096). Eines ist vielleicht kein Zufall: Der aus Bürgern Athens zusammengesetzte Chor, der auf der Bühne in gewisser Weise die Polis repräsentiert, läßt sich innerhalb der überlieferten Stücke des Aristophanes an all den Punkten der Handlung, wo es von jeher üblich war, zum letzten Mal in den *Fröschen* vernehmen. Denn dieses Stück wurde aufgeführt, bevor Athens Blütezeit im Jahre 404 v. Chr. zu Ende war.

Doch zurück zu dem Agon in den *Ekklesiazusen*! Es zeigt sich sofort, daß Praxagora eine Art kommunistisches Manifest verkündet. Ihr erster und zugleich grundlegender Programmpunkt lautet nämlich (590–594):

Gemeinsam, werde ich sagen, sollen alle an allem teilhaben
und aus demselben Topf leben, und es soll nicht der eine reich sein, der andere
aber im Elend leben.
Und der eine soll nicht viel Land bebauen, der andere nicht einmal Platz haben,
sich begraben zu lassen;
und Sklaven soll nicht der eine haben in Menge, der andere aber nicht einmal
einen Begleiter;
nein, eine gemeinsame Lebensform schaffe ich, für alle gleich.

Das bedeutet zunächst einmal, daß das Land, das Geld «und alles andere, was jedem Einzelnen gehört» (V. 598), gemeinsamer Besitz sein wird und alle davon durch die Frauen ernährt werden. Aber darauf beschränkt sich

Praxagoras kommunistisches System nicht. Sie verkündet außerdem, die Frauen seien «gemeinsam für die Männer zum Zusammenliegen und zum Kindermachen für jeden, der will» (614–615a). Daraus ergeben sich für Blepyros Probleme, aber Praxagora hat für alle eine Lösung anzubieten (615b–629):

BLEPYROS: Wieso gehen dann nicht alle zu der Schönsten von ihnen und versuchen, sie zu stemmen?
PRAXAGORA: Die etwas Geringeren und Plattnasigen werden bei den Göttlichen sitzen. Und wenn einer die Schönste begehrt, muß er erst einmal die Häßliche stoßen.
BLEPYROS: Und wie wird uns alten Männern, wenn wir mit den Häßlichen schlafen, nicht der Schwanz versagen, noch ehe wir dort ankommen, wo du sagst?
PRAXAGORA: Sie werden um dich nicht kämpfen. Sei zuversichtlich, hab keine Angst! Sie werden nicht kämpfen.
BLEPYROS: Um was?
PRAXAGORA: Darum, *nicht* mit dir zu schlafen. Und deiner ist ja in jenem Zustand.
BLEPYROS: Für eure Sache hat das einen gewissen Sinn; denn es ist vorgesorgt, daß keine ein leeres Loch hat. Aber das Ding der Männer – was wird es machen? Sie werden doch davonlaufen vor den Häßlicheren, zu den schönen Männern aber hinmarschieren.
PRAXAGORA: Aber die geringeren Männer werden ein Auge auf die schöneren haben, wenn diese vom Essen kommen, und sie auf den öffentlichen Plätzen beobachten. Auch den Frauen wird nicht erlaubt sein, mit den schönen Männern zu schlafen, bevor sie den häßlichen und den kleinen ihre Gunst geschenkt haben.

Was Praxagora in V. 617 f. theoretisch entwickelt, wird den Zuschauern später in praxi vor Augen geführt. Doch Blepyros sieht im Zusammenhang mit der von seiner Frau verfügten Promiskuität ein weiteres Problem. Er fragt, wie der einzelne in der Lage sein werde, seine eigenen Kinder zu erkennen. Praxagora erklärt das für unnötig, da die Kinder alle Männer, die älter sind als sie, für ihre Väter halten würden. Nach einem kurzen Wortwechsel, der sich daran anschließt, trifft die «Strategin» zwei weitere Verfügungen: Das Land sollen die Sklaven bebauen, und die Kleidung werden künftig die Frauen herstellen.

In einer weiteren Neuerung, welche die Gynäkokratie mit sich bringen soll, steckt nach Blepyros' Ansicht eine Gefahr für Praxagora. Als diese verkündet, es werde keine Prozesse mehr geben, prophezeit er, der Ausspruch werde sie ruinieren. Damit will er offensichtlich sagen, daß die

Athener in ihrer notorischen Richtwut eine Regierung, die Gerichtsverhandlungen abschafft, voraussichtlich stürzen würden. Doch nachdem er das Thema kurz mit Praxagora diskutiert hat, läßt er es auf sich beruhen, und dann setzt sich sein Dialog mit ihr wie folgt fort (673–680a):

BLEPYROS: Aber was für eine Lebensform wirst du schaffen?
PRAXAGORA: Eine allen gemeinsame. Denn die Stadt werde ich zu einer einzigen Wohnung, sage ich, machen, indem ich alles in eins zusammenreiße, so daß jeder in jedermanns Haus gehen kann.
BLEPYROS: Und das Essen, wo wirst du das auftragen lassen?
PRAXAGORA: Die Gerichtsgebäude und die Säulenhallen werde ich alle zu Speisesälen für die Männer machen.
BLEPYROS: Aber die Rednerbühne, wozu brauchst du die?
PRAXAGORA: Um die Mischkrüge hinzustellen und die Wasserkannen, und dort sollen die Knaben Poesie rezitieren über die Tapferen im Krieg und auch über jeden, der feige gewesen ist, so daß sie vor Scham nichts essen.

Losurnen, so fährt Praxagora fort, würden künftig dazu dienen, daß jeder durch Los seinen Kennbuchstaben erhält, der ihm anzeigt, an welchem Ort er speisen soll. Damit hat sie das Ende ihrer Ausführungen erreicht und betont in den kurzen Versen des Pnigos, was für eine Komödie besonders wichtig ist: daß es in Fülle zu essen und anschließend Sex geben werde, freilich nur unter bereits genannten Bedingungen, die vorsehen, daß die weniger attraktiven Männer den jungen und schönen zurufen, wenn diese zu den schönen Frauen eilen (703b–709):

«He du, wo rennst du hin?
Du wirst auf keinen Fall etwas ausrichten, wenn du hinkommst.
Denn den Plattnasigen und den Häßlichen
ist durch Beschluß zugesichert, zuerst zu ficken,
euch aber, inzwischen zu nehmen die Blätter
eures Doppelfrucht tragenden Feigenbaums
und draußen vor der Tür zu wichsen!»

Als Praxagora Blepyros und den Nachbarn fragt, ob ihnen das gefalle, sagen beide, wohl weil sie alte Männer sind, freudig ja. Darauf verkündet sie ihnen, daß sie sich jetzt zur Agora begebe, um das Gemeinschaftsessen schon für denselben Tag zu organisieren. Außerdem wolle sie Prostitution verbieten und anordnen, daß Sklavinnen künftig nur mit Sklaven schlafen dürfen. Nachdem Praxagora das hat verlauten lassen, tritt sie von der Bühne ab, und Blepyros begleitet sie. Er will, wie er sie wissen läßt, dicht an ihrer Seite gehen, damit die Leute ihre Blicke auf ihn richten und sagen (V. 727):

«Den Mann der Strategin da, bewundert ihr ihn nicht?»

Dann endet die Szene damit, daß der Nachbar erklärt, er wolle, um seine Sachen zur Agora zu bringen, seine Habe vorher fertigmachen und inspizieren. Als er in sein Haus gegangen ist, erfolgt die erste Choreinlage, die uns der Text durch *CHOROU* anzeigt.

Man hat immer wieder danach gefragt, ob Aristophanes für das «kommunistische Manifest» der Praxagora eine literarische Quelle benutzte. Für eine solche interessierte man sich vor allem deshalb, weil die berühmteste Utopie der Antike, die Güter- und Frauengemeinschaft vorsieht, Teil eines philosophischen Werks ist, das rund 20 Jahre nach den *Ekklesiazusen* erschien: Platons *Staat*. Die Lebensform, die dort im dritten und fünften Buch dem Stand der Wächter vorgeschrieben wird, weist auffällige Parallelen mit der von Praxagora vorgesehenen auf; hier ein paar signifikante Beispiele: Wie die von den Frauen beherrschten Athener bei Aristophanes verfügen die Wächter über kein Privatvermögen (416d und 464d); sie speisen alle gemeinsam (416e); bei Festen sollen Lieder zu Ehren tapferer Krieger ertönen (468d); alle Frauen gehören allen Männern gemeinsam (457c), und weder sollen die Eltern ihre Kinder noch die Kinder ihre Eltern kennen (457d). Was keinerlei Entsprechung bei Platon hat, ist die in den oben zitierten Versen 615b–629 von Praxagora vorgetragene Regelung, daß häßliche Männer und Frauen, wenn es zum Sex kommt, den Vorrang haben, aber so etwas hat auch nur in einer Komödie Platz. Außerdem fehlt bei Platon, daß die Frauen die Textilproduktion übernehmen, sowie das in V. 662b–672 zum Thema «Abschaffung von Prozessen» Gesagte. Weil sehr schwer vorstellbar ist, daß Aristophanes mit dem Denkmodell Platons bereits in den neunziger Jahren des 4. Jahrhunderts v. Chr. vertraut war, hat man nach einer Vorlage der beiden Autoren geforscht, aber nicht einmal Fragmente einer solchen entdecken können. Gewiß, die Lebensform der Spartaner, wie sie uns Xenophon (*Staat der Lakedämonier* 1.7–9) und Plutarch (*Leben des Lykurg* 15.12 f.) schildern, stimmt in einigen Punkten sowohl mit derjenigen der Untertanen Praxagoras als auch derjenigen der Wächter überein. Aber die Berührungen zwischen Aristophanes und Platon sind enger als die zwischen ihren Texten und dem spartanischen Modell; dort gibt es zu einigen der von den beiden Autoren verwendeten Motive gar kein Äquivalent. So wird man vermuten dürfen, daß Aristophanes den Großen Plan der Protagonistin in den *Ekklesiazusen* selbst erdachte. Und daraus folgt, was Alan Sommerstein gezeigt hat (1980 ff., Bd. 10, 11–18): Praxagoras Athen diente sehr wahrscheinlich dem Wächterstaat als Vorbild. Wenn das zutrifft – und es spricht zumindest nichts dagegen –, dürfen die *Ekklesiazusen* in der Tat, wie der Gelehrte es ausdrückt, als «die geistig einflußreichste aller antiken Komödien» gelten (ebd. 17).

Praxagorismus in praxi

Nach dem Abgang der Protagonistin, des Blepyros und des Nachbarn beginnen drei epeisodische Szenen, in denen drei wichtige Punkte des von Praxagora entwickelten Programms in die Praxis umgesetzt werden: die Abgabe von privatem Besitz an die Polisgemeinschaft, die Wahrnehmung des Rechts auf erste Wahl des Sexpartners durch Häßliche und die staatlich organisierte Speisung aller Bürger. Die erste Szene (730–876) wird dadurch eröffnet, daß der Nachbar wieder auf die Bühne kommt und zwei Sklaven seine Habe aus dem Haus tragen, um sie in Reih und Glied wie für einen Festzug aufzustellen. Während dies geschieht, tritt ein Mann auf, sagt zu sich selbst, er wolle seine Sachen nicht eher abliefern, als bis er herausgebracht habe, was die Aktion bedeutet, und führt dann mit dem Nachbarn ein Gespräch über Sinn und Zweck von dessen Tun. Er erklärt ihm, daß er es für dumm halte, nicht abzuwarten, was die anderen machen, und daß die Athener bei den von ihnen gefaßten Beschlüssen nicht bleiben würden. Mitten in dem Dialog der beiden Männer erscheint eine Heroldin und fordert alle Bürger auf, zur Strategin zu gehen, damit sie das Los ziehen, das ihnen ihren Speiseort zuweist. Denn die Tische – so fährt sie fort – seien gedeckt, und sie nennt mehrere Delikatessen, die bereitstünden. Als der systemkritische Mann nun verkündet, er wolle sich zu dem Gemeinschaftsessen begeben, bestreitet ihm der Nachbar die Berechtigung dazu, debattiert noch ein wenig mit ihm, befiehlt den zwei Sklaven, seinen Besitz aufzuladen, und verläßt mit ihnen die Bühne. Der «Dissident» sagt, bevor auch er abtritt und danach eine Choreinlage zur nächsten Szene überleitet (872–876):

Beim Zeus, auf jeden Fall ist ein Kunstgriff erforderlich,
damit ich meinen vorhandenen Besitz behalten kann und mit denen da

irgendwie meinen Teil bekomme von dem Teig, der gemeinsam geknetet wird. Mir scheint, so ist es richtig. Ich muß mich mit ihnen auseinandersetzen, um essen zu können – ohne zu zögern.

Ein großer Teil der Aristophanes-Interpreten ist der Ansicht, durch die drei epeisodischen Szenen demonstriere der Dichter, daß das Programm der Praxagora scheitere, und gebe somit zu verstehen, er betrachte das kommunistische Staatsmodell mit Ironie; diesmal also sei er dem Großen Plan gegenüber negativ eingestellt, während er etwa den Abschluß des Privatfriedens durch Dikaiopolis in den *Acharnern* als eine sinnvolle Tat begriffen wissen wolle. Diese Interpretation, die ich für verfehlt halte, ist vermutlich dem Zeitgeist der Epoche verhaftet, in der sie am häufigsten vertreten wurde. Es war die Ära des Kalten Krieges in den fünfziger bis achtziger Jahren des 20. Jahrhunderts, in der im Westen das konservative Bürgertum, darunter viele Altphilologen, das politische System des Ostblocks kategorisch für verfehlt erklärte, während es Friedensinitiativen jeder Art begrüßte. Gut, der Gefahr, Erfahrungen der eigenen Gegenwart in die Exegese antiker Texte einzubringen, dürfte keiner, der sich mit ihnen befaßt, ganz und gar entgehen können. Aber im Falle der *Ekklesiazusen* beruht die «ironische» Interpretation nicht allein auf einem zeitbedingten Vorurteil, sondern auch auf einer Mißdeutung des Textes. Denn weder aus der Szene mit dem Nachbarn und dem Systemkritiker noch aus den beiden dahinter plazierten kann man herauslesen, daß die Politik der Protagonistin sich als nicht praktikabel erweist. In der fiktiven Welt der Bühne wird der Große Plan hier ebenso erfolgreich durchgeführt wie in den *Acharnern* oder der *Lysistrate*. Doch selbstverständlich hätten all die komischen Ideen im Athen des späten 5. und beginnenden 4. Jahrhunderts v. Chr. nie und nimmer verwirklicht werden können, und das setzte Aristophanes, wie ich glaube, voraus. Er dürfte als Komödiendichter darauf abgezielt haben, daß seine Zuschauer über die Absurditäten lachten, mit denen Entwicklung und Realisierung eines Großen Plans verbunden sind. Daß sie einen solchen heftig kritisierten, weil er mit ihrer Alltagswelt nicht vereinbar war, wollte er schwerlich erreichen.

Nach Meinung derer, welche die Ironie-These verfechten, weckt in den *Ekklesiazusen* die mangelnde Bereitschaft des «Dissidenten», seinen Besitz abzuliefern, die Erwartung, es werde wegen des Egoismus der Menschen nicht zur Gütergemeinschaft kommen. Aber zu ihr trägt ja immerhin der Nachbar bei. Und der Systemkritiker spricht zwar von einem Kunstgriff, der ihm zur Einbehaltung seiner Habe verhelfen soll, aber wir erfahren nicht, welcher Art dieser sein soll und ob der Mann sich damit tatsächlich von seiner Abgabepflicht befreien kann. Außerdem hätte der

«Dissident», wenn er weiterhin zum Beispiel über ein privates Vermögen verfügen würde, davon in Praxagoras neuem Athen keinen Vorteil. Die erste der drei epeisodischen Szenen exemplifiziert somit durchaus das Funktionieren des Großen Plans, und das gilt ebenso für die zweite (877–1111). Sie beginnt damit, daß eine stark geschminkte ältere Frau, die in der mittleren Türöffnung der Skene steht, in einem Monolog sagt, sie hoffe, daß ein Mann vorbeigehen wird und sie ihn durch Tändeln und Singen eines Liedes einfangen kann. Doch erst einmal zeigt sich am Fenster über der Tür auf der rechten Seite ein junges Mädchen, das erklärt, es werde «dagegensingen» (V. 887). Sofort ahnt man, daß die Kontrahentin der Alten wie der «Dissident» es darauf anlegen wird, ein von Praxagora erlassenes Gesetz zu unterlaufen. Dieses sieht vor, daß das junge Mädchen erst nach der Seniorin Recht auf Sex hat, und am Ende der Szene wird dem auch Genüge getan. Aber bis dahin präsentiert uns Aristophanes eine Serie von Überraschungen, durch welche die Ausgangssituation total verändert wird. Das Ganze ist eine durch und durch witzige Groteske, die dem zeitgenössischen Publikum größtes Vergnügen bereitet haben dürfte.

Nachdem die beiden Frauen einander in einem mehrstrophigen Wechselgesang sehr derb beschimpft haben, giften sie sich in Sprechversen weiter an, und man erfährt, daß die Alte einen Jüngling namens Epigenes erwartet. Ihr prophezeit die Junge, der Mann werde ihr zeigen, daß er sie nicht begehrt. Dann verschwindet die eine hinter der Tür, die andere hinter dem Fenster, und Epigenes, der nun auftritt, bestätigt die Verheißung des Mädchens, indem er singt (938–941):

Wenn es doch gestattet wäre, mit der Jungen zu schlafen
und nicht Pflicht, vorher durchzupudern
eine Plattnasige oder eine Ältere.
Denn das ist unerträglich für einen freien Mann.

Zu der «Dissidentin» gesellt sich also ein «Dissident». Er wird zu dem von ihm gewünschten rechtswidrigen Verhalten sogleich von dem Mädchen ermuntert. Es erscheint am Fenster und lockt ihn durch ein Lied an, in dem es sein heftiges Verlangen nach ihm verrät und Eros anfleht, dafür zu sorgen, daß der Jüngling in ihr Bett kommt. Dieser antwortet mit einem Ständchen und klopft an die Tür der Jungen, doch es öffnet sich die Tür der Alten, die herauskommt und nun einen längeren Dialog mit Epigenes führt, in dem sie auf ihrem «Jus primae noctis» beharrt und dem Mann dieses sogar aus einer Schriftrolle verliest, während er sie schmäht und ihr dabei deutlich erklärt, daß er sich ihr verweigert. Das Gespräch

der beiden wird dadurch beendet, daß die Junge aus ihrer Tür tritt und zu
der Alten, die Epigenes in ihr Haus bringen will, sagt (1038–1042):

Du bist nicht recht gescheit.
Er hat doch noch nicht das Alter,
mit dir zu schlafen, jung, wie er ist.
Denn
du könntest eher seine Mutter sein als seine Frau!
Wenn ihr dieses Gesetz etabliert,
werdet ihr die ganze Erde mit Ödipussen füllen.

Daraufhin zieht sich ganz überraschend die ältere Frau in ihr Haus zurück, und Epigenes scheint mit dem Mädchen in der Tür auf der rechten Seite der Skene verschwinden zu können. Doch es folgt eine weitere Überraschung: Plötzlich öffnet sich die Tür auf der linken Seite, und eine Alte zeigt sich, die noch abstoßender ist als diejenige, die sich bisher um den jungen Mann bemüht hat. Sie fährt das Mädchen an, worauf es davonrennt, und dann erhebt sie in einem Dialog mit Epigenes Anspruch auf ihn. Als sie den Jüngling mit sich fortzureißen versucht, erleben wir die dritte Überraschung: Eine Alte, welche die anderen beiden Seniorinnen an Häßlichkeit noch erheblich übertrifft, kommt aus der rechten Tür des Bühnenhauses, und jetzt zerren die zwei Frauen an dem jungen Mann, während sie und er aufeinander einreden. So wird er schließlich von Greisin Nummer 3, während sich Greisin Nummer 2 noch an ihn klammert, in das rechts befindliche Haus geschleppt. Bevor er hinter der Tür verschwindet, beklagt er in einem Monolog sein Schicksal und richtet danach an das Publikum eine «letzte» Bitte (1105b–1111):

Falls mir (was ja häufig vorkommt) etwas zustößt
unter den Händen dieser beiden Dreckshuren, wenn ich in den Hafen hier
                           einlaufe,
begrabt mich direkt neben dem Mund der Einfahrt,
und die da *(zeigt auf die zweite Alte)* sollt ihr oberhalb meines Grabmals,
nachdem ihr sie bei lebendigem Leib überteert und dann über beide Füße
rings um die Knöchel herum flüssiges Blei gegossen habt,
oben aufstellen als Ersatz für eine Grabvase.

Vermutlich aus Mitleid für den jungen Mann als «Opfer» liebestoller Vetteln interpretieren die Philologen, die in den *Ekklesiazusen* die Ironisierung einer kommunistischen Staatsverfassung zu erkennen glauben, die zweite epeisodische Szene als Beleg für das Scheitern von Praxagoras Sexualordnung. Es ist aber vielmehr so, daß genau geschieht, was diese verfügt, und das soll ganz einfach amüsant sein und weiter nichts.

Gleich nach dem Abgang der Ménage à trois beginnt das Finale (1112–1183). Eine Sklavin der Praxagora tritt auf, preist das Volk, das Land, ihre Herrin, Frauen, Nachbarn, Bürger und sich selbst glücklich – sie ist gesalbt und hat guten Wein getrunken – und fragt den Frauenchor, wo Blepyros sei. Gleich darauf erscheint er, bekränzt und mit einem Mädchen an jedem Arm. Wir hören von der Dienerin, daß er als einziger noch nicht gespeist habe, und sie informiert ihn nun, auf Befehl seiner Frau solle sie ihn zum Essen holen; es seien noch Chierwein sowie «alle anderen guten Sachen vorhanden», und wohlgesonnene Zuschauer ebenso wie Preisrichter lade sie gleichfalls ein. Dazu meint Blepyros, sie solle das allen verkünden und niemanden auslassen; denn (1147 f.)

das Essen steht für sie bereit,
für alle miteinander – wenn sie nach Hause gehen.

«Alle miteinander» schließt nicht, wie man gemeint hat, Praxagoras Untertanen mit ein, sondern bezieht sich lediglich auf Zuschauer und Preisrichter. Ihnen wird erst der Mund wässrig gemacht und dann gleich eine Absage erteilt. Aristophanes erlaubt sich hier einen Witz auf Kosten des Publikums – einen ähnlichen macht er in der *Lysistrate* (S. 152) –, stellt also nicht etwa Praxagoras politisches Programm in Frage.

Trotz des Ausschlusses der Jury vom Festmahl bittet der Chorführer sie, den *Ekklesiazusen* den ersten Preis zu verleihen; die acht Langverse, in denen das zum Ausdruck gebracht wird (1155–1162), wirken wie der Ersatz für eine Szene, die in diesem Stück fehlt: die Parabase. Nach dem Appell an die Preisrichter fordert die Chorführerin den Chor auf, sich tanzend zur Mahlzeit hinzubewegen. Dann sagt sie Blepyros, er solle mittanzen und Praxagoras Sklavin sowie seine beiden Mädchen gleichfalls dazu antreiben. Bald nämlich gebe es, wie jetzt der Chor singt (1169–1175a),

Schüsselschnetzelrochenhaifisch-
hirnwurstessigrettich-
knoblauchkäsehonigsoße-
drosselaufamselringturteltauben-
hähnchengrillhirnschnepfenwachtel-
hasensiruptunken-
schlemmerflügel.

Das ist das längste uns in altgriechischer Sprache überlieferte Wort, und es verheißt wahrhaftig ein mehr als lukullisches Mahl. Doch am Ende des Liedes vernimmt Blepyros (1175b–1178):

Du aber, nachdem du dies gehört
hast, nimm schnell und geschwind dir eine Schüssel.
Dann hol dir schleunigst
– Erbsenbrei, damit du speisen kannst.

Soll das nun doch noch bedeuten, daß es bei Praxagora keine der aufgezählten Delikatessen gibt? Nein, das muß man selbst aus diesen Versen nicht folgern. Denn jedes Festessen ist irgendwann einmal verzehrt, und Blepyros kann deswegen widerfahren, daß er nur noch Erbsenbrei vorfindet. Er sagt daher lediglich, irgendwo werde man doch wohl schlingen, und verläßt in Begleitung der drei Mädchen und des Chors die Bühne; dieser beschließt das Stück mit den gesungenen Worten:

Hoch das Bein, iai, euai!
Wir werden speisen, euoi, euai,
euai, wie bei einem Sieg.
Euai, euai, euai, euai!

Um es nochmals zu betonen: Auch in den *Ekklesiazusen* wird der Große Plan realisiert, scheitert also nicht und ist keineswegs Objekt der Ironie des Dichters. Und das gilt, wie wir jetzt sehen werden, ebenso für die komische Idee, welche die Handlung des *Plutos* in Gang setzt.

Auf dem Weg zur Plutokratie

Der *Plutos,* 388 aufgeführt, wird wie die *Frösche* dadurch eröffnet, daß ein Sklave redet, der mit seinem Herrn unterwegs ist. Aber diesmal hat der Sklave – er heißt Karion – nicht wie Xanthias in dem älteren Stück eine Nebenrolle, sondern fungiert neben seinem Herrn Chremylos als wichtigste Figur der dramatischen Aktion. Damit steht er für uns am Anfang der Reihe von Dienergestalten, die in der hellenistischen Komödie sowie in den von ihr abhängigen Stücken des Plautus (um 240–184 v. Chr.) und Terenz (um 195 v. Chr.–nach 159 v. Chr.) durch ihre Intrigen und Späße das Geschehen ebenso wesentlich mitbestimmen wie in vielen Lustspielen der Neuzeit. Schon zu Karions ersten Worten gibt es motivische Entsprechungen in Äußerungen, wie wir sie von Domestiken aus Theaterstücken seit der Renaissance kennen; man vergleiche etwa V. 1 f. des *Plutos* mit V. 1–4 des *Don Giovanni* von Wolfgang Amadeus Mozart und Lorenzo Da Ponte in der Übertragung von Johann Friedrich Rochlitz:

KARION: Was für ein mühevolles Ding ist es, Zeus und ihr Götter,
Sklave eines verrückten Herrn zu sein!

LEPORELLO: Keine Ruh bei Tag und Nacht,
nichts, was mir Vergnügen macht.
Schmale Kost und wenig Geld,
das ertrage, wem's gefällt!

Was Karion konkret zu beklagen hat, ist dies: Chremylos, mit dem er sich auf der Rückkehr vom Apollon-Heiligtum in Delphi nach Athen befindet, läuft seit dem Abmarsch von dort einem blinden Mann hinterher. Nach dem Grund dafür hat sich der Sklave bei seinem Herrn mehrfach erkundigt, kriegt aber erst jetzt eine Antwort. So erfährt er, Chremylos habe das Orakel des Gottes gefragt, ob sein Sohn ein Schurke werden solle, weil das, wie er meint, im Leben nütze; es sei ihm gesagt worden, er solle dem ersten, der ihm nach Verlassen des Tempels begegne, bis vor sein Haus nachfolgen. Das war dann jener Blinde, und dieser stellt sich den beiden Männern, nachdem er die Preisgabe seiner Identität eine Weile verweigert hat, als Plutos, der personifizierte Reichtum, vor. Warum er nicht sehen kann, erklärt er so: Als junger Mann habe er Zeus gedroht, er würde allein zu den Gerechten, Weisen und Anständigen gehen, woraufhin ihm von dem Gott, damit er keinen von ihnen erkenne, das Augenlicht genommen worden sei. Nun, dem Manne kann geholfen werden, und damit zugleich den Gerechten, Weisen und Anständigen: Chremylos wird – das ist die Voraussetzung für die Verwirklichung des Großen Plans (S. 209) – den blinden Plutos sehend machen. Dieser lehnt das aus Angst vor Zeus zunächst ab. Doch Chremylos und Karion belehren ihn darüber, daß er über weit mehr Macht verfüge als der Göttervater. Nur deshalb herrsche dieser über die Götter, weil er das meiste Geld besitze. Das wiederum verschaffe ihm Plutos. Und Geld sei es ja allein, weswegen die Menschen Zeus Opfer darbrächten. Überhaupt werde alles nur wegen des Reichtums getan, wie Herr und Diener dem, der ihn personifiziert, anhand mehrerer Beispiele belegen; etwa so (160–168):

CHREMYLOS: Alle Handwerke und Fertigkeiten sind deinetwegen
bei den Menschen erfunden worden.
Denn der eine sitzt da und schneidet Leder,
der andere schmiedet, der wieder zimmert,
der schmilzt Gold, wobei er das Gold von dir bekommt –
KARION: Der raubt Kleider, beim Zeus, und der bricht ein –
CHREMYLOS: Der walkt –

KARION: Der wäscht Felle aus –
CHREMYLOS: Der gerbt –
KARION: Der verkauft Zwiebeln.
CHREMYLOS: Der wird, als Ehebrecher ertappt, deinetwegen gerupft.

Ja, Geld regiert die Welt – und mit ihm Plutos. Der sieht das aufgrund der Argumentation von Herr und Diener auch ein. Als er nun fragt, wie er die Macht, die er laut Aussage der beiden habe, richtig in die Hand bekommen könne, wiederholt Chremylos sein Versprechen, ihn sehend zu machen, und verheißt die Unterstützung durch Bundesgenossen: die armen Bauern. Karion soll diese herbeirufen, auf daß jeder von ihnen erscheinen und seinen Teil an Plutos erhalten könne. Während der Sklave sich aufs Land begibt, um zu tun, was ihm aufgetragen ist, bringt Chremylos den personifizierten Reichtum in sein Haus.

Es folgt die Parodos (253–321), die in zwei Teile zerfällt: einen Wortwechsel Karions mit dem Chorführer in jambischen Tetrametern und ein aus zwei Strophenpaaren und einem Nachgesang bestehendes Lied, in dem außer dem Chor sich wiederum Karion vernehmen läßt. Der Sklave verrät den Bauern, die wieder einmal ältere Männer sind, nicht sofort, daß sie reich werden sollen, sondern treibt erst ein wenig seinen Spott mit ihnen. Um so erfreuter sind sie, als sie seine Botschaft hören, und wollen sogleich einen Tanz beginnen. Karion eröffnet ihn, indem er in der Rolle des Kyklopen Polyphem herumspringt und singt (290–295):

Nun denn, ich will – tra la la – den Kyklopen
nachahmen und, die beiden Füße so hin und her bewegend,
euch führen. Hopheißa, ihr Kleinen, immer wieder ertönen lassend
der blökenden Schafe
und stinkenden Ziegen Gesänge.
Folgt mir mit entblößter Eichel: Als Böcke werdet ihr frühstücken.

Zum letzten Mal im dramatischen Werk des Aristophanes wird es jetzt und nur jetzt richtig obszön. Denn während Karion V. 295 singt, führt er seinen Lederphallos zum Mund. Dadurch imitiert er, wie schon die Scholien anmerken, die Ziegenböcke, die nach der Paarung ihre Genitalien lecken. Also fordert der Sklave durch seine Worte und die damit verbundene Geste die Bauern auf, wie er zu «frühstücken». Ausgelassener kann man Jubel über die Aussicht auf Reichtum schwerlich artikulieren. Das geschieht in Anspielung auf den Prototypen des ebenso derben wie geilen Schaf- und Ziegenhirten, zu dem Polyphem durch Philoxenos von Kythera (435/34–380/79 v. Chr.) gemacht wurde und als der er über das

6. und 11. Idyll Theokrits (1. H. 3. Jh. v. Chr.) und Buch 13 der *Metamorphosen* Ovids (43 v. Chr. – um 17 n. Chr.) Eingang in die Weltliteratur fand. In einem (verlorenen) Dithyrambos, den Aristophanes hier parodiert, hatte Philoxenos die in Buch 9 der *Odyssee* Homers erzählte Geschichte von der Begegnung des Odysseus mit dem Kyklopen erweitert, indem er ihn als singenden und Kithara spielenden Liebhaber der Meernymphe Galatea darstellte. Ihm wurde dann freilich wie in dem Epos durch den Helden und dessen Gefährten sein eines Auge ausgestochen. Und genau das drohen die Bauern in Teil 2 des ersten Strophenpaars Karion-Polyphem in der Rolle der Mannen des Odysseus an. Danach übernimmt der Sklave in Teil 1 des zweiten Strophenpaars den Part der Zauberin Kirke, die gleichfalls aus der *Odyssee* bekannt ist (Buch 10). Darauf reagieren die Chorsänger in Teil 2 wiederum als die Gefährten des Helden so (309–315):

Also werden wir dich, Kirke, sie, die Zaubertränke mischte
und unsere Gefährten verhexte und besudelte,
mit Freuden nehmen,
indem wir nachahmen den Laërtes-Sohn, und an den Hoden aufhängen
und mit Kot beschmieren wie die Nase eines Ziegenbocks
die deine. Du aber wirst mit halboffenem Mund wie Aristyllos sagen:
«Folgt der Mutter, ihr Ferkel!»

Sehr locker mit dem dramatischen Geschehen verknüpft, repräsentiert das Lied Karions und des Chors die Lyrik des Aristophanes für uns zum letzten Mal – der *Plutos* war auch die letzte Komödie, die der Dichter inszenierte –, und das in der seit den *Acharnern* vertrauten Mischung aus derbem Inhalt und anspruchsvoller Verskunst. Im Text sind Choreinlagen danach nur noch durch die Notiz *CHOROU* markiert (S. 196).

Als die Handlung nach dem Lied und dem ersten *CHOROU* (V. 321/22) mit einem Auftritt des Chremylos und einem kurzen Dialog zwischen ihm und dem Chorführer fortgesetzt wird, ist, weil Plutos nach wie vor nicht sehen kann, die «Plutokratie» noch nicht errichtet. Aber Chremylos beherbergt Herrn Reichtum bereits in seinem Haus und somit zugleich das, was dieser verkörpert. Die Kunde davon hat sich rasch verbreitet, und deshalb möchte nun Nachbar Blepsidemos Näheres wissen. Ihn verwundert, daß Chremylos reich geworden ist und daß dieser seine Freunde kommen läßt; letzteres findet der Nachbar, wie er in einem sogenannten «Scheinmonolog» verrät – er spricht ihn in Anwesenheit des Chremylos –, keineswegs landesüblich. Chremylos antwortet auf die Frage des Blepsidemos, ob er wahrhaftig reich geworden sei, er werde es bald sein, aber in der Sache stecke Gefahr. Da er nicht direkt zu erkennen gibt, worin diese bestehe, wittert der Nachbar Unrat. Chremylos meint offensichtlich, es sei riskant, gegen den Willen des Zeus zu handeln, doch Blepsidemos argwöhnt, der plötzliche Reichtum sei durch Beraubung des Tempels in Delphi erworben. Die beiden Männer reden eine Weile aneinander vorbei, bis Blepsidemos, der fürchtet, daß Chremylos Schwierigkeiten mit der Volksversammlung kriegen werde – sie könnte beschließen, ihn an die Delpher auszuliefern –, dem «Verdächtigen» anbietet, die Politiker in der Ekklesie mit Geld zu bestechen. Empört unterstellt Chremylos dem Nachbarn Gier nach dem Profit, den er als «Anwalt» dabei verlangen würde. Offenbar um sich zu rechtfertigen, malt Blepsidemos Chremylos aus, wie dieser bittflehend mit Frau und Kindern auf der Rednerbühne (am unteren Ende der Pnyx) sitzen werde. Da sagt Chremylos etwas, was für die Interpretation der gesamten Komödie wichtig ist (386–388a):

Nein, du armer Tropf, vielmehr werde ich allein die Braven
und die Vernünftigen und die Anständigen,
nur sie allein, reich machen.

Wie aus den Versen hervorgeht, sieht der Große Plan des Chremylos nicht nur vor, daß Plutos von seiner Blindheit geheilt und so in die Lage versetzt wird, das Weltregiment von Zeus zu übernehmen, sondern zielt auch auf eine erzieherische Aktion: Weil Plutos sich allein in die Häuser der guten Menschen begeben soll, werden alle, weil jeder reich sein möchte, nunmehr brav, vernünftig und anständig. Das lesen wir hier nicht, es ist aber, wie sich später zeigt (496 f.; S. 211), impliziert, und wer will, kann sogar einen Appell zur Besserung der Sitten heraushören. Es dürfte unter anderem der «pädagogische Aspekt der Plutos-Herrschaft» (Heberlein 1980, 150) gewesen sein, der den *Plutos* in Mittelalter und Renaissance zur beliebtesten Komödie des Aristophanes werden ließ. Das als «moralisch» geltende Stück wurde in Byzanz am häufigsten abgeschrieben und im 15./16. Jahrhundert mehrfach von Humanisten übertragen – ebenso ins Lateinische wie in verschiedene Volkssprachen.

Zurück zum Dialog Chremylos/Blepsidemos! Kurz nach den gerade zitierten Versen klärt sich das Mißverständnis. Der Nachbar erfährt, daß Plutos bei Chremylos wohne, aber erst dann zu den Freunden gesandt werden könne, wenn er sehend gemacht worden sei. Und das solle im Heiligtum des Heilgottes Asklepios – gemeint ist vermutlich das im Piräus befindliche – erfolgen. Als Chremylos von Blepsidemos aufgefordert wird, eilends zu handeln, und er sich schon anschickt, Plutos aus seinem Haus zu holen, geschieht etwas Unerwartetes. Ein schrecklich anzuschauendes altes Weib tritt auf und schreit die beiden Männer an: Sie würden eine gottlose und widerrechtliche Tat wagen. Als die zwei und die Frau einander kurze Zeit beschimpft haben, sagt die Alte, wer sie ist: Penia, die personifizierte Armut. Sie kommt als Gegnerin des Großen Plans, und so erleben wir zum letzten Mal, wie ein solcher vom Protagonisten, der ihn gefaßt hat, in einem Streitgespräch verteidigt wird.

«Du wirst nicht überzeugen, auch wenn du überzeugst!»

Als Penia sich vorgestellt hat, will Blepsidemos weglaufen, aber Chremylos hält ihn zurück, so daß er als Dritter an dem kurz darauf beginnenden epirrhematischen Agon (487–618) teilnehmen kann. Allerdings redet er dann nicht viel und fungiert auch nicht als Bomolochos. Es ist jetzt ohnehin wenig übrig von dem einst für *Ritter*, *Wespen* und *Wolken* gleich zweimal und dabei stets in der vollständigen Form verwendeten Szenentyp. Nachdem Aristophanes schon in den *Ekklesiazusen* auf die zweite Hälfte mit den korrespondierenden Teilen verzichtet hat, fehlt sie hier gleichfalls und mit ihr die Ode; wir haben also nur noch Katakeleusmos, Epirrhema und Pnigos. Dabei handelt es sich diesmal jedoch nicht um einen Darlegungsagon (S. 196), sondern beide Kontrahenten, Chremylos und Penia, tragen abwechselnd ihre Argumente vor. Diese haben für einen unvoreingenommenen Betrachter jeweils so viel Gewicht, daß weder der alte Mann noch Frau Armut eindeutig den Sieg erringen. Aber Chremylos bricht, als beide ihren Standpunkt ausführlich vertreten haben, die Debatte abrupt ab, indem er folgende Worte sagt, die vielleicht nicht zufällig fast genau in der Mitte der Komödie stehen (598–600):

Nun verschwinde und sag
auch nicht einen Ton mehr.
Du wirst nicht überzeugen, auch wenn du überzeugst!

V. 600 erinnert an das «geflügelte Wort» *hoc volo, sic iubeo; sit pro ratione voluntas* («Das will ich, so befehle ich es; es gelte statt einer Begründung mein Wille»; Juvenal, *Satiren* 6.223). In diesem Sinne muß Chremylos auf jeden Fall «argumentieren», wenn er seinen Großen Plan trotz der beherzigenswerten Einwände, die Penia vorbringt, realisieren will. Er beabsichtigt nun einmal, die Braven, Vernünftigen und Anständigen reich zu machen, und das wird ihm gelingen. Ja, und er weiß mit seiner Planerfüllung, wie sich bei der Besprechung der epeisodischen Szenen zeigen wird, durchaus zu überzeugen – zumindest im Bereich der fiktiven Bühnenwelt, welche die zeitgenössischen Zuschauer von ihrem Erfahrungsbereich so gut zu unterscheiden wußten, daß sie sich über ein wahr gewordenes Märchen ohne weiteres amüsieren konnten. Noch weniger als der Text der *Ekklesiazusen* liefert derjenige des *Plutos* eine Handhabe für die (mehrfach verfochtene) These, Aristophanes wolle den Großen Plan ironisch betrachtet wissen.

Der Agon zwischen Chremylos und Penia beginnt damit, daß der alte Mann nochmals sagt, was er mit seinem *boúleuma* («Plan») bezweckt: Sehend gemacht, werde sich Plutos zu den Guten begeben, vor den Schlechten und Gottlosen aber fliehen, und das werde bewirken – jetzt formuliert er es explizit –, daß Plutos alle dazu bringt, brav zu sein und die Götter zu verehren. Für die Menschheit, so fährt Chremylos fort, könne man nichts Besseres finden, da zur Zeit die Schlechten reich seien, während es den Braven schlecht gehe und sie arm seien. Dem entgegnet Penia (510–516):

Wenn Plutos wieder sehen könnte und sich selbst gleichmäßig verteilen würde,
würde sich weder eines Handwerks noch einer Fertigkeit befleißigen
          von den Menschen
irgendeiner. Und wenn diese beiden verschwunden sind, wer will dann noch
schmieden oder Schiffe bauen oder nähen oder Räder anfertigen
oder Leder schneiden oder Ziegel anfertigen oder waschen oder gerben
oder den Erdboden mit Pflügen aufreißen und die Frucht Demeters ernten,
wenn euch erlaubt ist, untätig zu leben und euch um all dies nicht zu kümmern?

Hatten Chremylos und Karion in V. 160–168 (S. 206 f.) gesagt, Handwerk und andere Fertigkeiten würden praktiziert, damit der Mensch Reichtum erwerbe, so äußert Penia nun zunächst im Grunde denselben Gedanken: Das geschehe nur unter der Voraussetzung, daß nicht jeder reich sei. Denn damit meint sie offensichtlich, Handwerk und Fertigkeiten würden praktiziert, damit der Mensch Armut vermeide. Sie will aber dies zum Ausdruck bringen: Wäre jeder reich, würde niemand arbeiten. Damit hat sie zweifellos recht. Entsprechend schwach ist Chremylos' Argument, die genannten Tätigkeiten würden, wenn alle reich wären, die Sklaven verrichten; wiederum mit Recht erwidert Penia, in diesem Fall würde es keine Sklavenhändler mehr geben, so daß Chremylos vielmehr selbst noch mehr arbeiten müßte als bisher. Er werde sich seines Reichtums nicht erfreuen können, wenn niemand ihm die damit verbundenen Bequemlichkeiten verschaffe. Sie jedoch schenke den Menschen Fülle, indem sie sie zum Arbeiten anhalte. Aus dieser Argumentation greift Chremylos lediglich heraus, daß Penia sich selbst als etwas Gutes darstellt, und kontert mit einer Schilderung der Daseinsbedingungen armer Leute, die sich wie ein im Detail sorgfältig ausgemaltes Genrebild liest und mit einer sarkastischen Bemerkung endet (535–547):

Könntest du irgend etwas Gutes verschaffen außer Brandblasen im Badehaus
und Geschrei halbverhungerter Kinder und alter Weiber?
Und der Läuse und Mücken und Flöhe hohe Zahl kann ich dir nicht einmal
                                                                    sagen
vor lauter Menge, sie, die summend deinen Kopf belästigen,
dich aufwecken und sagen: «Du wirst verhungern. Also steh auf!»
Und außerdem statt eines Mantels Lumpen zu haben! Statt eines Bettes
ein Lager aus Binsen voller Wanzen, das die Schlafenden weckt!
Und ein verfaultes Rohrgeflecht zu haben statt einer Decke. Statt eines Kissens
einen gewaltigen Stein am Kopf! Zu essen statt Brot
Malvenstengel, statt Gerstenkuchen Blätter von dürrem Rettich,
statt eines Stuhls das Oberstück eines zerbrochenen Krugs, statt eines Backtrogs
die eine Seite eines Fasses, dazu noch zersprungen. Zeige ich nun auf,
daß du für alle Menschen die Ursache von vielem Guten bist?

Ebenso gut gebrüllt, Löwe! Denn Armut dürfte zur Zeit des Aristophanes vieles von dem, was Chremylos nennt, mit sich gebracht haben, und nicht nur das Leben von Bettlern, wie Penia in Erwiderung auf die zitierten Verse behauptet. Wenn sie kurz danach argumentiert, Reichtum verursache eine schlechte Moral, kann Chremylos ihr nur recht geben, droht ihr aber gleichzeitig Schläge für den Fall an, daß sie ihm und Blepsidemos weiterhin einreden wolle, Armut sei besser als Reichtum. Schon damit kündigt er seine willkürliche Beendigung der bisher unentschieden verlaufenen Diskussion an. Es kommt dann auch kein Thema mehr, zu dem einer von den beiden Kontrahenten etwas sagt, das eine klare Entscheidung des Agons erlaubt, und so wird Penia schließlich, nachdem Chremylos die oben zitierten Verse 598–600 gesprochen hat, davongejagt. Endlich kann jetzt in die Wege geleitet werden, was durch die Intervention Penias unterbrochen wurde: Chremylos ruft ins Haus, Karion solle Decken herausbringen – man wird sie benötigen, um sich im Asklepiostempel während der Heilung des Plutos darauf zu betten –, ferner diesen selbst sowie weitere bereitgelegte Dinge, und als der Sklave mit dem Blinden und allem anderen erscheint, verlassen die beiden zusammen mit Chremylos die Bühne. Eine Choreinlage überbrückt die Zeit, während derer die drei sich in dem Heiligtum aufhalten.

Nachdem in der rund 300 Verse umfassenden und im Text von den beiden ersten *CHOROU*-Notizen gerahmten Szene mit Chremylos, Blepsidemos und Penia (322–626) der erstere dominiert hat, fällt in der nächsten

(627–801) die führende Rolle dem Sklaven Karion zu. Dieser preist bei seinem Auftreten die alten Bauern, die den Chor bilden, und alle Braven glücklich, ohne das zu begründen. In seiner Antwort auf ihre Frage, was denn los sei, zitiert er teilweise aus einer der beiden Tragödien des Sophokles über den blinden Seher Phineus (633–636); ich übertrage die Passage in deutsche jambische Trimeter:

Mein Herr, der hat das allerhöchste Glück erlebt,
doch mehr als er noch Plutos selbst. Denn nicht mehr blind
ist er, die Augen sind gesund und leuchten hell;
er fand Asklep als einen wohlgesinnten Arzt.

Weil in Tragödien die Artikulation starker Affekte – hier des Jubels – oft durch das sehr bewegte dochmische Versmaß (*kurz/lang/lang/kurz/lang*) untermalt wird, reagiert der Chor auch jetzt mit Dochmien; die vier Verse, von denen drei in diesem Metrum verfaßt sind, lauten (637–640):

CHOR: Du sagst Freude mir, du sagst, schrein soll ich!
KARION: Magst wollen oder nicht – für Freude ist nun Zeit!
CHOR: Asklep ruf ich an: Mit Kindern beglückt,
ist Sterblichen er ein mächtiges Licht!

Natürlich kann die metrische Wiedergabe das Original nicht adäquat nachahmen, aber ich wollte hervorheben, daß die Verse 637 und 639 f. endgültig die letzten von einem Chor gesungenen sind, die wir in den überlieferten Komödien des Aristophanes lesen.

Mit V. 641 kommt die Frau des Chremylos auf die Bühne, und ihr erstattet Karion einen detaillierten Bericht darüber, wie Plutos durch den Heilgott sein Augenlicht zurückerhielt. Zu dem, was wir nun lesen, gibt es etwas Vergleichbares in der Tragödie. Denn dort wird hinterszenisches Geschehen durch längere und bei Einzelheiten verweilende Erzählungen vergegenwärtigt, die man als Botenberichte zu bezeichnen pflegt. Bei Aristophanes findet sich eine ausgiebige Schilderung solcher Art nur im *Plutos*, aber dann mehrfach bei Menander und in den von der Neuen Komödie abhängigen Stücken des Plautus und Terenz. Das komische Drama verträgt es aber weit weniger als das tragische, daß ein und dieselbe Person eine größere Anzahl von Versen narrativen Charakters am Stück spricht. Deshalb unterscheidet sich ein ausführlicher Bericht bei den drei genannten Dichtern in einem Punkt von einer Tragödie: Er wird immer wieder durch Zwischenbemerkungen eines Zuhörers unterbrochen. So ist es auch in der Szene des *Plutos*, in der Karion vermeldet, was er im

Asklepiostempel erlebt hat. Dabei redet die Frau des Chremylos, die dem Bericht lauscht, sozusagen in Stellvertretung der Zuschauer, indem sie Kommentare zu der Erzählung abgibt, die von ihnen stammen könnten.

Ich möchte ein Textbeispiel zitieren, aber da ich es aus der Mitte der Szene nehme, sei erst paraphrasiert, was der Sklave bis dahin berichtet. Laut Karion wurde Plutos, als man beim Heiligtum angelangt war, rituell mit Meerwasser gereinigt. Danach legten Herr und Diener Opfergaben auf den Altar, betteten Plutos zur Ruhe und ließen sich selbst auf ihren Lagern nieder. Obwohl die Lichter gelöscht waren, konnte Karion nicht schlafen, weil er Weizenbrei roch, den eine alte Frau in einem Topf neben sich stehen hatte. Weil er sah, daß der Asklepiospriester Kuchen und Feigen vom Altar stahl, bewegte er selbst sich in Richtung Topf, doch als die Alte ihn kommen hörte, streckte sie die Hand unter ihrer Decke hervor. Daraufhin zischte Karion, als wäre er die dem Asklepios heilige Schlange. Hier nun der Textausschnitt (691–706):

KARION: Sie zog sofort die Hand wieder zurück,
lag still da, nachdem sie sich eingewickelt hatte,
und furzte vor Angst heftiger stinkend als ein Wiesel.
Und ich konnte jetzt viel von dem Brei vertilgen.
Dann, als ich voll war, ruhte ich wieder.
FRAU: Aber kam der Gott nicht zu euch?
KARION: Noch nicht.
Danach aber schon. Und etwas sehr Lustiges hab ich
da gemacht. Denn als er herankam, ließ ich sehr laut
einen krachen. Mein Bauch war nämlich gebläht.
FRAU: Deshalb hat er sich ja wohl sogleich vor dir geekelt.
KARION: Nein, aber <seine Tochter> Iaso, die ihm folgte,
wurde rot, und <seine andere Tochter> Panakeia wandte sich ab,
wobei sie sich die Nase zuhielt. Denn Weihrauch furze ich nicht.
FRAU: Und der Gott selbst?
KARION: Der machte sich nichts daraus.
FRAU: Du sagst also, daß der Gott bäurisch ist.
KARION: Nein, sondern ein Scheißefresser.
Frau: Pfui, du elender Kerl!

Durch die Löcher in seinem Mantel, in den er sich wieder gehüllt hatte, sah Karion dann, wie der Gott von einem Kranken zum anderen ging, wobei er Neokleides – Aristophanes verspottet einen zeitgenössischen Redner in der Volksversammlung – mit einer scharfen Salbe die Augenlider bestrich, so daß dieser heulend davonrannte. Die ophthalmologische

Behandlung des Plutos indes wurde sehr sanft vollzogen: Asklepios ließ ihm von zwei Schlangen die Lider lecken, und schon konnte er wieder sehen. Die Leute im Tempel beglückwünschten Plutos, und am nächsten Tag umgab ihn eine Volksmenge. Die Gerechten, die in Armut lebten, begrüßten ihn freudig, während die Reichen, die ihr Vermögen auf unrechte Weise erworben hatten, finster blickten. Soweit Karions Bericht. Da die Ankunft des Plutos mit seinen Verehrern im Gefolge bald zu erwarten ist, geht die Frau des Chremylos ins Haus, um Naschzeug zu holen, das sie nach altem Brauch über den Ankömmling werfen will, also Nüsse, Feigen und dergleichen, und Karion läuft ihm entgegen.

Nach einer kurzen Choreinlage (770/71), hier ein *KOMMATION CHOROU* («kurzes Chorstück»), trifft Plutos ein, begrüßt den Sonnengott und Athen, äußert Beschämung über sein bisheriges Handeln und verheißt, daß alles anders werden soll. Chremylos, der gleich darauf erscheint, schimpft ein wenig über das Gedrängel der Volksmenge, und seine Frau, die aus dem Haus tritt, will Plutos mit Naschzeug überschütten. Dieser sagt jedoch, das möge erst im Haus geschehen. Seine Begründung und der Kommentar der Frau dazu bringen ein wenig Metatheater ins Spiel; die von beiden gesprochenen Verse beenden die Szene (796–801):

PLUTOS: Dann können wir auch den ordinären Spaß vermeiden.
Denn es ziemt sich nicht für den Regisseur,
Feigen und Naschzeug unter die Zuschauer
werfen zu lassen und sie dann zu zwingen, darüber zu lachen.
FRAU: Das sagst du sehr treffend. Denn der Dexinikos da <im Publikum>
ist schon aufgestanden, um sich die Feigen zu schnappen.

Noch ein neuer Zeus

Das Heraustreten des Plutos und der Frau des Chremylos aus der Bühnenfiktion, mit dem die zuletzt betrachtete Szene endet, erinnert an eine Parabase. Gäbe es im *Plutos* eine solche, stünde sie vor den epeisodischen Szenen. Doch diese beginnen gleich nach der im Text nur durch *CHOROU* repräsentierten Choreinlage (801/802), die sich unmittelbar an den Abgang des Plutos, des Chremylos und dessen Frau anschließt. Noch dreimal markiert *CHOROU* Handlungspausen: 1. nach einem Auftritt Karions mit einem reich gewordenen Armen und einem arm gewordenen Sykophanten (802–958), 2. nach einer Szene, in der sich eine alte Frau, die von ihrem reich gewordenen jungen Liebhaber verlassen worden ist, erst mit Chremylos und dann mit ihm und dem desertierten Gigolo unterhält

(959–1096), 3. nach einem Dialog des Hermes mit Karion (1097–1170), welcher der Exodos (1171–1209) vorausgeht.

Die erste der drei epeisodischen Szenen eröffnet ein Monolog Karions, in dem dieser aufzählt, was der neue Reichtum seinem Herrn ins Haus gebracht hat, darunter Kisten voller Gold und Silber und eine mit Elfenbein verzierte Küche. Er und die anderen Sklaven würden, so fährt er fort, «Gerade und Ungerade» mit Goldmünzen spielen und sich den After nicht mehr mit Steinen, sondern mit Knoblauch abwischen. Karion hat sich auf die Bühne begeben, weil der Rauch, welcher von der gerade innen durch den Herrn vollzogenen Opferung eines Schweins, eines Widders und eines Ziegenbocks aufsteigt, dem Sklaven in den Augen brannte. Ihm begegnet dort jemand, der in den Kodizes als «Gerechter Mann» bezeichnet wird. Plutos hat diesem wieder zu seinem Vermögen verholfen, weshalb ihn der Mann aufsuchen möchte; er hatte alles verloren und mußte in Armut leben, obwohl er vorher Freunden in der Not half. Daher will er dem Wohltäter seinen alten Mantel, in dem er 13 Jahre fror, und seine Schuhe als Weihgeschenke bringen. Doch bevor er ins Haus treten kann, erscheint, bekleidet mit einem Mantel, der nicht ganz so zerlumpt ist wie der des gerechten Mannes, und von einem Freund begleitet, ein Sykophant, der über den Verlust seiner gesamten Habe klagt. Er unterstellt Karion und dem gerechten Mann, sie seien jetzt im Besitz seiner Sachen, und es ergibt sich ein Wortwechsel. Während der Sklave dem Sykophanten von vornherein Gewalt androht, wird dieser durch den gerechten Mann in einem kurzen Dialog über seine Denunziantentätigkeit befragt. Karion bereitet dem Gespräch ein Ende, indem er dem Sykophanten den Mantel entreißt, ihn zwingt, den des gerechten Mannes umzulegen, und ihm auch noch dessen Schuhe an die Stirn, also oben an die Maske nagelt. Der Freund des Sykophanten ist schon zu Beginn der Gewaltanwendung davongelaufen, weil er sie nicht bezeugen will. Doch der Sykophant droht, er werde dafür sorgen, daß man Plutos bestraft, weil dieser (948–950)

> ganz offen und im Alleingang zu stürzen versucht
> die Demokratie, ohne dafür zu gewinnen den Rat
> der Bürger und die Volksversammlung.

Dann geht der Sykophant ab, und nachdem der gerechte Mann ihm höhnische Worte nachgerufen und Karion sich ebenfalls abfällig über ihn geäußert hat, verschwinden die beiden im Haus.

Am Anfang der zweiten epeisodischen Szene betritt eine alte Frau die Bühne und erhält vom Chorführer auf ihre Frage nach dem Aufenthaltsort «dieses neuen Gottes» (V. 960) die Antwort, sie sei zu dessen Haustür

gekommen. Was sie von Plutos will, sagt sie Chremylos, der sich kurz
nach ihr zeigt: Sie hatte bisher einen armen, aber gutaussehenden jungen
Mann als Liebhaber und bedachte ihn mit Geld und Geschenken, ja versorgte
sogar seine Schwestern und seine Mutter. Doch jetzt habe er, als sie
ihm einen Kuchen mit anderen Süßigkeiten und die Nachricht schickte,
sie wolle am Abend bei ihm sein, alles zurückgesandt und einen weiteren
Kuchen mit der Auflage beigegeben, sie solle ihn nie wieder aufsuchen.
Er ist eben auch reich geworden, aber die Alte wünscht, daß Plutos den
Jüngling zwingt, zu ihr zurückzukehren. Ihr Bericht über ihre Situation
wird mehrfach durch Zwischenbemerkungen des Chremylos unterbrochen,
mit denen dieser sie derb verspottet. Als Textbeispiel zitiere ich
Verse, in denen die Frau sich an vermeintliche Liebesbeweise ihres Gigolos
erinnert, und Chremylos kommentiert (1010–1019):

ALTE FRAU: Und wenn er spürte, daß ich bekümmert war, bei Zeus,
gab er mir Kosenamen wie «Entchen» und «Täubchen».
CHREMYLOS: Und dann bat er ja wohl um Geld für ein Paar Schuhe!
ALTE FRAU: Und weil bei den Großen Mysterien – ich fuhr
auf meinem Wagen – einer mich ansah,
wurde ich deshalb den ganzen Tag hindurch verprügelt.
So schrecklich eifersüchtig war der junge Mann.
CHREMYLOS: Er speiste, wie es scheint, gerne allein!
ALTE FRAU: Und daß ich sehr schöne Hände hätte, pflegte er zu sagen –
CHREMYLOS: Wenn sie ihm zwanzig Drachmen hinstreckten.

Als der Abtrünnige selbst auftaucht, betrunken, bekränzt und mit einer
brennenden Fackel in der Hand, erfährt die Verspottung der alten Frau
noch eine Steigerung. Denn es kommen zu den sarkastischen Randbemerkungen
des Chremylos Kränkungen hinzu, die der Jüngling seiner
ehemaligen Geliebten an den Kopf wirft. Hier die entsprechenden Verse,
denen vorausgeht, daß der Gigolo der Frau seine Fackel direkt vor das
Gesicht hält; ich zitiere zunächst V. 1050–1055a:

JUNGER MANN: O Poseidon im Meer und ihr Götter hohen Alters!
In ihrem Gesicht – wie viele Runzeln hat sie da!
ALTE FRAU: Ah, ah!
Bring nicht die Fackel an mich hin!
CHREMYLOS: Sie hat ganz recht.
Wenn ein einziger Funken sie erwischt,
wird sie der wie einen alten Kranz verbrennen.
JUNGER MANN: Willst du nach langer Zeit mit mir spielen?

Das griechische Wort für «spielen», *paízein*, kann auch das Liebesspiel bezeichnen, und allein diese Bedeutung hört die Frau, weshalb sie antwortet: «Wo <machen wir das>, mein Lieber?» (V. 1055b). Aber der junge Mann hat etwas anderes im Sinn (1056–1060):

JUNGER MANN: Hier, und dazu nimm Nüsse.
ALTE FRAU: Welches Spiel <spielen wir>?
JUNGER MANN: «Wie viele hast du?» – Zähne <meine ich>.
CHREMYLOS: Da will auch ich raten. Sie hat vermutlich drei oder vier.
JUNGER MANN: Du mußt bezahlen! Sie hat nur einen Backenzahn.
ALTE FRAU: Du elendster der Männer, du scheinst mir nicht bei Verstand zu sein.
Machst mich da zur Dreckwäsche vor so vielen Männern! *(zeigt ins Publikum)*
JUNGER MANN: Es täte dir sicher gut, wenn einer dich waschen würde!
CHREMYLOS: Nein, denn jetzt ist sie als Ware herausgeputzt.
Wenn aber die weiße Bleischminke abgewaschen wird, wirst du die Ruine ihres Gesichtes in aller Deutlichkeit sehen.

Immerhin erklärt Chremylos dem Gigolo, er lasse es nicht zu, daß dieser die Frau haßt. Aber damit setzt er sich bei ihm dem Verdacht aus, er sei selbst an ihr interessiert. Daraus entwickelt sich ein kurzer Wortwechsel zwischen den beiden, an dessen Ende der alte den jungen Mann mahnt, dieser müsse, nachdem er den Wein für wert befunden habe, ebenso die Hefe trinken, also bei der Alten bleiben. Dann geht er mit den beiden ins Haus, wo der Jüngling dem neuen Gott seine Kränze opfern und die alte Frau etwas zu ihm sagen will.

Manche Erklärer meinen, dem Gigolo stehe sein Reichtum nicht zu, weil er als solcher nicht wie der gerechte Mann anständig, sondern unmoralisch gehandelt habe. Für sie stellt daher die gesamte Szene den Großen Plan ironisch in Frage. Doch das ist nicht in antiken, sondern in modernen Kategorien gedacht. Denn in den Augen von Aristophanes' Zeitgenossen verdiente es eine Frau, die sich mit Hilfe von Geld und Geschenken einen Liebhaber hielt, nicht anders, als daß er sie kräftig ausnahm. Sittlich verurteilt wurde mithin sie, nicht er. Auch die dritte epeisodische Szene und die Exodos hat man als Beleg dafür angeführt, daß Aristophanes die Verwirklichung der komischen Idee des Chremylos ironisch betrachtet wissen wolle. Doch dafür bietet der Text wiederum keinen Ansatzpunkt. Ehe ich das aufzeige, möchte ich einen kurzen Blick auf die beiden Szenen werfen. Sie beginnen damit, daß Hermes auftritt und an die Tür des Bühnenhauses klopft. Heraus kommt Karion, und dieser erfährt nun, den Göttern werde, seit Plutos wieder sehen kann, nicht mehr geopfert. Hermes selbst ist freilich nur darüber betrübt, daß er mithungern muß, und deshalb bittet er den Sklaven, ihm ein Stück gut gebackenes Brot und Fleisch von dem im Haus vollzogenen Opfer zu geben. Karion verweigert ihm das, und deshalb gibt es ein kurzes Geplänkel zwischen Götterbote und Diener. Aber dann bittet Hermes um Aufnahme im Haus des Chremylos und rechtfertigt das «Überlaufen» mit dem Wahlspruch, der in der lateinischen Version *ubi bene, ibi patria* («Wo es mir gut geht, ist mein Vaterland») am bekanntesten ist (hier V. 1151). Daher wird er von Karion befragt, in welcher Funktion er sich künftig nützlich machen könne, und er offeriert mehrere Tätigkeiten, die er als Gott auszuüben pflegt, zum Beispiel die des Hermes Dolios («Gott der Täuschung»). Der Sklave entscheidet sich schließlich für die Funktion des Hermes Diakonikos («dienender Gott»), indem er dem ehemaligen Olympier aufträgt, am Brunnen die Innereien der geschlachteten Tiere zu waschen.

Schon jetzt sieht es so aus, als gelte im Haus des Chremylos nicht, was er zu einer von zwei Voraussetzungen dafür erklärt hatte, daß Plutos zu einem Menschen kommt: Verehrung der Götter (V. 497; S. 211). Denn Hermes wird nicht nur nicht verehrt, sondern sogar sehr despektierlich behandelt. Und Zeus hat es nicht besser, wie aus der Exodos erhellt. Sie beginnt damit, daß der Priester des Gottes in dessen Eigenschaft als *Sōtér* («Retter») die Bühne betritt und dem Chremylos, der gerade sein Haus verläßt, erzählt, er sei dem Hungertod nahe, weil die Menschen aufgrund ihres Reichtums nicht mehr im Tempel opfern würden, während sich Tausende nur noch dorthin begäben, um ihre Notdurft zu verrichten. Er überhört, daß Chremylos höhnisch fragt, warum er sich nicht den ihm rituell zustehenden Teil *davon* nehme, und erklärt, er wolle Zeus den Dienst aufkündigen sowie bei dem Alten und dessen Leuten bleiben. Darauf sagt Chremylos (1188–1190a):

Sei unbesorgt! Denn es wird gut sein, wenn Gott will.
Denn Zeus der Retter ist hier anwesend,
nachdem er von selbst gekommen ist.

Was soll das heißen? Zwei Antworten auf diese Frage sind denkbar: Entweder ist der oberste Gott wie Hermes vom Olymp herabgestiegen, um sich in die Schar des Chremylos einzureihen. Oder Plutos hat wie einst Peisetairos in den *Vögeln* Zeus in der Herrschaft abgelöst wie zuvor dieser seinen Vater Kronos und ist künftig der «neue Zeus». Die größere Wahrscheinlichkeit spricht für die zweite Möglichkeit. Jedenfalls gilt der personifizierte Reichtum nun als der Herrscher über Götter und Menschen, und wer ihm huldigt, erfüllt die Forderung des Chremylos, daß jeder, der Plutos in seinem Haus zu empfangen wünscht, die Götter verehren muß. Denn die Unsterblichen haben sich zusammen mit den braven Menschen dem neuen Gott untergeordnet. Also gibt es keinen Anlaß zu der Annahme, Aristophanes ironisiere in den beiden letzten Szenen des *Plutos* die komische Idee des Chremylos.

Daß Plutos jetzt der oberste Gott ist, wird am Ende des Stücks dadurch demonstriert, daß sich auf Anweisung des Chremylos eine feierliche Prozession formiert. Plutos, die alte Frau (der Chremylos verspricht, daß ihr Gigolo sie am Abend besucht) und Chremylos marschieren mit dem Priester an der Spitze und dem Chor am Ende des Zugs von der Spielfläche nach draußen, um Plutos dorthin zu geleiten, wo er vorher gewohnt hat: in die Schatzkammer der Athene auf der Akropolis. So endet die letzte von Aristophanes im Dionysostheater inszenierte Komödie wie die älteste uns erhaltene, die *Acharner*, mit einer Feier aus Anlaß der Verwirklichung eines Großen Plans. Daß es dazu kommen konnte, ist wie in allen uns bekannten Stücken des Dichters, in denen realisiert wird, was der Protagonist sich ausgedacht hat, reine Fiktion. Nichts von dem, was die Hauptfiguren bei Aristophanes mit dem Ziel der Veränderung von Gegebenheiten ersinnen, war in Athen und der übrigen Welt jemals durchführbar – weder zu der Zeit, in welcher der Dichter lebte, noch in der darauffolgenden bis heute. Aber wie sein damaliges Publikum können auch wir im 21. Jahrhundert über die Großen Pläne und die Ereignisse, die sie in Gang bringen, herzhaft lachen. Gewiß, das Publikum der Moderne muß ein wenig mit den historischen und literarischen Voraussetzungen für das volle Verständnis der Aristophanischen Komik bekannt gemacht werden. Aber die hierfür unbedingt erforderlichen Informationen habe ich in dem vorliegenden Buch zu liefern versucht, und ich hoffe, es ist mir gelungen, ausreichende Lachhilfe zu leisten.

Anhang

Bibliographie

Asper, Markus (2005): Group Laughter and Comic Affirmation: Aristophanes' *Birds* and the Political Function of Old Comedy, in: Hyperboreus 11, S. 5–29.
Austin, Colin/S. Douglas Olson (2004): Aristophanes, Thesmophoriazusae. Edited with Introduction and Commentary, Oxford.
Blume, Horst Dieter (³1991): Einführung in das antike Theaterwesen, Darmstadt.
Bowie, Angus M. (1993): Aristophanes: Myth, Ritual and Comedy, Oxford.
Bremer, Dieter/Niklas Holzberg (2004): Aristophanes, Frauen in der Volksversammlung. Übersetzt und für die Bühne eingerichtet. Mit einem Nachwort von Maria H. Dettenhofer, Stuttgart (Universal-Bibliothek 18305).
Bremer, J. M./Eric W. Handley (1993; Hg.): Aristophane: sept exposés suivis de discussions, Vandœuvres-Genève (Entretiens sur l'antiquité classique 38).
Colvin, Stephen (1995): Dialect in Aristophanes and the Politics of Language in Ancient Greek Literature, Oxford (Oxford Classical Monographs).
Coulon, Victor/Hilaire Van Daele (1923–1930): Aristophane. Texte établi par V. C. et traduit par H. V. D. 5 Bde. Paris (Collection Budé).
Csapo, Eric/William J. Slater (1995): The Context of Ancient Drama, Ann Arbor.
Dobrov, Gregory W. (1997; Hg.): The City as Comedy: Society and Representation in Athenian Drama, Chapel Hill/London.
– (2001): Figures of Play: Greek Drama and Metafictional Poetics, New York.
Dover, Kenneth J. (1966): The Skene in Aristophanes, in: Proceedings of the Cambridge Philological Society 12, S. 2–17; auch in: Newiger 1975a, S. 99–123.
– (1967): Portrait-Masks in Aristophanes, in: ΚΩΜΩΙΔΟΤΡΑΓΗΜΑΤΑ. Studia Aristophanea viri Aristophanei W. J. W. Koster in honorem, Amsterdam, S. 16–28; auch in: Newiger 1975a, S. 155–169.
– (1968): Aristophanes, Clouds. Edited with Introduction and Commentary, Oxford.
– (1970): Lo stile di Aristofane, in: Quaderni Urbinati di Cultura Classica 9, S. 7–23 = Der Stil des Aristophanes, in: Newiger 1975a, S. 124–143.
– (1972): Aristophanic Comedy, London.
– (1993): Aristophanes, Frogs. Edited with Introduction and Commentary, Oxford.
Dunbar, Nan (1995): Aristophanes, Birds. Edited with Introduction and Commentary, Oxford.
Edmunds, Lowell (1980): Aristophanes' *Acharnians*, in: Yale Classical Studies 26, S. 1–41.
– (1988): Cleon, Knights, and Aristophanes' Politics, Lanham.
Erbse, Hartmut (1975): Dionysos' Schiedsspruch in den «Fröschen» des Aristophanes, in: Konstantinos Vourveris/Aristoxenos Skiadas (Hgg.): ΔΩΡΗΜΑ. Hans Diller zum 70. Geburtstag, Athen 1975, S. 45–60.
Ercolani, Andrea (2002; Hg.): Spoudaiogeloion. Form und Funktion der Verspottung in der aristophanischen Komödie, Stuttgart (Drama 11).

Fisher, N. R. E. (1993): Multiple Personalities and Dionysiac Festivals: Dicaeopolis in Aristophanes' *Acharnians*, in: Greece & Rome 40, S. 31–47.

Flashar, Hellmut (1967): Zur Eigenart des Aristophanischen Spätwerks, in: Poetica 1, S. 154–175; auch in: Newiger 1975a, S. 405–434.

- (²2009): Inszenierung der Antike. Das griechische Drama auf der Bühne der Neuzeit 1585–1990, München.

Foley, Helen P. (1982): The ‹Female Intruder› Reconsidered: Women in Aristophanes' *Lysistrata* and *Ecclesiazusae*, in: Classical Philology 77, S. 1–21.

- (1988): Tragedy and Politics in Aristophanes' *Acharnians*, in: The Journal of Hellenic Studies 108, S. 33–47; auch in: Ruth Scodel (Hg.): Theater and Society in the Classical World, Ann Arbor 1993, S. 119–138, und in: Segal 1996, S. 117–142.

Gaertner, Jan Felix (1999): Der Wolken-Chor des Aristophanes, in: Rheinisches Museum 142, S. 272–279.

Gelzer, Thomas (1960): Der epirrhematische Agon bei Aristophanes. Untersuchungen zur Struktur der attischen Alten Komödie, München (Zetemata 23).

- (1971): Aristophanes der Komiker, in: Paulys Realencyclopädie der classischen Altertumswissenschaft, Supplementum 12, Sp. 1391–1570 (als Buch Stuttgart 1971).

- (1976): Some Aspects of Aristophanes' Dramatic Art in the Birds, in: Bulletin of the Institute of Classical Studies 23, S. 1–14; auch in: Segal 1996, S. 194–215.

Goldhill, Simon (1991): Comic Inversion and Inverted Commas: Aristophanes and Parody, in: Derselbe: The Poet's Voice: Essays on Poetics and Greek Literature, Cambridge, S. 167–222.

Gomme, Arnold Wycombe (1938): Aristophanes and Politics, in: The Classical Review 52, S. 97–109; auch in: Newiger 1975a, S. 75–98.

Halliwell, Stephen (1984a): Ancient Interpretations of ὀνομαστὶ κωμῳδεῖν in Aristophanes, in: The Classical Quarterly 34, S. 83–88.

- (1984b): Aristophanic Satire, in: Yearbook of English Studies 14, S. 6–20.

- (1991): Comic Satire and Freedom of Speech in Classical Athens, in: The Journal of Hellenic Studies 111, S. 48–70.

- (2004): Aischrology, Shame, and Comedy, in: Ineke Sluiter/Ralph Rosen (Hgg.): Free Speech in Classical Antiquity, Leiden usw. (Mnemosyne Supplementum 254), S. 115–144.

- (2008): Greek Laughter: A Study of Cultural Psychology from Homer to Early Christianity, Cambridge.

Harder, Ruth E. (1997): Der Schluß von Aristophanes' Rittern, in: Prometheus 23, S. 108–118.

Heath, Malcolm (1987): Political Comedy in Aristophanes, Göttingen (Hypomnemata 87).

Heberlein, Friedrich (1980): Pluthygieia. Zur Gegenwelt bei Aristophanes, Frankfurt a. M.

Henderson, Jeffrey (1975): The Maculate Muse: Obscene Language in Attic Comedy, New York/London; Nachdruck (with corrections and additions) ²1991.

- (1980): Lysistrate: The Play and Its Themes, in: Yale Classical Studies 26, S. 153–218.

- (1987): Aristophanes, Lysistrate. Edited with Introduction and Commentary, Oxford.

- (1990): The *Dēmos* and the Comic Competition, in: John J. Winkler/Froma

I. Zeitlin (Hgg.): Nothing to Do with Dionysos? Athenian Drama in Its Social Context, Princeton, N. J., S. 271–313; auch in: Segal 1996, S. 65–97 [gekürzt].
- (1991): Women and the Athenian Dramatic Festivals, in: Transactions and Proceedings of the American Philological Association 121, S. 133–147.
- (1997): Mass Versus Elite and the Comic Heroism of Peisetairos, in: Dobrov 1997, S. 135–148.
- (1998–2007): Aristophanes. Edited and Translated by J. H. 5 Bde. Cambridge, Mass./London (Loeb Classical Library 178. 488. 179. 180. 502).

Hofmann, Heinz (1976): Mythos und Komödie. Untersuchungen zu den Vögeln des Aristophanes, Hildesheim/New York (Spudasmata 23).

Holwerda, D. (1994–2007; Hg.): Scholia in Aristophanem. Pars III: Scholia in Thesmophoriazusas; Ranas; Ecclesiazusas et Plutum, Groningen.

Holzberg, Niklas (2008): Aristophanes. Eine Bibliographie. http://www.klassphil.uni-muenchen.de/extras/downloads/index.html
- (2009): Aristophanes: Lysistrate. Übersetzt und hg., Stuttgart (Universal-Bibliothek 18664).
- (2011): Aristophanes: Das Frauenfest. Übersetzt und hg., Stuttgart (Universal-Bibliothek 18791).

Holzinger, Karl (1940): Kritisch-exegetischer Kommentar zu Aristophanes' Plutos, Wien/Leipzig (Akademie der Wissenschaften in Wien. Philosophisch-historische Klasse. Sitzungsberichte 218.3).

Hose, Martin (1995a): Der Aristophanische Held, in: Bernhard Zimmermann (Hg.): Griechisch-römische Komödie und Tragödie, Stuttgart (Drama 3), S. 27–50.
- (1995b): Drama und Gesellschaft. Studien zur dramatischen Produktion in Athen am Ende des 5. Jahrhunderts, Stuttgart (Drama Beiheft 3).

Hubbard, Thomas K. (1991): The Mask of Comedy: Aristophanes and the Intertextual Parabasis, Ithaka/London (Cornell Studies in Classical Philology 51).

Hulton, A. O. (1972): The Women on the Acropolis: A Note on the Structure of the Lysistrata, in: Greece & Rome 19, S. 32–36.

Jedrkiewicz, Stefano (2006): Bestie, gesti e logos. Una lettura delle Vespe di Aristofane, in: Quaderni Urbinati di Cultura Classica 82, S. 61–91.

Kannicht, Richard (2004; Hg.): Tragicorum Graecorum Fragmenta, Vol. 5: Euripides. 2 Bde., Göttingen.

Kassel, Rudolf/Colin Austin (1983 ff.; Hgg.): Poetae Comici Graeci. 8 Bde., Berlin/New York.

Kloss, Gerrit (2001): Erscheinungsformen komischen Sprechens bei Aristophanes, Berlin/New York (Untersuchungen zur antiken Literatur und Geschichte 59).

Koch, Klaus-Dietrich (1965): Kritische Idee und Komisches Thema. Untersuchungen zur Dramaturgie und zum Ethos der Aristophanischen Komödie, Bremen.

Kock, Theodor (1882–1927): Ausgewählte Komödien des Aristophanes. Erklärt von T. K. 1: Die Wolken (⁴1894); 2: Die Ritter (³1882); 3: Die Frösche (⁴1894); 4: Die Vögel. Neu bearbeitet von Otto Schroeder (⁴1927), Berlin.

Köhnken, Adolf (1980): Der Wolken-Chor des Aristophanes, in: Hermes 108, S. 154–169.

Konstan, David (1995): Greek Comedy and Ideology, New York.

Koster, W. J. W (1969–1977; Hg.): Scholia in Aristophanem Pars I: Prolegomena de Comoedia. Scholia in Acharnenses Equites Nubes, Groningen.

- /D. Holwerda (1978–1996; Hgg.): Scholia in Aristophanem Pars II: Scholia in Vespas, Pacem, Aves et Lysistratam, Groningen.
- Kozak, Lynn/John Rich (2006; Hgg.): Playing Around Aristophanes: Essays in Celebration of the Completion of the Edition of the Comedies of Aristophanes by Alan Sommerstein, Oxford.
- Landfester, Manfred (1967): Die Ritter des Aristophanes. Beobachtungen zur dramatischen Handlung und zum komischen Stil des Aristophanes, Amsterdam.
- (1977): Handlungsverlauf und Komik in den frühen Komödien des Aristophanes, Berlin/New York (Untersuchungen zur antiken Literatur und Geschichte 17).
- Lenfant, Dominique (2003): Des décrets contre la satire: une invention de scholiaste? Pseudo-Xén. II, 18, schol. Ach. 67, schol. Av, 1297, in: Ktèma 28, S. 5–31.
- Lenz, Lutz (1980): Komik und Kritik in Aristophanes' Wespen, in: Hermes 108, S. 15–44.
- Lind, Hermann (1990): Der Gerber Kleon in den «Rittern» des Aristophanes, Frankfurt a. M. usw. (Studien zur klassischen Philologie 51).
- Luppe, Wolfgang (1972): Die Zahl der Konkurrenten an den komischen Agonen zur Zeit des peloponnesischen Krieges, in: Philologus 116, S. 53–75.
- (1999): Zur angeblichen Nachmittags-Aufführung der *Vögel* des Aristophanes, in: Eikasmos 10, S. 57–59.
- MacDowell, Douglas M. (1971): Aristophanes, Wasps. Edited with Introduction and Commentary, Oxford.
- (1995): Aristophanes and Athens: An Introduction to the Plays, Oxford.
- McGlew, James (1997): After Irony: Aristophanes' *Wealth* and Its Modern Interpreters, in: American Journal of Philology 118, S. 35–53.
- Massa Positano, L./D. Holwerda/W. J. W. Koster (1960–1964; Hg.): Scholia in Aristophanem Pars IV: Jo. Tzetzae Commentarii in Aristophanem, Groningen/Amsterdam.
- Mastromarco, Giuseppe (1994): Introduzione a Aristofane, Roma/Bari.
- Meier, Christian (²2004): Athen. Ein Neubeginn der Weltgeschichte, München.
- Möllendorff, Peter von (1995): Grundlagen einer Ästhetik der Alten Komödie. Untersuchungen zu Aristophanes und Michail Bachtin, Tübingen 1995 (Classica Monacensia 9).
- (2002): Aristophanes, Hildesheim usw. (Studienbücher Antike 10).
- Moulton, Carroll (1981): Aristophanic Poetry, Göttingen (Hypomnemata 68).
- Nesselrath, Heinz-Günther (1996): Die Tücken der Sprecherverteilung: Euelpides, Peisetairos und ihre Rollen in der Eingangspartie der aristophanischen Vögel, in: Museum Helveticum 53, S. 91–99.
- Newiger, Hans-Joachim (1957): Metapher und Allegorie. Studien zu Aristophanes, München (Zetemata 16); Nachdruck Stuttgart 2000 (Drama 10).
- (1965): Retraktionen zu Aristophanes' ‹Frieden›, in: Rheinisches Museum 108, S. 229–254; auch in: Newiger 1975a, S. 225–255, und Newiger 1996, S. 262–283.
- (1975a; Hg.). Aristophanes und die Alte Komödie, Darmstadt (Wege der Forschung 265).
- (1975b): Krieg und Frieden in der Komödie des Aristophanes, in: Konstantinos Vourveris/Aristoxenos Skiadas (Hgg.): ΔΩΡΗΜΑ. Hans Diller zum 70. Geburtstag, Athen 1975, S. 175–194; auch in: Newiger 1996, S. 314–329.
- (1975c): Die ‹Vögel› und ihre Stellung im Gesamtwerk des Aristophanes, in: Newiger 1975a, S. 266–282, und in: Newiger 1996, S. 302–313.

- (1983): Gedanken zu Aristophanes' Vögeln, in: ΑΡΕΤΗΣ ΜΝΗΜΗ. Gedenkschrift K. I. Vourveris, Athen, S. 47–57; auch in: Newiger 1996, S. 330–340.
- (1996): Theater und Drama. Ausgewählte Schriften zum griechischen Drama, hg. v. Michael Erler, Martin Hose und Bernhard Zimmermann, Stuttgart (Drama Beiheft 2).

Nussbaum, Martha (1980): Aristophanes and Socrates on Learning Practical Wisdom, in: Yale Classical Studies 26, S. 43–97.

Olson, S. Douglas (1990): Economics and Ideology in Aristophanes' *Wealth*, in: Harvard Studies in Classical Philology 93, S. 223–242.
- (1998): Aristophanes, Peace. Edited with Introduction and Commentary, Oxford.
- (2002): Aristophanes, Acharnians. Edited with Introduction and Commentary, Oxford.

Parker, L. P. E. (1997): The Songs of Aristophanes, Oxford.

Patzer, Andreas (1993): Die Wolken des Aristophanes als philosophiegeschichtliches Dokument, in: Peter Neukam (Hg.): Motive und Motivation, München (Dialog Schule – Wissenschaft. Klassische Sprachen und Literaturen 27), S. 72–93.

Pickard-Cambridge, A. W. (1988): The Dramatic Festivals of Athens. Revised by J. Gould and D. M. Lewis. With a New Supplement, Oxford.

Pöhlmann, Egert (1977): Der Überlieferungswert der χοροῦ-Vermerke in Papyri und Handschriften, in: Würzburger Jahrbücher für die Altertumswissenschaft 3, S. 69–81.
- (1981): Die Proedrie des Dionysostheaters im 5. Jahrhundert und das Bühnenspiel der Klassik, in: Museum Helveticum 38, S. 129–146; auch in: Pöhlmann 1995b, S. 49–62.
- (1995a): Aristophanes auf der Bühne des 5. Jahrhunderts, in: Pöhlmann 1995b, S. 133–142.
- (1995b; Hg.): Studien zur Bühnendichtung und zum Theaterbau der Antike, Frankfurt a. M. (Studien zur klassischen Philologie 93).

Radermacher, Ludwig (³1967): Aristophanes' Frösche. Einleitung, Text und Kommentar. Mit einem Nachwort, Zusätzen aus dem Handexemplar des Verfassers und weiteren Hinweisen besorgt von W. Kraus, Wien.

Rau, Peter (1967): Paratragodia. Untersuchung einer komischen Form des Aristophanes, München (Zetemata 45).
- (1975): Das Tragödienspiel in den ‹Thesmophoriazusen›, in: Newiger 1975a, S. 339–356.

Reinders, Peter (2001): Demos Pyknites: Untersuchungen zur Darstellung des Demos in der Alten Komödie, Stuttgart (Drama Beiheft 15).

Revermann, Martin (2006): Comic Business: Theatricality, Dramatic Technique, and Performance Contexts of Aristophanic Comedy, Oxford.

Robson, James (2009): Aristophanes: An Introduction, London.

Rosen, Ralph M. (1988): Old Comedy and the Iambographic Tradition, Atlanta.

Rothwell jr., Kenneth S. (1990): Politics and Persuasion in Aristophanes' *Ecclesiazusae*, Leiden usw. (Mnemosyne Supplementum 111).

Schadewaldt, Wolfgang (1983): Griechisches Theater, Frankfurt a. M. (Insel Taschenbuch 721).

Schmitz, Winfried (2004): Nachbarschaft und Dorfgemeinschaft im archaischen und klassischen Griechenland, Berlin (Klio Beihefte N. F. 7).

Schwinge, Ernst-Richard (1975a): Kritik und Komik. Gedanken zu Aristophanes' Wespen, in: Dialogos. Für Harald Patzer zum 65. Geburtstag, Wiesbaden, S. 35–47.
- (1975b): Zur Ästhetik der aristophanischen Komödie am Beispiel der Ritter, in: Maia 27, S. 177–199.
- (1977): Aristophanes und die Utopie, in: Würzburger Jahrbücher für die Altertumswissenschaft 3, S. 43–67.

Seeger, Ludwig/Otto Weinreich (1952/53): Aristophanes: Sämtliche Komödien. Übertragen von L. S. Einleitung zur Geschichte und zum Nachleben der griechischen Komödie nebst Übertragung von Fragmenten der Alten und Mittleren Komödie von O. W. 2 Bde., Zürich/Stuttgart (Bibliothek der Alten Welt).
- /Hans-Joachim Newiger/Peter Rau (1968): Aristophanes. Hg. von H.-J. N. und P. R., München; als Taschenbuch 1990 (dtv 2254).

Seel, Otto (1960): Aristophanes oder Versuch über Komödie, Stuttgart.
- (1963): Aristophanes, Die Wolken. Komödie. Übersetzung, Nachwort und Anmerkungen, Stuttgart (Universal-Bibliothek 6498/99).

Segal, Erich (1996; Hg.): Oxford Readings in Aristophanes, Oxford.

Sier, Kurt (1992): Die Rolle des Skythen in den ‹Thesmophoriazusen› des Aristophanes, in: Carl Werner Müller/Kurt Sier/Jürgen Werner (Hgg.): Zum Umgang mit fremden Sprachen in der griechisch-römischen Antike, Stuttgart, S. 63–83.

Sifakis, Gregory (1971): Parabasis and Animal Choruses: A Contribution to the History of Attic Comedy, London.

Slater, Niall W. (2002): Spectator Politics: Metatheatre and Performance in Aristophanes, Philadelphia.

Sommerstein, Alan H. (1980–2002; Hg.): The Comedies of Aristophanes. Edited with Translation and Notes. 12 Bde., Warminster.
- (1984): Aristophanes and the Demon Poverty, in: The Classical Quarterly 34, S. 314–333; auch in: Segal 1996, S. 252–281.
- (1996): How to Avoid Being a *komodoumenos*, in: The Classical Quarterly 46, S. 327–356.
- (1998): The Theatre Audience and the Demos, in: Juan Antonino López Férez (Hg.): La comedia griega y su influencia en la literatura española, Madrid 1998 (Estudios de Filología griega 3), S. 43–62.
- (2009): Talking About Laughter and Other Studies in Greek Comedy, Oxford.

Stark, Isolde (2004): Die hämische Muse. Spott als soziale und mentale Kontrolle in der griechischen Komödie, München (Zetemata 121).

Stohn, Günther (1993): Zur Agathonszene in den ‹Thesmophoriazusen› des Aristophanes, in: Hermes 121, S. 196–205.

Süß, Wilhelm (1911): Aristophanes und die Nachwelt, Leipzig.

Taaffe, Lauren K. (1993): Aristophanes and Women, London/New York.

Taplin, Oliver (1993): Comic Angels and Other Approaches to Greek Drama through Vase-Painting, Oxford.

Ussher, Robert Glenn (1969): The Staging of the *Ecclesiazusae*, in: Hermes 97, S. 22–37; auch in: Newiger 1975a, S. 383–404.
- (1973): Aristophanes, Ecclesiazusae. Edited with Introduction and Commentary, Oxford.

Vaio, John (1971): Aristophanes' *Wasps*: The Relevance of the Final Scenes, in: Greek, Roman and Byzantine Studies 12, S. 335–351.

- (1973): The Manipulation of Theme and Action in Aristophanes' *Lysistrata*, in: Greek, Roman and Byzantine Studies 14, S. 369–380.

Wenskus, Otta (1998): Zur Datierung der Lysistrata, in: Hermes 126, S. 383–385.

Wilamowitz-Moellendorff, Ulrich von (1927): Aristophanes, Lysistrate. Erklärt von U. v. W.-M., Berlin; Nachdruck Berlin 1958.

Willi, Andreas (2003): The Languages of Aristophanes: Aspects of Linguistic Variation in Classical Attic Greek, Oxford.

Wilson, Nigel G. (2007): Aristophanis Fabulae. Recognovit brevique adnotatione critica instruxit N. G. W. 1: Acharnenses Equites Nubes Vespae Pax Aves. 2: Lysistrata Thesmophoriazusae Ranae Ecclesiazusae Plutus, Oxford (Scriptorum Classicorum Bibliotheca Oxoniensis).

Zimmermann, Bernhard (1983): Utopisches und Utopie in den Komödien des Aristophanes, in: Würzburger Jahrbücher für die Altertumswissenschaft 9, S. 57–77.

- (1984–1987): Untersuchungen zur Form und dramatischen Technik der Aristophanischen Komödien. 3 Bde., Königstein i. Ts./Frankfurt a. M. (Beiträge zur klassischen Philologie 154).

- (2005): Spoudaiogeloion. Poetik und Politik in den Komödien des Aristophanes, in: Gymnasium S. 112, 531–546.

- (2006): Die griechische Komödie, Düsseldorf/Zürich; erweiterte und bearbeitete Ausgabe, Frankfurt a. M.

Zeittafel

Mitte oder Ende der vierziger Jahre
des 5. Jh.s v. Chr.:
Aristophanes in Athen in der
Gemeinde Kydathenaion geboren

425:
Acharner (Lenäen, Platz 1)

424:
Ritter (Lenäen, Platz 1)
423:
Wolken (Dionysien, Platz 3)
422:
Wespen (Lenäen, Platz 2?)

421:
Frieden (Dionysien, Platz 2)
nicht vor 420 v. Chr.:
zweite Fassung der *Wolken*

414:
Vögel (Dionysien, Platz 2)

431–404: Peloponnesischer Krieg
431–421: Archidamischer Krieg

425: Sommer: Eroberung von Sphakteria durch Kleon und Demosthenes, Gefangennahme von 292 Spartanern; Ablehnung eines spartanischen Friedensangebotes

422: September: Kleon und Brasidas fallen bei der Belagerung von Amphipolis
421: April: Nikias-Frieden zwischen Athen und Sparta

415–413 Sizilische Expedition: Athen unterstützt Segesta gegen Syrakus
414 Frühjahr: Anfangserfolge der Athener bei der Belagerung von Syrakus

413: Vernichtung der athenischen Flotte im Hafen von Syrakus
413–404 Dekeleischer Krieg, ausgelöst durch die spartanische Besetzung Dekeleias

411:
Lysistrate (Lenäen?)
Thesmophoriazusen (Dionysien?)

411	Sommer: Oligarchie in Athen (Rat der 400) Herbst: halb oligarchische, halb demokratische Herrschaft der 5000
410	Frühjahr: Athens Stratege Alkibiades erringt Seesieg über Sparta bei Kyzikos Sommer: Rückkehr Athens zur Demokratie
408	Rückkehr des Alkibiades nach Athen; nach der Niederlage der Flotte bei Notion geht er 407 ins Exil
407/6	Tod des Euripides; kurz darauf Tod des Sophokles
406	Sommer: Seesieg Athens über Sparta bei den Arginusen

405:
Frösche (Lenäen, 1. Preis)

405	Herbst: Seesieg Spartas über Athen bei Aigospotamoi
404	Frühjahr: Kapitulation Athens
395–386	Korinthischer Krieg Athens, Thebens, Korinths und Argos' gegen Sparta

wahrscheinlich 391:
Ekklesiazusen (Fest, Rang unbekannt)

388:
Plutos (Fest, Rang unbekannt)

Mitte der achtziger Jahre des 4. Jhs.:
Aristophanes (in Athen?) gestorben

Strukturelemente der Aristophanischen Komödie

In der Übersicht sind alle Strukturelemente zusammengestellt, aus denen Aristophanes seine Komödien bauen kann. Er verfährt in jedem Stück anders, doch eine Liste der einzelnen Termini in der Reihenfolge, in der die Strukturelemente die dramatische Handlung konstituieren, mag die Orientierung erleichtern.

Prolog (Schauspielerszenen)

Parodos (Chorführer, Chor)

Jambische Szenen (Schauspieler), eventuell mit Choreinlagen

Epirrhematischer Agon
   Ode (Chor)
   Katakeleusmos (Chorführer)
   Epirrhema (Chorführer, Schauspieler)
   Pnigos (Chorführer, Schauspieler)
   Antode (Chor)
   Antikatakeleusmos (Chorführer)
   Antepirrhema (Chorführer, Schauspieler)
   Antipnigos (Chorführer, Schauspieler)
   Sphragis (Chorführer, Schauspieler)

Jambische Szenen (Schauspieler), eventuell mit Choreinlagen

Parabase
   Kommation (Chorführer)
   eigentliche Parabase (Chorführer)
   Pnigos (Chorführer)
   Ode (Chor)
   Epirrhema (Chorführer)
   Antode (Chor)
   Antepirrhema (Chorführer)

Epeisodische Szenen (Schauspieler), eventuell mit Choreinlagen
                    im Wechsel mit
Stasima (Chor); eingelegt sein kann auch eine

Nebenparabase (z. B. Ode, Epirrhema, Antode, Antepirrhema)

Exodos (Schauspieler, Chor)

Glossar

Acheron: Fluß in der Unterwelt, den die Toten in Charons Kahn überqueren müssen
Agon: Wettbewerb; Streitgespräch
Agora: Marktplatz in Athen
Alope: Mutter des Hippothoos von Poseidon
Ambrosia: Götterspeise
Amoibaion: Wechselgesang
Anapäst: Versmaß mit der Silbenfolge *kurz/kurz/lang* und Varianten; im Deutschen *unbetont/unbetont/betont* oder *betont/betont*
Antepirrhema: korrespondiert dem Epirrhema
Antikatakeleusmos: korrespondiert dem Katakeleusmos
Antipnigos: korrespondiert dem Pnigos
Antisthenes: reicher Athener; in *Ekkl.* 366–368 als einer verspottet, der sich anderen Männern als passiver Partner hingibt
Antode: korrespondiert der Ode
Apollon Agyieus: Apollon als Gott der Straßen. Sein Altar stand vor vielen Häusern in Athen
Archonten: Kollegium von neun ausgelosten Amtsträgern in Athen
Aristyllos: unbekannter, in *Plut.* 314 als koprophil verspotteter Athener
Aspasia: zweite Frau des Perikles
Attischer Seebund: Föderation Athens mit den Inseln in der Ägäis und Stadtstaaten in Kleinasien
Basileia («Königin»): Helferin des Zeus, die Peisetairos in den *Vögeln* heiratet
Bomolochos: Spaßvogel in der Komödie, der die Worte einer anderen Figur kommentiert und dabei alles ohne Unterschied lächerlich macht
Bramarbas: Großmaul, Prahlhans
Chiton: Untergewand aus Leinen oder Wolle mit langen oder kurzen Ärmeln
Chorege: reicher athenischer Bürger, der die Aufführung eines Dramas finanziert
CHOROU («<Lied des> Chors»): Notiz in den Aristophanes-Handschriften, die eine Choreinlage zwischen zwei Szenen anzeigt
daktylischer Hexameter: Versmaß des Epos. Es besteht aus fünf Daktylen (*lang/kurz/kurz*; im Deutschen *betont/unbetont/unbetont*), die durch einen Spondeus (*lang/lang*; im Deutschen *betont/unbetont*) ersetzt werden können, und einem um die letzte Silbe verkürzten Daktylus, bei dem die zweite Silbe kurz oder lang sein kann
Demagoge («Volksführer»): einflußreicher Mann in der athenischen Gesellschaft; zur Zeit des Aristophanes im Sinne von «Volks*ver*führer» gebraucht
Demos: Volk
Dexinikos: nicht weiter bekannter Athener, wahrscheinlich ein Politiker (*Plut.* 800)
Diktynna: kretische, mit Artemis identifizierte Göttin

Dimeter: Vers, der zwei metrische Einheiten (Jamben, Trochäen oder Anapäste) miteinander verbindet
Diopeithes: athenischer Politiker, der sich mit Orakeln auskannte (*Vö*. 988)
Dithyrambos: Chorlied im Dionysoskult
Eirene («Frieden»): die Friedensgöttin
Ekklesiast: Teilnehmer an der athenischen Volksversammlung
Ekklesie: Volksversammlung
Ekkyklema: Bühnenmaschine in Form einer hölzernen Plattform auf Rädern, die aus einer Tür der Skene herausgerollt wurde
Eleusinische Mysterien: in Eleusis (22 km westlich von Athen) zu Ehren von Demeter und Persephone gefeiertes Fest
Epeisodion (von *epeisódios* «dazukommend», weil ursprünglich zum Chor Schauspieler dazukamen): Szenenkomplex in der Tragödie zwischen zwei Chorliedern; Vorläufer des Aktes im Drama
epeisodische Szenen: Szenen bei Aristophanes, in denen der Protagonist die Früchte der Verwirklichung seines Großen Plans genießt
Epirrhema («Dazugesprochenes»): Versabschnitt in Langversen als Teil eines epirrhematischen Agons oder einer Parabase
epirrhematischer Agon: Wortgefecht, das in seiner vollständigen Form aus Katakeleusmos, Ode, Epirrhema, Pnigos, Antikatakeleusmos, Antode, Antepirrhema, Antipnigos und Sphragis zusammengesetzt ist
Erebos: aus dem Chaos geborene Finsternis der Erdentiefe
Eros: der Gott der Liebe (lat. Amor)
Exodos («Auszug»): letzte Szene bzw. letzter Szenenkomplex in Tragödie und Komödie; Vorläufer des Schlußaktes im Drama
Exposition: Szenenfolge zu Beginn eines Dramas, in welcher der Zuschauer mit den Voraussetzungen der Bühnenhandlung bekannt gemacht wird
Grabvase: große marmorne Vase, die manchmal auf Gräbern stand
Große Dionysien: athenisches Fest zu Ehren des Dionysos im März/April
Großkönig: der König von Persien
Halkyon: mythischer Vogel, der sein Nest auf der Meeresoberfläche baut
Hekate: Göttin der Hexen und Gespenster
Hippodame(ia) s. Pelops
jambischer Trimeter: Sprechvers der Komödie, in dem das Grundmetrum, der Jambus, in verschiedenen Varianten verwendet werden kann. Im Deutschen verbindet er sechsmal die Silbenfolge *unbetont/betont*
Jambus: 1. Spott- und Schimpfdichtung; 2. Metrum mit der Silbenfolge *kurz/lang* und Varianten; im Deutschen *unbetont/betont*
Katakeleusmos («Aufforderung»): Teil 1 im epirrhematischen Agon, korrespondierend mit dem Antikatakeleusmos
katalektisch: bezeichnet einen Vers, in dem das letzte Metrum um eine Silbe verkürzt ist
Kentaur: Mischwesen aus Mensch und Pferd
Kerberos: Hund in der Unterwelt, der als Torhüter fungiert
Kommation («kleiner Abschnitt»): Teil 1 der Parabase
Kottabos-Spiel: Es fand beim Symposion statt. Der Rest des Weines wurde aus einem Trinkgefäß gegen eine lose auf einem Ständer liegende Scheibe geschleudert, so daß sie, wenn sie richtig getroffen wurde, herabfiel

Glossar

Kranaos: mythischer König von Attika
Kretiker: Versmaß mit der Silbenfolge *lang/kurz/lang*
Kykloboros: gewaltig rauschender Strom in Attika
Kynna: Hetäre; *aktînes Kýnnēs* («Strahlen der Kynna»; *We.* 1032) ist Wortspiel mit *aktînes Kynós* («Strahlen des Hundssterns»)
Lakedämonier: Spartaner
Lamia: mythisches Schreckgespenst in Gestalt einer häßlichen alten Frau. Da sie als solche keine Hoden hat, ist in *We.* 1035 vielleicht gemeint, Kleon habe auch keine
Lampon: mit Perikles befreundeter Seher
Langvers: katalektischer jambischer, trochäischer oder anapästischer Tetrameter
Lauscher-Rolle: Sie wird gespielt von einer Bühnenfigur, die unbemerkt das Handeln einer oder mehrerer Personen beobachtet und kommentiert
lemnisch: Adjektiv zu Lemnos, einer Insel in der Ägäis
Lenäen: athenisches Fest zu Ehren des Dionysos im Januar/Februar
Limnai: Platz in Athen, auf dem zwei Dionysostempel standen
Logos: Wort, Sprache, Rede
Marathon: Ort des Sieges der Griechen über die Perser im Jahre 490 v. Chr.
Maulaufthener: griech. *Kechēnaíōn* (*Ri.* 1263), zusammengesetzt aus den Genitiven *Athēnaíōn* («der Athener») und *kechēnótōn* («der töricht den Mund Aufmachenden»)
Megara: Polis in Mittelgriechenland; mit «Lachen ... aus Megara» (*We.* 59) ist wohl die megarische Posse gemeint, eine (nicht näher bekannte) Form der Komödie
Metatheater: Bühnengeschehen, bei dem das Spiel auf sich selbst Bezug nimmt und explizit oder implizit über den eigenen Status als literarisches Werk reflektiert
Nebenparabase: Parabase, die nicht alle Teile einer solchen aufweist
Nektar: Göttertrank
nysäisch: Adjektiv zu Nysa, dem mythischen Berg, auf dem Dionysos geboren wird
Ode («Gesang»): Chorlied innerhalb eines epirrhematischen Agons und einer Parabase
Ödipus: mythischer König von Theben, der mit seiner Mutter verheiratet ist
Opora: personifizierte Ernte
Orakel: die Zukunft prophezeiender Götterspruch, oft in Hexametern verfaßt
Ornithomanie: Vogelwahn
Panathenäen: Hauptfest der Athener, zu Ehren der Athene alle vier Jahre gefeiert
Paphlagonier: Bewohner einer Küstenlandschaft in Kleinasien am Schwarzen Meer; in den *Rittern* Sklave aus Paphlagonien, dessen Person Kleon karikiert
Parabase («Danebentreten»): mehrteilige Chorpartie, deren zweiter Teil, die eigentliche Parabase, sich direkt ans Publikum wendet
Paratragodie: Parodie ganzer Tragödien, einzelner Szenen oder Stellen sowie der Sprache der Tragödie
Parodos («Zu-, Auftritt»): Auftrittslied des Chors
Patrokleides: athenischer Politiker (Ende 5. Jh. v. Chr.), der laut den Scholien den Beinamen «der Scheißer» trug (*Vö.* 790)
Pelops: Sohn des Tantalos, der König Oinomaos von Pisa in Elis (nö. Peloponnes) im Wagenrennen besiegt und so dessen Tochter Hippodame(ia) zur Frau gewinnt
Perserschuhe: weiche, von Frauen getragene Halbschuhe
Phrontisterion («Denkerbude»): Haus des Sokrates

Phyle: Teileinheit der athenischen Bürgerschaft mit kultischen, militärischen und politischen Funktionen
Piräus (griech. Peiraieus): Hafen von Athen, wo sich u. a. Prostituierte aufhielten
Pisa s. Pelops
Pnigos («Ersticken»): kurze Verse am Ende von Teil 2 der Parabase und eines Epirrhemas
Pnyx: Felskuppe in Athen, auf der die Volksversammlung tagte
Polis: Stadtstaat
Probule («Ratsherr»): Mitglied einer Notstandsbehörde, die 413–411 die Athener Volksversammlung kontrollierte
Prolog: im attischen Drama Szenenfolge vor der Parodos
Protagonist: Hauptperson im Drama
Prytane: geschäftsführender Ratsherr
Prytaneion: Amtssitz der Prytanen, in dem auswärtige Gesandte und verdienstvolle Männer der Polis durch Speisung geehrt wurden
Satyrspiel: komisches Drama, das in einer Tetralogie nach drei Tragödien aufgeführt wurde. Darin trat neben Figuren der Tragödie ein Chor von Satyrn auf, bockgestaltigen Naturgottheiten mit Lederphalloi
Scheinmonolog: in Gegenwart einer (nicht wahrgenommenen) Person gesprochen
Scholien: Kommentierung eines Textes am Seitenrand einer Handschrift
Semele: Mutter des Dionysos von Zeus
Skamander: Fluß in der Troja umgebenden Landschaft
Skene: Bühnenhaus
Sphragis («Siegel»): letzter Abschnitt eines epirrhematischen Agons
spondaí: Weinspenden, Trankopfer; Frieden
Stasimon («Standlied»): Chorlied zwischen zwei Epeisodien bzw. epeisodischen Szenen
Stratege: Für ein Jahr gewähltes Mitglied des zehn Männer umfassenden Kollegiums militärischer Oberbefehlshaber
Sykophant: Denunziant, der aus Profitgier als Kläger vor Gericht auftritt
Symposion: Trinkgelage, Gastmahl
Tantalide: Sohn des Tantalos
Tartaros: Ort der Strafen in der Unterwelt
Tetralogie (von *tétra-* «vier-» und *lógos* «Wort, Sprache, Rede»): im Dionysostheater die Abfolge von drei Tragödien und einem Satyrspiel
Tetrameter: Vers, der vier metrische Einheiten (Jamben, Trochäen oder Anapäste) miteinander verbindet
Theoria: die personifizierte Festfreude
Thesmophorien: im Herbst gefeiertes Fest zu Ehren von Demeter und Persephone
Thurioi: griechische Stadt in Unteritalien
Triere: athenisches Kriegsschiff mit drei Ruderreihen
Trochäus: Metrum mit der Silbenfolge *lang/kurz* und Varianten; im Deutschen *betont/unbetont*

Personen- und Sachregister

Älian: 59 f., 108
Äsop: 89, 92, 127
Agamemnon: 41
Agathon: 157–159
Agis II.: 140
Aischylos: 7, 20, 25, 118, 120, 176, 177, 182–189
- *Choephoren*: 184
- *Sieben gegen Theben*: 184
Alkibiades: 123 f., 173, 187
Amphipolis: 61, 94, 135
Apollon: 113, 132, 162, 169, 206
Araros: 28
Archidamos II.: 30
Archilochos: 19, 62, 104
Ariphrades: 74 f., 102
Aristeides: 71
Aristeides von Milet: 162
Aristophanes
- *Acharner*: 11–60, 72, 73, 82 f., 87, 96, 101, 104, 118, 135, 151, 161, 164, 201, 208, 220; *1–42*: 14–33, 63; *377–382*: 46–48, 86, 118; *502–506*: 46–48, 86; *514–556*: 30–33, 98; *628–664*: 46–49, 86
- *Aiolosikon*: 28
- Aufführungspraxis: 12 f., 21 f., 24 f., 27 f., 37 f., 39, 42, 47, 87 f., 91, 93, 97, 99, 102 f., 109, 111, 134, 137, 143, 146, 147, 158, 170, 183
- *Babylonier*: 12, 15, 28, 46, 47, 48
- bildliche Darstellung von Szenen: 116, 165
- Bomolochos: 35, 37, 67, 79, 127, 168, 183, 210
- *Ekklesiazusen*: 151, 190–205; 210, 211; *465–470*: 194; *1112–1183*: 204 f.
- *Frieden*: 62, 90–105, 106, 118, 123, 124, 151, 166
- *Frösche*: 12, 28, 124, 156, 161, 173–189, 196, 205; 674–737: 181 f.; *1437–1465*: 187 f.
- *Kokalos*: 28
- Komödienstruktur: 12 f., 38 f., 46, 49, 50 f., 55, 67
- Leben: 28, 73 f., 75, 86 f., 100, 106 f., 189
- *Lysistrate*: 7, 9, 24, 28, 51, 54, 140–156, 166, 167, 173, 190 f., 195 f., 201, 204
- Metatheater: 43, 46 f., 83 f., 93, 155, 156 f., 159, 166–172, 174, 215
- Metrik: 13 f., 39 f., 49, 56, 57, 184 f., 213
- Nachleben: 7–9, 11, 116, 156, 165, 209
- Obszönität: 31, 35 f., 40, 44, 51, 53 f., 56 f., 65 f., 68, 74 f., 79, 81, 83, 88, 93, 95, 99 f., 102, 105, 114, 116 f., 128, 129, 130, 135, 141–143, 148–151, 153–155, 157, 158, 162, 164, 171, 175, 179, 180, 185, 191, 192, 194, 197, 198, 202, 207
- Paratragödie: 23 f., 29, 41–43, 52 f., 70, 77 f., 83, 92, 147 f., 158, 164 f., 166, 167–171, 172, 213
- Personenspott: 15–20, 36 f., 44 f., 46–48, 59 f., 73, 74 f., 86 f., 133, 152, 167
- *Plutos*: 9, 124, 151, 190, 196, 205–220
- Publikum: 9, 19 f., 22 f., 24 f., 27, 37, 47, 59 f., 67, 73, 80, 96, 102 f., 106, 122, 136, 155, 169, 191 f., 203 f.
- *Ritter*: 16, 28, 45, 61, 62–75, 76, 86, 90, 94, 96, 102, 124, 127, 210; *1111–1130*: 72 f.; *1274–1289*: 74 f.
- *Schmausbrüder*: 12, 28
- Scholien: 17 f., 21, 48, 116, 207
- Sprache und Stil: 14, 23, 41, 42, 51, 53, 78
- Sprachwitz: 41 f., 43 f., 57

- *Thesmophoriazusen*: 24, 51, 124, 141, 153, 156–172, 173
- Tragödienparodie s. Paratragodie
- *Vögel*: 28, 123–139, 140, 145, 146, 151, 157, 166, 176, 195, 219; *785–797:* 21 f., *1583–1585:* 137
- *Wespen*: 61 f., 75–90, 94, 96, 100, 106, 118, 124, 127, 210; *1284–1291:* 86 f.
- *Wolken*: 7, 59 f., 61 f., 75, 80, 87, 106–122, 160 f., 196, 210; *177–179:* 110 f.; *510–626:* 106 f.

Aristoteles: 158
Artemis: 155, 169
Asklepios: 209, 212–215
Athen
- Sexualordnung: 36
- Verfassung: 26 f.

Athene: 131, 156, 171, 220
Attischer Seebund: 30, 32, 37, 47, 48., 79, 81 f., 123, 132, 136, 190

Boccaccio: 162
Brasidas: 61, 94
Brecht, B.: 17

Catull: 7
Chairephon: 121
Charon: 176
Cicero: 110

Da Ponte, L.: 205
Datis: 95
Dekeleia: 140
Delphi: 206, 209
Demeter: 81, 159, 171, 179, 211
Demosthenes (Stratege): 61, 65–68, 69, 76, 140
Dikaiarch: 189
Dionysos: 12, 19, 21, 53, 54, 57, 169, 174–189
Disney, W.: 74
Dover, K.: 185

Eupolis: 15 f., 73, 106
Euripides: 7, 24, 42 f., 80, 120, 144, 156–172, 174, 175 f., 177, 182–189
- *Aiolos*: 92, 120
- *Alkestis*: 42, 52

- *Andromeda*: 156, 170 f., 172, 175
- *Bellerophontes*: 70, 91 f.
- *Helena*: 156, 167–170
- *Hippolytos*: 56, 158, 188
- *Medea*: 144, 158
- *Orestes*: 178
- *Palamedes*: 156, 166, 167
- *Taurische Iphigenie:* 185
- *Telephos*: 23, 25, 41–43, 84, 156, 164 f.
- *Weise Melanippe:* 161

Flashar, H.: 90

Galatea: 208
Goethe, J. W. v.: 11 f., 115

Halliwell, S.: 18
Heath, M.: 9
Heberlein, F.: 209
Hegel, G. W. F.: 11
Hegelochos: 178
Henderson, J.: 106
Hera: 169
Herakles: 75, 80, 100, 128, 137–139, 174–177, 180
Hermes: 91, 93–100, 120, 121 f., 123, 169, 216, 218 f.
Hesiod: 130, 184
Hippias: 79, 154
Hipponax: 19, 62
Hitchcock, A.: 129, 134
Homer: 8, 184
- *Ilias* 44, 104, 145
- *Odyssee* 76 f., 208
Horaz: 15–18
Hose, M.: 118
Hyperbolos: 52, 74, 84, 106, 167, 180

Iakchos: 179
Iris: 134 f.

Juvenal: 210

Kallistratos: 28
Kannicht, R.: 23, 41, 70, 161
Karkinos: 89 f., 100
Kinesias (Dithyrambendichter): 136, 188

Kirke: 208
Kleisthenes: 34, 112, 153, 164, 166, 175
Kleomenes: 143
Kleon: 14–16, 45, 46–49, 61–101, 106, 180
Kleonymos: 104 f., 126, 136
Kleophon: 173
Kloss, G.: 35, 71, 110
Kobell, F. v.: 93
Kock, Th.: 178
Konon: 190
Korinth: 30, 74
Korinthischer Krieg: 190
Krates: 73
Kratinos: 15 f., 73
Kronos: 113, 127, 219

Laches: 83
Lamachos: 19, 39, 43–45, 50, 53, 54–57, 59, 104, 123, 140, 167
Lukian: 8
Luppe, W.: 21 f.
Lykurg: 13
Lysander: 173

Magnes: 73
Martial: 7, 8
Megara: 30–32, 45, 51, 52, 80, 94, 97, 154
Meier, Ch.: 37
Melanion: 148
Melos: 123, 124
Menander: 15, 24, 58, 63, 163, 196, 213
Menelaos: 168
Meton: 132, 136
Milanion s. Melanion
Miltiades: 71
Mozart, W. A.: 125, 205
Muppet Show: 35
Musaios: 184

Nesselrath, H.-G.: 125
Nestroy, J.: 14
Newiger, H.-J.: 41, 43, 111
Nikias: 61, 64 f., 76, 123, 140
Nikostratos: 28

Odysseus: 76 f., 166, 208
Orestes (Held): 41 f., 164, 178

Orestes (Dieb): 136
Orpheus: 184
Orwell, G.: 139
Ovid: 8, 77, 125, 208

Peisander: 140
Peloponnesischer Krieg: 21, 29–34, 37, 61 f., 91 f., 96, 98, 123 f., 140, 151, 173 f., 181, 188, 190
Perikles: 29–32, 61
Persephone: 159, 171, 179, 180, 181
Perseus: 170
Petron: 8
Philetairos: 28
Philippos: 28
Philomela: 125
Philonides: 28
Philoxenos von Kythera: 207 f.
Pindar: 131
Piscator, E.: 17
Platon: 8, 44, 113
 – *Apologie*: 7, 107 f.
 – *Staat*: 199 f.
 – *Symposion*: 7, 108
Plautus: 205, 213
Plutarch: 199
Pluton: 179, 181, 182, 183, 187, 189
Polyphem: 76 f., 207 f.
Poseidon: 74, 137, 138, 170, 217
Prometheus: 136 f., 139
Protagoras: 109, 116
Pylos: 61, 64, 69, 99, 154

Revermann, M.: 156
Rochlitz, J. F.: 205
Rosen, R.: 75

Salamis: 191
Schadewaldt, W.: 44
Schmitz, W.: 121
Seeger, L.: 51, 186
Seel, O.: 7, 8, 44, 162
Simonides: 120
Slater, N. W.: 27
Sokrates: 7, 59 f., 106–122, 160, 161
Sommerstein, A.: 10, 24, 44, 92, 102, 138 f., 178, 194, 200

Sophistik: 108 f., 112, 114, 119, 120, 161, 184, 189
Sophokles: 7, 29, 124, 125, 129, 174, 175 f., 213
Sparta: 29–32, 34, 37, 39, 41, 45, 51, 57, 61 f., 94, 97, 123, 125, 135, 140, 142, 143, 150–156, 168, 173 f., 190, 195, 199 f.
Sphakteria: 61, 64, 71, 75
Spitting Image: 20

Taplin, O.: 116, 165
Tausendundeine Nacht: 162
Terenz: 205, 213
Tereus: 125–129
Terpander: 21
Theognis (Tragödiendichter): 20, 25

Theokrit: 208
Thespis: 89
Thukydides: 30
Timon: 148

Vergil: 101
Vorsokratiker: 108 f., 130

Wilamowitz-Moellendorff, U. v.: 8, 66 f.

Xenophon: 199
(Ps.)Xenophon: 47

Zeus: 38, 77, 81, 91–94, 95, 97, 112 f., 115, 117, 119, 121, 124, 127, 128, 135–139, 148, 150, 177, 206, 209, 219 f.